双 一 流 学 科 建 设 系 列 教 材

行政法案例研习

（第五辑）

张 力 主编

中国政法大学出版社

2023·北京

图书在版编目（ＣＩＰ）数据

行政法案例研习.第五辑/张力主编. —北京：中国政法大学出版社，2023.8

ISBN 978-7-5764-1069-3

Ⅰ.①行… Ⅱ.①张… Ⅲ.①行政法－案例－中国 Ⅳ.①D922.105

中国国家版本馆CIP数据核字(2023)第164171号

书　名	行政法案例研习·第五辑 XINGZHENGFA ANLIYANXI DIWUJI
出版者	中国政法大学出版社
地　址	北京市海淀区西土城路 25 号
邮　箱	fadapress@163.com
网　址	http://www.cuplpress.com (网络实名：中国政法大学出版社)
电　话	010-58908466(第七编辑部) 010-58908334(邮购部)
承　印	固安华明印业有限公司
开　本	720mm×960mm　1/16
印　张	20.25
字　数	310 千字
版　次	2023 年 8 月第 1 版
印　次	2023 年 8 月第 1 次印刷
定　价	75.00 元

编写说明

因学科内容繁杂、概念抽象和教学课时限制，行政法成为中外法学院公认的难学难教课程。针对行政法教学问题，我国行政法学者进行了有益尝试，其中一项重要举措就是开展案例教学。案例教学将行政法原理、规范和实践予以有机结合，学生在了解行政实践和司法实务的同时，也更加注重法律规范的援引、解释和应用，论证说理能力同时获得锻炼和提升。

中国政法大学法学院行政法研究所长期致力于行政法教学方法的改良，近年来每年均召开"法治人才培养与行政法教学方法"等主题研讨会，诚邀学界各位老师齐聚一堂共同探讨行政法学的教学方法。在近年的多次研讨会中，与会专家均论及案例研习在行政法教学中的重要价值，并就案例教学方法进行系统归纳与理论总结。上述研讨成果同样促发了编者对行政法案例教学的反思。

当前市场上已有诸多行政法案例分析教材和评述作品，这些书籍为本科生及研究生行政法案例教学提供了基础和指引，但从编排和写作方式上看，都仍有一定的提升空间。首先，许多行政法案例教程在进行案件分析时，只是简单截取案件基本事实和核心观点，并未完整展示法院裁判的论证过程，学生也因此缺乏代入感，对行政法原理及其实际应用的理解也就无法深入；其次，有些教程在评述案件时，并未对所涉理论和核心学理展开系统阐释和比较梳理，这也导致行政法案例教程与行政法学教材脱节；最后，有些案例教程所选取的案件已显陈旧，不仅未顾及行政法律规范的更新，也未能体现本学科理论与实践的最新发展。

中国政法大学法学院行政法研究所一直承担着中国政法大学行政法教学科研的基本任务，鉴于案例教学的需要和精品案例教材的匮乏，行政法研究所自 2018 年起即组织老师撰写全新的案例分析教程，迄今已出版了四辑且在业界引起广泛好评。本书为系列案例教程的第五辑。与前四辑相同，本书所选取的案例同样经过细致讨论，均具有很强的代表性。

关于本书写作与体例安排，现做如下说明：

（1）案例来源。本书选择的案例主要来自于最高人民法院公布的指导性案例、最高人民法院公报案例、最高人民法院行政审判庭编写的《中国行政审判指导案例》《中国行政审判案例》，以及各大法律数据库中的已生效裁判，由此既确保了案件来源的典型可靠，也便于读者自己查找案件和分析案由。

（2）分析体例。本书创新地采用全景模式来呈现案件事实、裁判要旨和理论要点。每个案例的撰写均包括以下七个部分：案例名称、关键词、基本案情、裁判要旨、裁判理由与论证、涉及的重要理论问题、后续影响及借鉴意义。在案件事实陈述方面，要求各位撰稿人采用法院已查明的事实，避免冗长论述。在裁判理由与论证部分，则要求撰稿人细致分析法院裁判的论证过程，便于学生对此过程进行整体性理解；对裁判关键论述的引用则通过直接援引的方式，确保分析的严谨性。在重要理论问题的论述方面，要求撰稿人从理论渊源、裁判背景和关联裁判上进行系统论述，由此也使案例分析具有理论深度，每个案例的整体分析均在 12 000 字左右。

（3）适用对象。本书既适合作为本科生及研究生的案例教学和研究参考书目，又可满足包括司法部门在内的实务部门的实践需要。

与前四辑有所不同的是，本辑首次设定研习主题。全书所选取的案例均为政府信息公开案件，而且这些案件均经由最高人民法院裁判。《政府信息公开条例》于 2019 年经历过一次比较大的修订，本书尽可能选取在其修订后的案例，并在分析讨论时特别留意修订是否可能带来变化。但是，考虑到《政府信息公开条例》的修订并未从根本上改变立法精神，且政府信息的概念、政府信息公开的范围等传统焦点问题依然存在，相关规则未有明显变化，本书也无意排斥 2019 年之前的案例。

本书的编写分工如下：

1. 徐宏伟：信访处理过程中形成的信息的性质及其获取途径——罗梅英诉湖北省人民政府信息公开案（指导老师：马允）

2. 王嘉文：咨询类信息的实质性认定规则——闫某旺诉郑州市人民政府

信息公开案

3. 王雅琪：证券交易所的信息公开义务——郑宇诉上海证券交易所政府信息公开案（指导老师：成协中）

4. 洪婧秋：内设机构作为信息公开义务主体的认定——李山林诉朝阳区人民政府、北京市人民政府信息公开及行政复议案（指导老师：张力）

5. 骆秋曲：行政执法案卷信息的限定公开规则——彭某林诉江西省乐平市人民政府不履行行政复议法定职责案（指导老师：张力）

6. 刘欣：信息公开中商业秘密的识别与司法审查标准——中晨能源仓储有限公司诉交通运输部政府信息公开告知案（指导老师：张力）

7. 李慧莹：公民知情权与公民隐私权冲突的处理规则——齐明喜诉上海市松江区人民政府等复议案（指导老师：张冬阳）

8. 刘奕彤：涉个人隐私政府信息的公开规则与程序——刘某等诉河南省濮阳县人民政府信息公开案（指导老师：胡斌）

9. 李卓儒："敏感信息"的界定标准——李清林诉安阳市人民政府信息公开案（指导老师：张冬阳）

10. 雷晓琳：内部管理信息的界定与不予公开的司法审查——宋让仲等诉陕西省咸阳市秦都区人民政府信息公开案（指导老师：蔡乐渭）

11. 申耀：过程性信息的界定及其豁免公开规则——张辉等诉北京市人民政府信息公开案（指导老师：张力）

12. 李佳瑶：政府信息公开豁免事项的界定——郑某诉杭州市拱墅区人民政府其他城乡建设信息公开复议纠纷再审案（指导老师：赵宏）

13. 闫治宇：信息公开可能危及"三安全一稳定"的理解和审查——刘某等诉辽宁省大连市人民政府信息公开案（指导老师：张力）

14. 陈钰：政府信息移交档案馆后的公开规则——朱惠珍诉广东省广州市花都区人民政府房屋拆迁信息公开纠纷再审案（指导老师：蔡乐渭）

15. 许超："转瞬即逝"特性载体的政府信息的再行提供原则——张小平诉洛阳市涧西区人民政府信息公开再审案（指导老师：罗智敏）

16. 郝安琪：行政机关依法履行公开职责的司法审查标准——商民生诉周至县人民政府信息公开职责案（指导老师：罗智敏）

17. 冯静：政府信息公开申请的内容描述程度——尚锁柱诉保定市莲池区

人民政府案（指导老师：赵宏）

18. 石文臻："政府信息不存在"案件的司法审查——戈薇诉天津市河西区人民政府信息公开案（指导老师：马允）

19. 陈锦熠：滥用政府信息公开申请权的审查——金文博诉辽宁省大连市西岗区人民政府其他政府信息公开纠纷再审案（指导老师：罗智敏）

20. 周玉莲：信息公开申请与信访行为的认定——袁吉明诉江苏省人民政府信息公开案（指导老师：张力）

感谢上述撰稿人和校对人耐心细致的工作，感谢中国政法大学出版社张琮军先生的大力支持和牛洁颖编辑的辛苦付出。

作为丛书的一册，本辑在总体延续前四辑写作体例的基础上，在分析阐释上做了更多创新和探索。但限于编者的水平和视野，书中分析也可能存在谬误与问题，在此也欢迎读者不吝提出宝贵批评和建议。

目 录

一　公开内容及主体

案例一　信访处理过程中形成的信息的性质及其获取途径
——罗梅英诉湖北省人民政府信息公开案

徐宏伟 *

【案例名称】

罗梅英、德生缘益才公司诉湖北省人民政府政府信息公开案［湖北省武汉市中级人民法院（2017）鄂 01 行初 160 号行政判决书、湖北省高级人民法院（2017）鄂行终 927 号行政判决书、最高人民法院（2018）最高法行申 3684 号行政裁定书］

【关键词】

政府信息公开信访　特别法　卷宗阅览请求权

【基本案情】

原告罗梅英因丈夫去世后的抚恤待遇问题多次到多地的多个部门信访，要求为其补发丈夫因工死亡的经济补偿费。2016 年 6 月 6 日，湖北省信访局向罗梅英作出《信访事项不再受理告知书》，告知其反映的信访事项已于 2011 年以"鄂终备报〔2011〕486 号"三级终结。罗梅英对此不服，便和德生缘益才公司作为共同申请人，于 2017 年 1 月 7 日以邮寄的方式向湖北省人

---

* 作者简介：徐宏伟，中国政法大学法学院宪法学与行政法学专业 2021 级硕士研究生。

民政府申请政府信息公开，申请内容为：（1）鄂终备报〔2011〕486号三级终结资料；（2）信访法定程序的书面答复意见、复查意见、复核意见、听证意见及依法送达回证。同年1月10日，湖北省人民政府收到该申请，同月24日，湖北省人民政府作出鄂政办公开字〔2017〕3号《政府信息公开申请答复书》，答复称：你申请公开的信息属信访处理程序中的相关信息，应依照《信访条例》[1]第12条的规定，到省信访工作机构查询，本机关不负有适用《政府信息公开条例》[2]公开此类信息的法定职责。罗梅英收到此答复书后不服，遂诉至法院，请求确认鄂政办公开字〔2017〕3号《政府信息公开申请答复书》不履行政府信息公开义务违法；责令湖北省人民政府提供其申请公开的信息，履行法定职责。

湖北省武汉市中级人民法院一审认为，本案罗梅英及德生缘益才公司向湖北省人民政府申请公开的政府信息，属于信访程序中记录或保存的信息。而《信访条例》是规范信访行为和程序的专门制度，罗梅英应当根据《信访条例》规定的程序办理，向法定的信访机构提出申请而非湖北省人民政府。因此，湖北省人民政府作出的《政府信息公开申请答复书》事实清楚，适用法律正确，答复程序合法正当，遂对罗梅英的诉讼请求不予支持。

罗梅英不服，提起上诉。湖北省高级人民法院二审认为，《政府信息公开条例》第2条规定，政府信息是指行政机关在履行职责过程中制作或者获取的，以一定形式记录、保存的信息。本案中，罗梅英及德生缘益才公司向湖北省人民政府申请公开的政府信息，属于信访程序中记录或保存的信息，应向法定的信访机构提出申请。一审认定事实清楚，适用法律正确，驳回罗梅英的诉讼请求并无不当，据此判决驳回上诉，维持原判。

二审宣判后，罗梅英依据一审和二审判决书中所释明的"应向法定的信访机构提出申请"，于2018年3月10日向湖北省信访局申请公开诉求事项。湖北省信访局于2018年4月18日作出《政府信息公开申请答复书》，称："你要求获取的信息属于信访事项处理程序中的信息，不属于《政府信息公开

---

[1] 《信访条例》已失效。

[2] 本案历审裁判文书中援引的《政府信息公开条例》均为2007年公布版本，本文简称为《政府信息公开条例》；对2019年修订的《政府信息公开条例》，本文简称为《政府信息公开条例》（2019）。

条例》规定的信息公开范围。"罗梅英、德生缘益才公司认为相关单位推诿扯皮乱作为的行为违反了相关法律规定，以申请人有新的证据，足以推翻原判决为由申请再审。

最高人民法院再审认为再审申请人申请公开的信息属于信访处理过程中形成的信息，此类信息属于政府信息的范畴，但应当依照《信访条例》规定的途径查询，原判决并无不当，据此驳回罗梅英、德生缘益才公司的再审申请。

【裁判要旨】

信访程序中记录或者保存的信息是行政机关在履行信访处理职责过程中制作或获取的，并以一定形式记录、保存的信息，符合政府信息的构成要件。但根据《政府信息公开条例》第17条的规定，在法律、法规对政府信息公开的权限作出特别规定的情况下，应当优先适用特别法的规定。因此公民、法人或者其他组织申请获取行政机关在信访处理过程中的相关信息，应当按照作为调整信访领域相关行为的特别法——《信访条例》的相关规定办理。

【裁判理由与论证】

本案一审、二审、再审的裁判结果相同，但一审、二审法院的说理论证较为简单，仅说明本案原告的信息公开申请应适用《信访条例》而未做详细论证，相比之下，最高人民法院的裁判更具说服力。最高人民法院再审认为，再审申请人申请公开的这类在信访处理过程中形成的相关信息，是应当通过政府信息公开的途径予以获取，还是应当依照《信访条例》规定的程序予以查询，是本案的争议焦点。

一、信访处理过程中形成的信息是否属于政府信息

政府信息公开案件中，法院通常会对案涉信息是否属于政府信息进行判断，本案中一审、二审法院并未明确说明，而最高人民法院对此进行了论证。《政府信息公开条例》第2条规定："本条例所称政府信息，是指行政机关在履行职责过程中制作或者获取的，以一定形式记录、保存的信息。"《信访条例》第3条第1款规定："各级人民政府、县级以上人民政府工作部门应当做好信访工作，认真处理来信、接待来访，倾听人民群众的意见、建议和要求，接受人民群众的监督，努力为人民群众服务。"第 32 条规定："对信访事项有权处理的行政机关经调查核实，应当依照有关法律、法规、规章及其他有关规定，分别作出以下处理，并书面答复信访人……"据此，信访程序中记录或者保存的信息是行政机关在履行信访处理职责过程中制作或获取的，并以一定形式记录、保存的信息，符合政府信息的构成要件。

二、信访处理过程中形成的信息能否通过申请政府信息公开的途径获取

《政府信息公开条例》第 17 条规定："行政机关制作的政府信息，由制作该政府信息的行政机关负责公开；行政机关从公民、法人或者其他组织获取的政府信息，由保存该政府信息的行政机关负责公开。法律、法规对政府信息公开的权限另有规定的，从其规定。"根据该条规定，在法律、法规对政府信息公开的权限作出特别规定的情况下，应当优先适用特别法的规定。《信访条例》第 12 条规定："县级以上各级人民政府的信访工作机构或者有关工作部门应当及时将信访人的投诉请求输入信访信息系统，信访人可以持行政机关出具的投诉请求受理凭证到当地人民政府的信访工作机构或者有关工作部门的接待场所查询其所提出的投诉请求的办理情况。具体实施办法和步骤由省、自治区、直辖市人民政府规定。"该条明确规定了信访人对信访事项处理过程中相关信息的查询方式。因此公民、法人或者其他组织申请获取行政机关在信访处理过程中的相关信息，应当按照作为调整信访领域相关行为的特别法——《信访条例》的相关规定办理。

【涉及的重要理论问题】

最高人民法院在本案中认为，尽管此类在信访处理过程中形成的信息属于政府信息范畴，但不适用《政府信息公开条例》。这在一定程度上也意味着，各级信访工作机构，它所行使的信访职能与普通行政机关所承担的行政管理职能是有所不同的，而此种不同也会影响信访处理过程中形成的信息的获取途径。

需指出，2022 年 5 月 1 日，中共中央、国务院发布的《信访工作条例》正式施行并废止了 2005 年施行的《信访条例》。本案判决作出时，《信访工作

条例》尚未制定。由于《信访工作条例》施行不久，尚缺少相关案例，本文主要以《信访条例》为研究对象，并对新条例的内容变化概括论述之。

一、信访制度的功能定位及其改革

信访是一项极具中国特色的制度，有学者认为，"信访是从中国共产党的群众路线中诞生出来的一项崭新的政治发明"。[1]为探寻信访的特殊之处，有必要回归信访制度本身的功能定位。

（一）信访制度的功能

1. 信访制度功能的立法表达

《信访条例》是调整信访制度的基本法，对信访制度功能的探寻也应回到规范本身。观察《信访条例》文本，前三条分别明确了信访权利救济、政治参与及权力监督的多重功能。

权利救济功能。《信访条例》第1条规定："为了保持各级人民政府同人民群众的密切联系，保护信访人的合法权益，维护信访秩序，制定本条例。"该条文明确了信访制度"保护信访人合法权益"的功能定位。信访制度是中国特色多元纠纷解决机制的重要组成部分，"在法律所不及或法律不能发挥理想效果的地方，信访起到一种补充的权利救济功能"。[2]

政治参与功能。《信访条例》第2条规定，公民、法人或其他组织可以通过信访反映情况，提出建议、意见或者投诉请求，这意味着信访人有权对国家立法、政策等提出建议、意见，信访实质上承担着收集社情民意的功能。

权力监督功能。《信访条例》第3条第1款规定："各级人民政府、县级以上人民政府工作部门应当做好信访工作，认真处理来信、接待来访，倾听人民群众的意见、建议和要求，接受人民群众的监督，努力为人民群众服务。"根据该条的规定，各级人民政府及工作部门应当接受人民群众以信访形式展开的监督，信访实质上承担了监督政府依法行政的功能。

相较于《信访条例》，《信访工作条例》更加突出了信访制度的政治参与

---

〔1〕　应星："作为特殊行政救济的信访救济"，载《法学研究》2004年第3期。

〔2〕　田文利："信访制度改革的理论分析和模式选择"，载《体制改革（人大复印）》2005年第7期。

与权力监督功能。例如，《信访工作条例》第 1 条规定："为了坚持和加强党对信访工作的全面领导，做好新时代信访工作，保持党和政府同人民群众的密切联系，制定本条例。"该条删除了"保护信访人的合法权益"这一表述，突出了信访联系群众的这一政治参与功能。第 3 条规定，"信访工作是党的群众工作的重要组成部分……接受群众监督、改进工作作风的重要途径"，强化了信访的权力监督功能。相比之下，只有在第 4 条末尾处提到"维护群众合法权益"。

2. 信访制度功能的实践考察

规范层面，《信访条例》确立了信访制度的三项主要功能，政治参与和民主监督侧重客观秩序的建构，权利救济侧重个人主观利益的维护。但实践中，信访的功能定位经历了一个重心转移的过程。应星教授将信访的功能演变分为三个阶段：一是 1951—1979 年的"大众动员型信访"阶段。这一时期，信访承载的主要功能是群众参与管理国家大事以及对国家干部行使权力进行监督。二是 1979—1982 年的"拨乱反正型信访"阶段。这一时期，群众信访的主要内容是要求平复冤假错案，信访制度的主要功能是解决历史遗留问题。三是 1982 年至今的"安定团结型信访"阶段。随着经济社会的发展，社会矛盾进入高发期，信访制度承载的主要功能是化解矛盾纠纷、实现权利救济。[1]

（二）信访职能的特殊性与信访法治化改革

1. 信访职能的特殊性

根据上述分析，信访工作机构职能的特殊性在于，信访事实上承担了类似于行政诉讼的权利救济职能，以化解公民与公权力机关之间的矛盾纠纷。尽管大部分行政机关通过行政裁决等方式在纠纷解决方面也发挥着重要作用，但与信访工作机构相比，此类行政机关的权利救济职能仅具有辅助性，并非其主要职能，而化解矛盾纠纷、实现权利救济则是信访的核心职能。事实上，信访与行政裁决、复议、诉讼等法定的权利救济制度一样，同属我国多元纠纷解决机制中的一环。

---

〔1〕 参见应星："作为特殊行政救济的信访救济"，载《法学研究》2004 年第 3 期。

2. 信访法治化改革

长期以来，信访最令人诟病的是程序中融入了诸多"人为因素"，体现在信访标准不统一、救济的可操作性强等方面。相较于行政诉讼、复议严格的法定程序，信访程序显得十分粗糙，《信访条例》对程序的设计原则性规定较多。例如，本案中最高人民法院认为，原告应依据《信访条例》第12条申请查询相关信息，但该条只是原则性规定，并无配套规定，以至于实践中争议颇多。因此，为解决实践中的困境，更好地落实信访的权利救济功能，自2014年起，党和国家开始推进了信访法治化改革。所谓信访法治化改革，即建立一套完善的信访制度体系，让信访事项的处理、信访信息的查询、信访处理的救济等有法可依、有据可循，将信访构建成独立于诉讼、复议的纠纷解决机制，真正实现"依法治访"。本案中，最高人民法院认为相关信息的公开应依照《信访条例》处理，一方面是基于信访职能区别于一般行政管理职能具有的权利救济的特殊性，不宜简单适用《政府信息公开条例》的考虑。另一方面也是信访法治化改革背景下，将信访事项的查询、信访争议的处理纳入信访渠道的必然要求。

二、信访工作机构相关信息的类型化

本案中，最高人民法院认为信访处理过程中形成的信息属于政府信息，但应适用《信访条例》进行查询。这一判决背后的逻辑在于，信访工作机构作为行政机关，在履职过程中会形成各种信息，其中部分信息适用一般法《政府信息公开条例》予以公开，部分与信访职能相关的信息适用特别法《信访条例》查询。那么，适用不同法律规范的具体标准何在？究竟哪些信息适用一般法，哪些信息适用特别法？

（一）适用《政府信息公开条例》公开的信息

尽管信访工作机构的职能具有特殊性，但从组织法视角观察，信访工作机构仍属行政机关序列，因此信访工作机构也适用《政府信息公开条例》，各级信访局在履行行政管理职能过程中形成的部分信息也应依法予以公开，具体包括主动公开与依申请公开两种情形。

1. 主动公开的信息

信访工作机构的哪些信息应主动公开？2019 年 8 月出台的《国家信访局政府信息公开管理办法》为信访工作机构开展信息公开工作提供了指引。根据该办法第 14 条的规定，国家信访局应主动公开的政府信息包括：机构概况、信访工作相关法律法规和规范性文件、工作程序、建议提案办理情况、政策解读、重大会议、财政采购、公务员招考招录等。同时该办法还明确了国家秘密、商业隐私、个人隐私、内部事务性信息、过程性信息不予公开。

2. 依申请公开的信息

信访工作机构的哪些信息可以依申请公开，无论是《信访条例》还是《国家信访局政府信息公开管理办法》都未提供明确指引，因此笔者将目光转向信息公开实践，统计了国家信访局近三年政府信息公开申请的处理情况（详见表 1），试图从统计数据中获取规律。总体来看，国家信访局近三年信息公开申请数逐年增加，但公开的数量却不多，近三年的公开率分别为 2.6%、6.5%、4.6%。[1] 观察未公开的主要原因，2019 年属于"行政查询事项不予公开"占比 49.6%，换言之，该年度约有一半的信息公开申请与本案类似，属于行政查询事项，但这一数据在随后两年分别降至 32.3%、24.3%。与之相反，属于"信访投诉类申请不予处理"的情况逐年增加，三年占比分别为 7.8%、26.6%、42.1%。国家信访局在其信息公开年报中也指出"属于信访诉求和查询个人信访事项办理情况的占较大比例。国家信访局对申请公开信访事项办理情况的信息，也均及时告知请其按照《信访条例》有关规定提出。"[2]

---

[1] 年度公开率的计算方式为年度公开数除以年度处理数。

[2] "国家信访局政府信息公开工作年度报告（2019）"，载国家信访局网站，https://www.gjxfj.gov.cn/gjxfj/zfxxgk/zfxxgknb/webinfo/2020/01/1590610202144348.htm，最后访问日期：2022 年 5 月 18 日。

表1　国家信访局2019—2021年信息公开申请数据统计[1]

年份	申请数（件）	处理数[2]（件）	公开数（件）/公开率（%）	不予公开事项		
				行政查询事项不予公开（件）/占比（%）	本机关未掌握无法提供（件）/占比（%）	信访投诉类申请不予处理（件）/占比（%）
2019年	115	115	3/2.6	57/49.6	37/32.2	9/7.8
2020年	136	124	8/6.5	40/32.3	30/24.2	33/26.6
2021年	255	259	12/4.6	63/24.3	61/23.6	109/42.1

　　从数据上看，国家信访局的信息公开率似乎并不高，但表1仅统计了国家信访局的公开率，缺少对照，无法横向对比。因此，笔者统计了61个国家部委2021年度政府信息公开率以横向对比，受限于文章篇幅，在剔除申请数量少于10的8家部委后，[3]将公开率前10位与后10位展示如下（详见表2、表3）。总体而言，不同部委之间政府信息公开数据差异较大，从申请数量来看，人民银行总行本年度受理27 426项申请，而国家档案局2021年未收到任何信息公开申请。从公开率来看，后10位与前10位之间的差距巨大，国家档案局年度公开率为0，而国家统计局年度公开率高达74.34%。具体观察国家信访局，数据上呈现出申请数量少，公开率低的特点。2021年度，国家信访局受理255项申请，公开率仅有4.63%，位列倒数第8，不足公开率前10位的1/10。

---

〔1〕　"国家信访局政府信息公开年度工作报告（2019—2021）"，载国家信访局网站，https://www.gjxfj.gov.cn/gjxfj/zfxxgk/zfxxgkzn/zfxxgknb.htm，最后访问日期：2022年5月18日。

〔2〕　本年度处理数包括上年度结转，因此可能大于本年度受理数。

〔3〕　国家国防科技工业局、国家中医药管理局、国家公务员局、国家国际发展合作署、国家移民管理局、国家矿山安全监察局、国家新闻出版署、中国地震局8家部委申请数量过少，缺乏参考性，故剔除。

表 2　国家部委 2021 年度政府信息公开率前十位 [1]

单位名称	本年度申请数（件）	本年度处理数（件）	总公开数（件）	年度公开率（％）
国家林业和草原局	84	87	42	48.28
中国民用航空局	264	265	143	53.96
国家电影局	37	37	21	56.76
应急管理部	107	108	64	59.26
生态环境部	700	686	423	61.66
交通运输部	359	362	224	61.88
国家体育总局	18	18	12	66.67
国家医疗保障局	25	37	25	67.57
农业农村部	533	533	384	72.05
国家统计局	152	152	113	74.34

表 3　国家部委 2021 年度政府信息公开率后十位 [2]

单位名称	本年度申请数（件）	本年度处理数（件）	总公开数（件）	年度公开率（％）
国家档案局	0	0	0	0.00
国家保密局	276	276	0	0.00
人民银行总行	27 426	27 382	53	0.19
审计署	343	344	6	1.74
外交部	305	305	6	1.97
中国银保监会	7592	7607	252	3.31
中国证监会	2473	2502	88	3.52

〔1〕 "政府信息公开工作年度报告（2021）"，载中国政府网，http://www.gov.cn/zhengce/xxgk/index.htm，最后访问日期：2022 年 5 月 18 日。

〔2〕 "政府信息公开工作年度报告（2021）"，载中国政府网，http://www.gov.cn/zhengce/xxgk/index.htm，最后访问日期：2022 年 5 月 18 日。

单位名称	本年度申请数（件）	本年度处理数（件）	总公开数（件）	年度公开率（%）
国家信访局	255	259	12	4.63
中国气象局	50	50	3	6.00
国家机关事务管理局	44	77	5	6.49

笔者认为，不同部门数据上的差异，主要源于部门间职能的差异。国家统计局公开率高，原因之一是统计数据信息并向公众公开属于统计部门的法定职责，换言之，其统计职能本身就具有公开性。而国家档案局未受理任何申请，国家保密局面对众多申请无一项予以公开，主要也是由于档案局与保密局的职能具有特殊性，相关申请应由《档案法》与《保密法》单独调整。同样的逻辑也适用于信访，国家信访局之所以公开率低，主要是因为信访有一套独立的权利救济体系，绝大部分申请依据《信访条例》被纳入信访查询渠道，真正适用《政府信息公开条例》予以公开的仅占极少数。

简言之，作为行政机关的信访工作机构，依法主动公开与依申请公开理论上都存在适用的空间。法律明确了应主动公开的信息的范围与种类，但对于哪些信息可以适用《政府信息公开条例》依申请公开，难以划定明确的界限。观察实践，依申请公开仅占极少比例，公开率极低，几乎没有适用空间，若想申请公开信访相关信息，应适用《信访条例》。这意味着在信访语境下，政府信息"主动公开"与"依申请公开"的二元公开路径有所改变，原本通过政府信息公开申请能获取的信息现只能通过信访渠道查询，"信访查询"实质上发挥着"依申请公开"的作用。那么，哪些信息属于"信访查询"范畴，换言之，本案中"信访处理过程中形成的信息"到底指哪些信息？

（二）适用《信访条例》查询的信息：基于信访流程的展开

本案中最高人民法院将原告申请公开的信息表述为"信访处理过程中形成的信息"，属于对信息产生过程的描述。为了厘清此类信息的种类与范围，有必要回归信访的具体流程。根据《信访条例》的规定，信访的核心流程为信访事项的提出、信访事项的受理以及信访事项的办理，每一阶段都会形成不同的信息（如图1）。

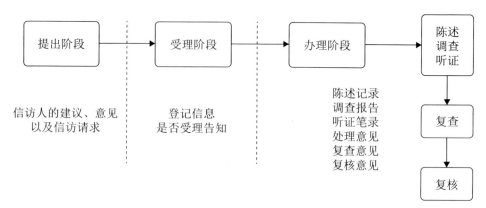

图1 信访流程

首先是信访事项提出阶段，《信访条例》第14条规定："信访人对下列组织、人员的职务行为反映情况，提出建议、意见，或者不服下列组织、人员的职务行为，可以向有关行政机关提出信访事项……"第17条规定："信访人提出信访事项，一般应当采用书信、电子邮件、传真等书面形式……"。由此，在此阶段形成的信息主要是以书面形式存在的信访人的建议、意见以及信访请求。

其次是信访事项的受理阶段，《信访条例》第21条规定，信访工作机构收到信访事项后应予以登记，不予受理的应书面告知，需要转送、交办的信访事项应在15日内决定是否受理并书面告知信访人。第22条规定，信访人向各级人民政府信访工作机构以外的行政机关提出的信访事项，有关行政机关应当予以登记；能够当场答复是否受理的，应当当场书面答复；不能当场答复的，应当自收到信访事项之日起15日内书面告知信访人。因此在受理阶段形成的信息主要是信访工作机构及其他行政机关的登记信息、是否受理书面告知信息。

最后是信访事项的办理阶段，相较于上述两阶段，办理阶段形成的信息更为丰富。《信访条例》第31条规定："对信访事项有权处理的行政机关办理信访事项，应当听取信访人陈述事实和理由；必要时可以要求信访人、有关组织和人员说明情况；需要进一步核实有关情况的，可以向其他组织和人员调查。对重大、复杂、疑难的信访事项，可以举行听证……"在听取信访人陈述、说明情况过程中，会形成相应的记录信息；需进一步核实情况调查的，会形成调查信息/报告；举行听证的，也会形成听证笔录。第32条规定："对信访事项有权处理的行政机关经调查核实……分别作出以下处理，并书面答复信访人。"第34条规定："信访人对行政机关作出的信访事项处理意见不服的，可以自收到书面答复之日起30日内请求原办理行政机关的上一级行政机关复查。收到复查请求的行政机关应当自收到复查请求之日起30日内提出复查意见，并予以书面答复。"第35条规定："信访人对复查意见不服的，可以自收到书面答复之日起30日内向复查机关的上一级行政机关请求复核。收到复核请求的行政机关应当自收到复核请求之日起30日内提出复核意见……"因此，在信访的"三级终结"程序中，会形成书面的处理意见、复查意见、复核意见，本案中原告申请公开的便属于这类信息。

此外，信访督办程序中也会形成一定的信息。《信访条例》第36条规定："县级以上人民政府信访工作机构发现有关行政机关有下列情形之一的，应当及时督办，并提出改进建议……收到改进建议的行政机关应当在30日内书面反馈情况……"第39条规定："……信访工作机构应当就以下事项向本级人民政府定期提交信访情况分析报告……"但此类"书面反馈"以及"信访情况分析报告"是督办过程中产生的内部性信息，不属于信息公开的范畴。

结合上述，最高人民法院在判决中提炼的"信访处理过程中形成的信息"，是指在信访事项的提出、受理、办理程序中形成的建议、意见、信访请求、登记信息、是否受理告知、陈述与说明理由记录、调查报告、听证笔录、处理意见、复查意见、复核意见等信息。对于此类信息，无法适用《政府信息公开条例》依申请公开，只能适用《信访条例》查询。

三、《政府信息公开条例》和《信访条例》的适用关系分析

本案中，最高人民法院认为《政府信息公开条例》是一般法，《信访条例》是特别法，因此根据特别法优于一般法的原则而适用《信访条例》。但法院并未对《信访条例》为何是特别法以及条例有何特别之处进行说理，因此本部分将从《信访条例》的特别法属性入手，对法院判决背后涉及的理论问题进行分析。

（一）一般法与特别法的适用逻辑

1. 作为特别法的《信访条例》

最高人民法院为何将《信访条例》认定为《政府信息公开条例》的特别法，《信访条例》的特别之处何在？关于一般法与特别法的判断标准，有学者认为应从法律所调整的社会关系入手，所谓特别规定，就是根据某种特殊情况和需要规定的调整某种特殊社会关系的法律规范。所谓一般规定，就是为调整某类社会关系而制定的法律规范。[1]也有学者着眼于法的效力范围，从法的效力的四个维度观来看，一般法是指在时间、空间、对象以及立法事项上作出的一般规定的法律规范，特别法则是与一般法不同的适用于特定时间、特定空间、特定主体或对象、特定事项或行为的法律规范。[2]《信访条例》第 12 条规定："……信访人可以持行政机关出具的投诉请求受理凭证到当地人民政府的信访工作机构或者有关工作部门的接待场所查询其所提出的投诉请求的办理情况。"（《信访工作条例》第 21 条 "……各级机关、单位应当及时将信访事项录入信访信息系统，使网上信访、来信、来访、来电在网上流转，方便信访人查询、评价信访事项办理情况"，与《信访条例》规定类似。）相较于《政府信息公开条例》中的申请主体为不特定公众，该条将申请主体限定为特定的信访人，依照上述判断标准，从规范的适用对象角度来看，《政府信息公开条例》为一般法，《信访条例》属于特别法。

而《信访条例》作为特别法，其特别之处就在于该法第 12 条实质上指向的是卷宗阅览请求权。所谓卷宗阅览请求权，指的是处于行政程序中的当事人或利害关系人为主张或维护其法律上利益之必要，有向行政机关申请阅览、抄写复印有关资料或卷宗之权利。例如，《行政复议法》第 23 条规定："……申请人、第三人可以查阅被申请人提出的书面答复、作出具体行政行为的证据、依据和其他有关材料……"与政府信息公开申请权不同，卷宗阅览权的申请主体仅限于程序进行中的当事人或者利害关系人，同时卷宗阅览申请以

---

[1] 参见乔晓阳主编：《立法法讲话》，中国民主法制出版社 2000 年版。
[2] 参见汪全胜：" '特别法' 与 '一般法' 之关系及适用问题探讨"，载《法律科学（西北政法学院学报）》2006 年第 6 期。

"个案"存在为必要前提。[1]此外，二者在权利存续期间上也存在不同，信息公开申请一般没有时间限制，任何时候都可以提出，而卷宗阅览请求权只存续于特定行政程序的存续期间。观察《信访条例》第 12 条，只有个案中的信访人才有权申请查询，因此，不同于《政府信息公开条例》保障不特定主体的知情权，该条实质上保障的是特定主体（信访人）在特定程序中的卷宗阅览申请权。

2. 特别法优先：权利竞合的一般处理规则

由于信息公开申请权并无时效限制，理论上各种程序中的当事人或利害关系人有"卷宗阅览请求权"时，亦皆有"信息公开申请权"，由此两种请求权会产生竞合。本案中，面对罗梅英的信息公开申请，法院应适用《信访条例》第 12 条告知其另行查询，还是适用《政府信息公开条例》依法予以公开，即是此种权利竞合的具体表现。

如何处理两种请求权的竞合？我国立法未明确区分卷宗阅览与信息公开，实践中也缺少具体的处理规则。比较法上，在日本，因为信息公开制度中没有"证明构成该不利益处分原因的事实的资料"的限制，也无请求期限等方面的要求，因此当事人可以考虑为达到查阅文件等资料的目的而充分地使用信息公开制度。[2]美国无德国所谓"卷宗阅览请求权"，然而正式裁决程序中，行政机关的裁量适用诉讼程序中的调查证据制度。此时，当事人得请求行政机关公开相关卷宗，其作用与"卷宗阅览"类似。但由于"信息公开"与"证据调查"相比限制少，对当事人较为有利，由此导致当事人常滥用信息公开，增加政府机关负担，久为学界诟病。本案中最高人民法院即采取了这一处理规则，认定《信访条例》属于特别法，再依据《立法法》第 103 条"同一机关制定的法律、行政法规、地方性法规、自治条例和单行条例、规章，特别规定与一般规定不一致的，适用特别规定"之规定，选择适用《信访条例》。

（二）实质化保障知情权的制度风险：对特别法适用路径的反思

尽管最高人民法院在本案判决中告知了此类信访处理过程中形成的信息

---

〔1〕　李大勇："信息公开与卷宗阅览：界限、机理与模式"，载《甘肃政法学院学报》2011 年第 2 期。

〔2〕　参见李广宇：《政府信息公开司法解释读本》，法律出版社 2011 年版，第 116 页。

的获取途径，但从实质化保障申请人知情权的角度考量，这一判决存在以下两个问题。

1. "信访处理过程中形成的信息"与"办理情况"的冲突

如上文所述，最高人民法院在判决中提炼的"信访处理过程中形成的信息"，是指在信访事项的提出、受理、办理程序中形成的建议、意见、信访请求、登记信息、是否受理告知、陈述与说明理由记录、调查报告、听证笔录、处理意见、复查意见、复核意见等信息。对于此类信息，无法适用《政府信息公开条例》依申请公开，只能适用《信访条例》查询。但问题在于，《信访条例》第12条将信访人所能查询的信息限定为"投诉请求的办理情况"，"信访处理过程中形成的信息"属于"投诉请求的办理情况"吗？尽管这两个概念的内涵与外延都不是十分明确，但结合上文分析可知，"信访处理过程中形成的信息"是对信访全流程形成的不同种类信息的概括，而"投诉请求的办理情况"侧重对信访事项是否受理、是否办理完结的状态的描述，前者所包含的信息的范围与种类明显大于后者。换言之，并非所有在信访处理过程中形成的信息都能解释为投诉请求的办理情况。在此情况下，若法院判决申请人通过信访渠道查询，信访工作机构完全可能以申请人所查询的信息不属于"投诉请求的办理情况"为由拒绝。

因此，最高人民法院在本案中提炼的"信访处理过程中形成的信息"属于"投诉请求的办理情况"这一裁判要旨存在逻辑不周延，限缩了申请人所能申请公开的信息的范围。此类案件中，法院不宜将凡是涉及信访的信息都纳入信访查询渠道，应对申请人的申请公开的信息进行实质性审查，判断其是否属于《信访条例》第12条规定的"投诉请求的办理情况"。

2. 信访程序终结与卷宗阅览申请权的消灭

根据上文所述，卷宗阅览请求权只存续于特定行政程序的存续期间，本案中信访事项已"三级终结"，因此信访人再无卷宗阅览请求权。既然卷宗阅览请求权不存在，"那么也不会发生与政府信息公开申请权竞合的情况"，[1]但此时申请人仍享有信息公开申请权，仍可依照《政府信息公开条例》的规定申请公开相关信息。

---

〔1〕 李广宇：《政府信息公开司法解释读本》，法律出版社2011年版，第116页。

然而，本案中最高人民法院的逻辑是，尽管信访程序已终结，但信访人仍具有卷宗阅览请求权，因此根据特别法优于一般法的竞合处理规则，判决信访人通过信访渠道查询相关信息。这一判决可能导致的问题是，信访人在判决生效后通过信访渠道申请查询，信访工作机构可能以信访程序已终结为由拒绝其查询请求。以本案为例，《信访条例》第 12 条仅对信访查询进行了原则性规定，具体实施办法和步骤由省、自治区、直辖市人民政府规定。但《湖北省信访条例》第 8 条规定："信访人在信访过程中，享有下列权利：……（四）向受理和办理机关查询与其有关的信访事项的处理情况及结果，并得到答复……"该条明确了信访人仅在"信访过程中"享有查询权，信访局完全可以认定信访人的申请未在"信访过程中"提出，因此拒绝信访人的请求。简言之，在信访程序已终结的案件中，此时信访人不再拥有卷宗阅览请求权，不会发生权利的竞合，《信访条例》第 12 条无适用空间，法院宜直接依据一般法《政府信息公开条例》判决公开，以实质化地保障申请人获取相关信息的权利。

【后续影响及借鉴意义】

本案裁判生效时间为 2018 年 6 月，事实上早在 2016 年，最高人民法院就存在类似的判决，[1] 从结果上看，本案判决与 2016 年的判决并无二致，但相较于过往的判决，本案的典型之处在于：一是对信访处理过程中形成的信息进行了定性，此类信息也属于政府信息的范畴；二是以"特别法优于一般法"对适用《信访条例》进行了更为详细的说理论证。本案更加细致的说理也确立了此类案件的裁判规则，有利于规范各级法院的司法裁判，后续诸多法院以同样的裁判思路驳回了原告的诉讼请求。[2] 同时本案将此类申请纳入信访程序处理，厘清了信访与行政诉讼、信息公开的边界，符合信访法治化改革的要求。但问题在于，相较于政府信息公开完善的程序规定，《信访条例》对

---

〔1〕 例如，最高人民法院（2016）最高法行申 1640 号行政判决书、最高人民法院（2016）最高法行申 4770 号行政裁定书。

〔2〕 例如，安徽省高级人民法院（2020）皖行终 982 号行政判决书、抚顺市中级人民法院（2019）辽 04 行初 2 号行政判决书、北京市第三中级人民法院（2019）京 03 行初 310 号行政裁定书、常州市新北区人民法院（2019）苏 0411 行初 50 号行政裁定书。

信息查询只作了原则性规定，各地具体的实施办法水平参差不齐，相关程序并不明确，存在诸多可解释的空间。在此情况下，若法院采取形式审查标准，将凡是涉及"信访"的信息公开案件均纳入信访查询渠道，不对所申请公开的信息进行实质性辨别，可能的结果是当事人在诉讼、信访渠道均无法获取相关信息。

同样值得关注的是，《信访工作条例》的出台，也会影响信访相关信息的认定与获取。《信访工作条例》第14条规定，"各级党委和政府信访部门是开展信访工作的专门机构……"，新条例将信访工作机构扩展到各级党委，由此产生的问题是，法院会"以党组织是制作主体或联合制作主体为由，判定相关信息不属于政府信息"。[1]同时，与《信访条例》的行政法规属性不同，《信访工作条例》属于党内法规，这也意味着依据《信访工作条例》制作的信息具有党务信息属性，本案确立的"信访处理过程中形成的信息属于政府信息"这一裁判规则也会面临挑战。既然信访相关信息不属于政府信息，那么政府信息公开路径将无适用空间，申请人只能适用信访查询渠道，但《信访工作条例》并未对信访查询事项进行更细致的规定，与《信访条例》第12条类似，新条例第21条的程序设计仍十分粗糙，存在诸多可解释空间。在这一背景下，《信访工作条例》实施后，信访人的知情权能否得到有效保障仍有待观察。

（指导老师：马允　中国政法大学法学院副教授）

---

〔1〕　张力："党政联合发文的信息公开困境与规则重塑：基于司法裁判的分析"，载《中国法学》2020年第1期。

案例二 咨询类信息的实质性认定规则
——闫某旺诉郑州市人民政府信息公开案

王嘉文 *

【案例名称】

闫某旺诉郑州市人民政府信息公开案［最高人民法院（2017）最高法行申 5759 号行政裁定书］

【关键词】

咨询不予公开　实质性认定规则　反射利益理论

【基本案情】

2015 年 8 月 18 日，郑州市中原区须水镇庙王村村民闫某旺向郑州市人民政府申请公开三份材料，分别为：（1）市政工程中原西路十七放射工程中原区须水办事处庙王村土地宅基地房过渡款是否足额到位，请明细账告知。（2）市政工程中原西路十七放射工程中原区须水办事处庙王村土地宅基地房屋面积是多少，过渡费是谁出的，过渡期是多少个月，每平方米每月过渡费是多少，每月支付庙王村过渡费总额是多少。（3）2012 年 4 月市政工程中原西路十七放射工程中原区须水办事处庙王村土地是征收，还是租用。2015 年 9 月 7 日，郑州市人民政府作出一份《政府信息公开申请答复书》并向闫某

＊　作者简介：王嘉文，中国政法大学法学院宪法学与行政法学专业 2020 级博士研究生。

旺邮寄送达，郑州市人民政府认为依据《政府信息公开条例》[1]第2条等规定，闫某旺提出的三项申请内容，属于具体事项咨询，有关情况闫某旺可向中原区政府咨询，并告知了咨询电话。2015年9月15日，闫某旺向河南省人民政府申请行政复议。2015年10月27日，河南省人民政府作出豫政复决〔2015〕655号行政复议决定，认为郑州市人民政府在收到政府信息公开申请后，在法定期限内作出答复，符合《政府信息公开条例》的相关规定，维持郑州市人民政府于2015年9月7日作出的《政府信息公开申请答复书》。闫某旺不服提起诉讼，请求撤销郑州市人民政府信息公开答复及河南省人民政府行政复议决定，限期责令郑州市人民政府履行法定职责。

一审法院认为，原告申请内容涉及郑州市中原区须水镇庙王村土地征用、房屋搬迁过渡期限和过渡费用发放使用情况，上述内容应当认定为郑州市人民政府主动公开的信息而非咨询性信息。据此，一审法院判决撤销被诉行政行为并责令郑州市人民政府重新作出行政行为。郑州市人民政府不服，提起上诉。二审法院认为，第一，郑州市人民政府并非涉案信息的公开主体；第二，闫某旺申请事项并非完全属于信息公开申请。二审法院最终撤销一审判决。闫某旺申请再审称：再审申请人申请的政府信息，涉及本村集体土地的征收征用、房屋搬迁过渡期及费用发放使用情况等，属于市、县级人民政府主动公开的信息，郑州市人民政府是征收土地的组织实施主体，对于履职过程中制作或获取的信息，应当掌握并公开。二审法院忽视郑州市人民政府是征收土地的实施主体，认定事实不清，适用法律错误。请求：撤销二审判决，维持一审判决；责令再审被申请人依法履职，重新作出政府信息公开答复，并依法追究违法行为人的法律责任。

最高人民法院认为，为了便于行政机关准确及时地寻找并提供申请人所需要的政府信息，关于申请内容的描述，应当达到行政机关能够清楚分辨的程度；如果描述过于笼统，行政机关应当以要求补正等方式提供必要的帮助，不宜一概认定为"咨询"事项而拒绝公开。因此，郑州市人民政府将闫某旺的申请内容定性为咨询，有所不当。但是，郑州市人民政府还是履行了告知

---

〔1〕　本案历审裁判文书中援引的《政府信息公开条例》均为2007年公布版本，本文简称为《政府信息公开条例》；对2019年修订的《政府信息公开条例》，本文简称为《政府信息公开条例》（2019）。

再审申请人找中原区人民政府咨询的义务，因此认定一审判决不当，二审法院撤销一审判决，驳回再审申请人的诉讼请求，符合法律规定。再审申请人主张二审法院认定事实不清、适用法律错误，依法不能成立。

【裁判要旨】

（1）"咨询"事项包括两类，分别为"事实类咨询"和"政府信息类咨询"事项；行政机关和法院在认定过程中，可分别以《政府信息公开条例》（2019）第 2 条和第 38 条作为适用依据予以证成，但两条款不得同时适用。

（2）关于"事实类咨询"事项的认定，在说理部分需对"咨询"概念进行解释，解释应明确指向具体的法律规范或符合文义解释的具体情形。关于"政府信息类咨询"事项的认定，说理部分应论证出不予公开是基于行政效率或其他公益目的的考量。

【裁判理由与论证】

一、规范申请权和对"咨询"事项的认定

（一）对申请权的规范

最高人民法院从两个层次分别展开说理论证：第一层次是从目的解释的角度阐述为什么要对政府信息公开的申请内容作出要求。依申请的政府信息公开制度在充实便民原则内涵的同时，也面临两重风险，即信息公开申请权滥用和行政效率的下降。这两重风险存在着一种递进关系的逻辑层次：申请权的滥用势必会造成行政效率的下降；而行政效率的下降会使公民申请权无法得以周全地保障，最终侵犯公民知情权。因此，最高人民法院指出，规范申请人的申请内容以防止申请权的滥用有利于提升政府为民服务的效率。

"按照《政府信息公开条例》第二十条第二款[1]的规定，政府信息公开

---

[1]《政府信息公开条例》（2019）第 29 条第 2 款为："政府信息公开申请应当包括下列内容：（一）申请人的姓名或者名称、身份证明、联系方式；（二）申请公开的政府信息的名称、文号或者便于行政机关查询的其他特征性描述；（三）申请公开的政府信息的形式要求，包括获取信息的方式、途径。"

申请应当包括申请公开的政府信息的内容描述，这是为了便于行政机关准确及时地寻找并提供申请人所需要的政府信息。对于政府信息内容的描述，应当达到行政机关能够清楚分辨的程度，如果描述过于笼统，行政机关也应当以要求补正等方式提供必要的帮助。"〔1〕

最高人民法院认为，《政府信息公开条例》对申请人课以一定的义务，一方面是为了避免申请权的滥用，另一方面是为使行政机关能够快速准确地找到相关政府信息，提升行政效率。同时，最高人民法院提出了审查判断申请内容的标准，即要达到"行政机关能够分辨的程度"。如果申请内容笼统，行政机关也应通过"告知补正"等方式获悉申请人的诉求。〔2〕因此，即使申请人的申请内容未全部满足《政府信息公开条例》（2019）第29条第2款的要求，行政机关也可能在确定具体信息后予以公开。从裁定书这一部分的说理解释中可以看出，最高人民法院的解释倾向于对申请权的实质性保护，尽最大可能使申请人获悉所需信息。

（二）对"咨询"事项的认定

最高人民法院论证的第二个层次是回应实践中存在的关于"咨询"事项的申请。基于申请权实质性保护理念，最高人民法院进一步指出对"咨询"事项认定的看法：

"实践中，经常遇到一些类似于咨询的信息公开申请，对此不宜一概以不属于政府信息公开申请［《政府信息公开条例》（2019）第2条］或者以需要汇总、分析、加工为由予以拒绝［《政府信息公开条例》（2019）第38条］。对于貌似咨询，实质是要求行政机关提供政府信息，且对所涉及事项进行了具体描述的，应当予以受理，或者在告知其补正完善之后予以受理。本案中，再审申请人在政府信息公开申请表中所描述的内容，明显指向中原西路十七

---

〔1〕 最高人民法院（2017）最高法行申5759号行政裁定书。

〔2〕 关于"告知补正"的规定，《政府信息公开条例》（2019）第30条规定："政府信息公开申请内容不明确的，行政机关应当给予指导和释明，并自收到申请之日起7个工作日内一次性告知申请人作出补正，说明需要补正的事项和合理的补正期限。答复期限自行政机关收到补正的申请之日起计算。申请人无正当理由逾期不补正的，视为放弃申请，行政机关不再处理该政府信息公开申请。"

放射工程中原区须水办事处庙王村土地房屋相关征迁工作中的信息，郑州市人民政府简单地将其定性为咨询，有所不当。"

《政府信息公开条例》（2019）第38条规定："行政机关向申请人提供的信息，应当是已制作或者获取的政府信息。除依照本条例第三十七条的规定能够作区分处理的外，需要行政机关对现有政府信息进行加工、分析的，行政机关可以不予提供。"本条是对"咨询"事项认定的直接法律来源之一。条文中"加工""分析"等不确定的法律概念，为行政主体"低成本"驳回政府信息公开申请提供了可能。最高人民法院指出，行政机关在审核申请人提交的较为复杂的申请内容时，不可直接依据《政府信息公开条例》（2019）第2条或第38条将其全部简单定性为"咨询"事项而予以驳回。

二、关于申请权的保护

最高人民法院认为，虽然郑州市人民政府将申请内容错误定性为"咨询"事项，但实际上履行了其告知申请人获取信息途径的义务，实现了保护公民申请权和知情权的目的。因此认定一审判决不当，同时认定二审法院撤销一审判决为正确。

"但是，一审法院就此将郑州市人民政府的政府信息公开答复予以撤销，并责令其重新作出答复，也失之于简单。《政府信息公开条例》第十一条虽然规定，设区的市级人民政府重点公开的政府信息应当包括'征收或者征用土地、房屋拆迁及其补偿、补助费用的发放、使用情况'，但有没有公开职责是一回事，是不是真的实施了相关行为、是不是真的制作保存了相关政府信息，却是另一回事。根据郑州市人民政府在一审法定举证期限内提供的《郑州市"两环三十一放射"道路绿化提升工程建设指挥部关于印发郑州市"二环十五放射"道路绿化提升工程目标任务书的通知》，郑州市人民政府将二环十五放射道路绿化提升工程涉及中原西路段的拆迁、征租地工作，确定由中原区人民政府负责。按照《政府信息公开条例》第17条关于'行政机关制作的政府信息，由制作该政府信息的行政机关负责公开'的规定，在郑州市人民政府将该项目征收补偿工作确定由中原区人民政府负责的情况下，如果该项目发生了征收补偿事宜，则制作、保存、公开相关政府信息的职责就应当属于中原区人民政府。郑州市人民政府虽然将政府信息公开申请定性为咨询欠妥，但还是履行了告知再审申请人找中原区人民政府咨询的义务，二审法院据此撤销一审判决，驳回再审申请人的诉讼请求，符合法律规定。再审申请人主张二审法院认定事实不清、适用法律错误，依法不能成立。"

最高人民法院此段论述阐述了三个观点：一是一审法院处理不当。最高人民法院认为行政机关履行义务的标准应是"穷尽已有方法帮助申请人获取信息"，这是对申请权实质性保护的践行。二是明确申请权的适用范围。裁定书中指出，是否有公开职责与是否存在信息是两件事；而申请权的保护范围仅与后者相关，即被申请公开的主体是否应当制作并公开信息在所不问，申请权的设立价值是确保公民获悉已经客观存在的信息。三是以实质性保障信息的获取途径为重心，淡化对申请内容定性的正确与否。行政机关在自身无法提供申请人所需信息的情况下，如果告知申请人获取信息的途径，即使其对申请内容定性错误，也可以被认定为履行了法定职责。

【涉及的重要理论问题】

《政府信息公开条例》（2019）第38条规定如公民申请的内容被定性为"咨询"事项，行政机关可不予书面回复。在实践中，这一制度成为行政机关驳回公开申请的主要依据之一；加之关于"咨询不予公开"的相关条款中存在多个不确定法律概念，使得处于不同立场且拥有不同利益期待的裁决者在这一问题上极易出现意见不一的情况。虽然2016年最高人民法院将孙长荣案[1]作为公报案例，就"咨询"性质认定问题提出指导性观点和建议，但近年来相关问题的诉讼案件依然层出不穷且通常都达到最高人民法院再审，除本案外，还有如周某宪诉上海浦东区政府案[2]、李某才诉北京西城区政府案[3]等。透过这些案件我们可以得出以下结论：第一，无论是行政机关还

---

[1] 《最高人民法院公报》2016年第12期，第23页。
[2] 最高人民法院（2017）最高法行申2638号行政裁定书。
[3] 最高人民法院（2020）最高法行申10038号行政裁定书。

是法院，在关于"咨询"性质认定方面的说理并不充分，公民的满意度〔1〕不高；第二，关于性质认定的问题虽能通过高审级的审理实现对权利的实质性保护，但在个案中通过性质认定以保护申请权实现和修复公权力合法性权威，其所消耗的行政和司法成本过高。因此，有必要从行政过程的前端分析"咨询不予公开"具体类型、适用依据并找寻能够为制度提供合理性的理论基础，最终探索出对该类事项审查的实质性认定规则。

一、"咨询不予公开"制度的适用依据梳理

从裁定书中，我们可以看出行政机关和法院在是否属于"咨询"事项的认定问题上出现了多次分歧。当申请内容被认定为"咨询"性质，行政机关可以决定不予提供；申请人就该行政决定的起诉，法院不予支持。因此，我们不禁会思考，如此一个定性即可驳回且内容中充斥着多个不确定法律概念的规定，是否会对咨询人的某些权利义务产生实际影响？〔2〕本文梳理出行政机关和法院在适用"咨询不予公开"规则所依据的相关主要法律政策文件，以期从法释义学的角度对这一制度的适用规律进行理解，见表1所示：

表1 "咨询不予公开"制度的适用依据

年份	文件名称	内容
2010 年	《国务院办公厅关于做好政府信息依申请公开工作的意见》	"行政机关向申请人提供的政府信息，应当是现有的，一般不需要行政机关汇总、加工或重新制作（作区分处理的除外）。依据《政府信息公开条例》精神，行政机关一般不承担为申请人汇总、加工或重新制作政府信息，以及向其他行政机关和公民、法人或者其他组织搜集信息的义务。"

---

〔1〕 段尧清：《政府信息公开：价值、公平与满意度》，中国社会科学出版社 2013 年版，第 127 页。

〔2〕 《最高人民法院公报》2016 年第 12 期，第 23 页。

年份	文件名称	内容
2011 年	《最高人民法院关于审理政府信息公开行政案件若干问题的规定》	第 2 条第 3 项："公民、法人或者其他组织对下列行为不服提起行政诉讼的，人民法院不予受理：……（三）要求行政机关为其制作、搜集政府信息，或者对若干政府信息进行汇总、分析、加工，行政机关予以拒绝的；……"
2019 年	《政府信息公开条例》	第 2 条："本条例所称政府信息，是指行政机关在履行行政管理职能过程中制作或者获取的，以一定形式记录、保存的信息。" 第 38 条："行政机关向申请人提供的信息，应当是已制作或者获取的政府信息。除依照本条例第三十七条的规定能够作区分处理的外，需要行政机关对现有政府信息进行加工、分析的，行政机关可以不予提供。"

经过上表梳理，可归纳出如下观点：第一，从产生时间来看，其产生于公民申请之后；第二，从形式来看，可口头也可书面；第三，从内容来看，申请的内容是需要行政机关另行加工、分析、制作或者搜集的政府信息。

二、"咨询不予公开"依据适用的困境

当事人经常就"咨询"事项的定性问题提出异议，说明实务中可能出现适用法律不准确等问题。基于此，我们需要重新审视目前实务中认定"咨询"的主要适用依据。本文从以下两个问题入手进行具体论证分析：第一，实务中被认定为"咨询"的事项，其内容本质上是否可能属于政府信息？（如果属于政府信息，那么不予公开可能是因为其他价值权衡的考量。）第二，法律文

件中的汇总、分析、加工过程是否属于"从无到有"创制信息的过程[1]？（如果不是或者不仅仅只包括创制信息的过程，那么驳回申请可能出于提高行政效率等其他价值因素的考量。）

（一）"咨询"内容的定性

行政机关在审核公民申请的信息时，首先需要核对是否属于《政府信息公开条例》所规定的政府信息。《政府信息公开条例》定义的政府信息至少包括三点：一是政府信息产生主体是行政机关；二是政府信息应以一定形式记录和保存；三是政府信息产生于行政机关的履职过程中。[2]实践中，行政机关通常会依据《政府信息公开条例》（2019）第 2 条和第 38 条[3]将类似于"咨询"的申请内容直接排除在政府信息之外进而定性为咨询事项。但这里出现几个问题：首先是对第 2 条的理解。"咨询"并非法律概念，针对这一术语目前没有确定的法律规范层面的适用边界和相匹配的法律效果。如果申请的事项都属于类似"询问法律依据"的情形，那么对于"咨询"的认定自然无过多争议；正是因为"咨询"本身概念体系的不确定性，才会出现不少像闫某旺案一样"貌似咨询，实质是要求行政机关提供政府信息，且对所涉及事项进行了具体描述"的情形，这些似是而非的情形无疑增加了认定的难度。因此，除非属于明显具有咨询性质的事项，其他申请事项如果直接依据《政府信息公开条例》（2019）第 2 条将申请的信息排除在政府信息之外，进而认定成"咨询"事项，不仅逻辑层面难以说通（由于咨询本身的法律内涵模糊，因此政府信息和咨询事项并不是非此即彼的关系；不是政府信息并非能够直接认定为咨询事项），也无益于在行政过程前端实质性解决此类纠纷。其次是对第 38 条的理解。上述那些以"咨询"为名义、内容定性似是而非的申请，其认定依据则落入了另一个规则中，即《政府信息公开条例》（2019）第 38 条及相关规定。实务中，裁判者通常会将"咨询"事项与《政府信息公开条

---

[1] 参见韩雪主编：《政府信息依申请公开实操指南》，中国财政经济出版社 2020 年版，第 37 页。

[2] 参见赵明等：《我国政府信息公开的实证研究》，四川大学出版社 2020 年版，第 127 页。

[3] 《政府信息公开条例》（2019）第 2 条："本条例所称政府信息，是指行政机关在履行行政管理职能过程中制作或者获取的，以一定形式记录、保存的信息。"第 38 条："行政机关向申请人提供的信息，应当是已制作或者获取的政府信息。除依照本条例第三十七条的规定能够作分处理的外，需要行政机关对现有政府信息进行加工、分析的，行政机关可以不予提供。"

例》（2019）第 38 条或《国务院办公厅关于做好政府信息依申请公开工作的意见》的相关规定结合起来进行说理。例如，"该信息为咨询类问题，须由被告市政府进行搜集、汇总、加工，被告市政府据此建议原告对该信息通过其他途径咨询并无不当"。[1]这一处理的逻辑思路为："咨询"事项的获取需要"汇总、加工、分析"，不属于政府受理必须公开的范围。从法释义学的角度审视第 38 条的适用逻辑，我们可以看出，裁判者在适用这一法律条文时，本质上是默认了申请的内容属于政府信息。例如，"要求行政机关为其制作、搜集政府信息""对若干政府信息进行汇总、分析、加工"。因此，如果行政机关或法院是依据《政府信息公开条例》（2019）第 38 条或《国务院办公厅关于做好政府信息依申请公开工作的意见》相关规定进行说理，那么当论证申请内容属于"咨询"事项而不予提供时，实际上是承认"咨询"事项具有政府信息的本质属性这一前提条件。此时，裁判者在法律适用过程中面临的论证问题是需要解释清楚为何这类政府信息会作为例外情形而被排除在公开范围之外。在论证的逻辑中，必须具备如下说理，才能保证论证的逻辑顺畅：《政府信息公开条例》（2019）第 5 条规定："行政机关公开政府信息，应当坚持以公开为常态、不公开为例外，遵循公正、公平、合法、便民的原则。"那么如果申请的内容属于政府信息的一种，法律规定却将其作为例外情况不予公开，则必然是出于除"保障申请人依法获取政府信息，提高政府工作的透明度"以外其他的价值因素考量。而这种价值因素考量，恰恰也是出于对某种特定制度功能的期待。

同时需要强调的是，如果适用《政府信息公开条例》（2019）第 2 条决定不予公开，则不能同时再适用《政府信息公开条例》（2019）第 38 条、《最高人民法院关于审理政府信息公开行政案件若干问题的规定》第 2 条第 3 项以及《国务院办公厅关于做好政府信息依申请公开工作的意见》相关规定。否则，将产生逻辑混乱。

（二）汇总、分析、加工信息是否属于创制新信息的行为

上文提到，行政机关或法院通常会论证某类信息属于需要政府"汇总、

---

[1] 福建省福州市中级人民法院（2018）闽 01 行初 423 号行政判决书。

分析、加工的信息"，借此排除向咨询人提供信息的义务。其表层逻辑思路在于，此种信息的产生时间是在相对人申请后，不符合"政府信息"规范含义中"行政机关履行职责过程中获取的""已经现有的"这一属性，是新出现的信息。因此，沿着这个逻辑思路，有学者提出，判断是否需要加工、汇总、分析信息，具体看是否需要信息公开主体创制信息。[1]但这一判断标准存在一定的问题：什么样的行为类型属于创制信息呢？一般而言，创制是一种"从无到有"建立新事物的过程。因此，根据上述学者观点，如果申请的内容是需要行政机关制作新的信息，则应适用《政府信息公开条例》（2019）第38条，行政机关对该类信息不予提供。但问题在于，类如经典情况中的"询问法律依据"可称之为"咨询"外，法律中规定的"汇总、加工"等情形有时适宜理解为对现有信息的精细化处理，这能否属于创制信息的行为呢？这里最值得考究的是"汇总"一词：汇总是指对大量政府信息进行的搜集工作，它是对现有信息的整理而非创制活动，这显然与持上述观点的学者对《政府信息公开条例》第38条的理解产生冲突。所以，需要经过"汇总、加工、分析的信息"之所以不予提供，其根本的价值追求可能并非仅仅是上述逻辑推导出的结论那么简单。剥去表层的逻辑推导，深层次理解《政府信息公开条例》（2019）第38条，其应然的逻辑应该是：此条规定的信息虽然属于政府信息，但因为立法者有特殊的价值考量，因此将其列为公开的例外情形。

笔者认为，对"咨询"事项的认定应从两个方面考虑：一是如果行政机关或法院将申请的内容定性为"咨询"事项，那么对咨询的内涵理解必须明确指向具体的法律规范或符合文义解释的具体情形。例如"事实根据是什么""有什么法律依据"这一类符合文义解释的具体适用情形才能被定义为"咨询"事项。本文将这一类"咨询"事项命名为"事实类咨询"事项。二是如果裁判者认为申请事项属于需要行政机关进行"汇总、加工、分析"才可以获得的，可以认定为"咨询"性质并依据法律规定不予提供相关信息。本文将这一类"咨询"事项命名为"政府信息类咨询"事项。但需要强调的是，对于此类咨询事项的认定，在说理环节必须说明不予提供是在综合其他价值因素后的考量结果。同时，不可再同时适用《政府信息公开条例》（2019）

---

[1] 韩雪主编：《政府信息依申请公开实操指南》，中国财政经济出版社2020年版，第36页。

第 2 条，否则将造成逻辑混乱。

（三）依据适用中的价值考量

前文探讨了实务中"咨询不予公开"适用依据所面临的法律解释问题。其中谈到，行政机关和法院如果认为申请的事项属于需要行政机关进行"汇总、加工、分析"的信息，可以不予提供，但必须在说理论证中将符合制度规范所期待的制度价值考量阐述清楚。既然不予公开的制度并非以保护公民申请权和知情权为设立目的，那其追求的价值功能是什么？本文观点认为，是对公共利益和保证政府行政效率的追求。在实践中，法院的裁判说理通常能够考虑到行政效率与公益保障的问题。例如，有的法院在案件说理部分指出："钱某所需信息量内容庞大，涉及面广，若该街道办事处按需全部予以书面提供近 2000 份书面材料，必然增加行政机关的负担，影响行政机关的正常运作。"[1]将价值权衡的考量作为信息不予提供的论证理据是以承认申请事项属于政府信息为前提，更契合《政府信息公开条例》（2019）、《最高人民法院关于审理政府信息公开行政案件若干问题的规定》以及《国务院办公厅关于做好政府信息依申请公开工作的意见》的精神；在逻辑层面较上文学者"咨询非政府信息"的观点更为顺畅。

三、反射利益：对咨询事项不予提供的理论回应

经过上文对"咨询"规则的解析，笔者将其划分为"事实类咨询"和"政府信息类咨询"两类事项。所谓"事实类咨询"事项，是指明显具有"咨询或质询"性质且需由行政机关予以个人观点解读的事宜，如询问行为合法性、合理性等。这一类"咨询"事项由于明显容易判别则无须赘述。认定难度大、争议纠纷多的一类是"政府信息类咨询"事项。这一类咨询事项作为不公开的情形，可以借助反射利益理论进行回应。

（一）利益的法律保护范围

讨论反射利益的内涵和功能之前，必先对利益的相关概念作一检视。"权利的本质则体现在法律对于某种特定利益的保障，而这种特定利益即体现在

---

[1] 韩雪主编：《政府信息依申请公开实操指南》，中国财政经济出版社 2020 年版，第 38 页。

作为客体对于主体的某种有用性上。"〔1〕"法律为保护个人特定法益，特予以法律上之力，使之能够享受特定的利益，并于反面课相对人以相当的拘束（义务），以确保此利益之享受。"〔2〕可见，法律并非对所有的利益都给予保护，而本文中不予提供的"政府信息类咨询"事项，恰恰是法律未给予保护的那部分私人利益。为什么法律不能保护公民的全部利益？其根源在于利益内容的不确定性。"利益者，实乃离不开主体对客体之间所存在'某种关系'的一种价值形成，换言之，是被主体所获得或肯定的积极的价值。如此，利益即和价值（感觉）产生密切的联系。价值被认为有无存在，可直接形成利益的感觉，这一切，又必须系乎利益者之有无兴趣的感觉，所以，利益概念无异于价值概念。"〔3〕据此，利益存无，依据每个个体自身对利益的喜好或欲望，所以利益自然无法全部由法律所保护；被法律保护的利益称之为权利，剩余部分只能称之为普通利益。而反射利益则属于未受公法保护的那部分私主体利益中的一类，可以称之为具有法律保护力之权利的"余数"部分。以反射利益作为理论分析工具，能够为我国法律制度中规定对咨询类事项不予公开提供合理性资源。

（二）反射利益对咨询事项不予提供制度的理论阐释

公法学界已经有学者对反射利益理论的概念做过清晰的介绍："法规之反射效果，即法规之目的在于保障公共利益而非个人私益，但因法规之规定对个人也产生一种有利之附随效果。"〔4〕"也就是说，国家为保护和增进公益而作出一定的法律规定，在事实上却给特定个人带来的一定利益。由于这种利益并非法律所追求的真正目的，而只是由公共利益所产生的，因此，特定个人不能向国家主张该利益并获得法律救济。"〔5〕"行政法上反射利益的标准状况：产生利益的根源是公共利益，但其外在表象却是明显地表现为个人利益，甚至与基本权利具有密切关联。换句话说，行政法上的反射利益，具有一种

〔1〕 郑晓剑："人格权客体理论的反思——驳'人格利益说'"，载《政治与法律》2011年第3期。

〔2〕 梁慧星：《民法总论》，法律出版社2007年版，第71页。

〔3〕 陈新民：《德国公法学基础理论（上册）》，山东人民出版社2001年版，第182-193页。

〔4〕 吴庚：《行政法之理论与实用》，中国人民大学出版社2005年版，第104页。

〔5〕 杜仪方：《行政不作为的国家赔偿》，中国法制出版社2017年版，第32页。

引人疑惑的权利外表。"〔1〕反射利益的提出，解释了为何某些当事人的利益并不享有权利之保障。

根据上文，行政机关和法院可以依据《政府信息公开条例》（2019）第38条及相关制度拒绝提供"政府信息类咨询"事项。从理论层面可以进行如下分析：首先，政府信息的产生出于公益目的。政府信息是行政机关在执行法律、实施公务活动时留存的一切工作记录。这些信息可以体现为行政证据、实施行为的依据或者回应社会生活事件和行为所发表的意见、观点、看法和方案等。〔2〕因此，行政机关生产出的任何一项政府信息，均以良好行政和规范政府运行为目的，而非以满足某一个体私益为动机。其次，私主体可以在政府存在相关信息的情况下获得利益。反射利益的外在行为表象即个体在公共利益下可附随获得相应利益。但同时该理论也恰好解释了法律规定中的两个问题：一是可以公开的信息应当属于现有的信息，后期创制或不存在的信息自然不予提供。这一点较好理解，"皮之不存，毛将焉附"，没有制作的政府信息，也自然不存在公共利益，那附随的反射利益自然无须保护。二是根据法律规定和最高人民法院的观点，"政府信息类咨询"事项的公开或不公开是任意性而非强制行规定，即这一类信息的提供与否由被申请公开信息的主体自由裁量。咨询主体申请的内容即使包括了需要"汇总、加工、分析"等信息，行政机关也可以通过"告知补正"等方式辅助咨询主体履行申请权利，而非直接不予提供。其理论基础在于，当政府信息客观存在时，具有现实性的公共利益辐射到私权益，也使私权益的实现具备现实性；基于服务于民理念的考虑，行政机关当然可以在不侵犯公益的基础上"让利"于民。最后，行政机关有权拒绝对"政府信息类咨询"事项予以公开。其理论基础在于，"这种利益并非法律所追求的真正目的，而只是由公共利益所产生的"。因此，行政机关可以主动提供，但私主体不具有诉的利益，其请求不会被法律保护或支持。

【后续影响及借鉴意义】

本文以"咨询"事项的认定争议作为研究对象，分析出此类信息定性难

---

〔1〕 王本存："论行政法上的反射利益"，载《重庆大学学报（社会科学版）》2017年第1期。
〔2〕 参见赵明等：《我国政府信息公开的实证研究》，四川大学出版社2020年版，第128-129页。

度大的根源在于依据适用存在困难。实践中，定性活动主要依据两类规则：一类是通过判断"申请事项是否属于政府信息"作为认定思路，本文将其命名为"事实性咨询"事项，其法律依据主要为《政府信息公开条例》（2019）第 2 条，这一依据适用的情形应为明显具有"咨询或质询"性质的事项。另一类是如果所申请的内容并非具有明显的"咨询或质询"属性，而是需要行政主体进一步"加工、搜集、整理或者分析"，本文将这一类事项命名为"政府信息类咨询"事项，其法律依据主要为《政府信息公开条例》（2019）第 38 条。笔者认为，如果行政机关或法院依据该规则对申请事项予以排除，则应在说理论证中说明其作为特殊的政府信息而被排除在公开范围之外的价值考量，而非简单认定为"咨询"事项不予公开；同时，此条不宜与《政府信息公开条例》（2019）第 2 条共同适用。在实务中，"咨询"定性案件主要的争议多来自"貌似咨询的信息公开申请"，此类事项不予公开可以借助反射利益理论解释其合理性。

"咨询"的定性问题虽小，但对其说理论证的满意度直接影响了行政效率高低和司法成本的消耗量。因此，能够在行政过程前端或司法审判的前期选择正确的法律依据并进行符合法律精神且逻辑顺畅的说理，对节约行政和司法资源具有深远的影响。通过对"咨询"事项的具体分类并匹配正确的法律依据，辅之以反射利益理论提供的合理性支撑，将促使实务界对该问题给予足够的重视和理性的审视，进而实现"前端治理"的行政法追求。

案例三　证券交易所的信息公开义务

——郑宇诉上海证券交易所政府信息公开案

王雅琪 *

【案例名称】

郑宇诉上海证券交易所政府信息公开案［最高人民法院（2016）最高法行申 1468 号行政裁定书］

【关键词】

证券交易所　适格被告　政府信息公开　行政管理职能

【基本案情】

2015 年 1 月 18 日，再审申请人郑宇填写《政府信息公开申请表》，申请上海证券交易所公开"2014 年 12 月 31 日，2015 年 1 月 5 日、6 日、7 日、8 日 9 时 15 分接受报价，券商申报买入中国南车（601766）顺序及数量"的信息。2015 年 1 月 22 日，被申请人上海证券交易所电话答复郑宇不予提供上述信息。郑宇不服，向中国证券监督管理委员会申请行政复议。中国证券监督管理委员会经审查认为，上海证券交易所的电话答复行为不属于行政行为，遂驳回了郑宇的行政复议申请。郑宇不服上海证券交易所的电话答复，向法院提起行政诉讼，请求人民法院判令上海证券交易所按照《政府信息公开条例》〔1〕的

---

* 作者简介：王雅琪，中国政法大学法学院宪法学与行政法学专业 2021 级硕士研究生。

〔1〕 本案所适用的《政府信息公开条例》为 2007 年通过的旧版《政府信息公开条例》，本文简称为《政府信息公开条例》；对 2019 年修订的版本，本文简称为《政府信息公开条例》（2019）。

规定作出政府信息公开答复。上海市第一中级人民法院作出（2015）沪一中行初字第 32 号行政判决，驳回郑宇的诉讼请求。郑宇不服一审判决，提起上诉。上海市高级人民法院作出（2015）沪高行终字第 131 号行政判决，驳回上诉，维持原判。郑宇不服二审判决，向最高人民法院申请再审。最高人民法院作出（2016）最高法行申 1468 号行政裁定，驳回郑宇的再审申请。

【裁判要旨】

证券交易所作为法律、法规、规章授权组织，有权按照法律、法规、规章的规定实施包括对证券市场的违法行为予以处罚等监管行为，故证券交易所具有相应的行政管理职能，属于行政案件的适格被告。当事人申请公开一定期限内券商申报买入相关股票的顺序及数量信息，因该类信息属日常证券交易活动中形成的信息，并非证券交易所在履行监管职责过程中制作或者获取的，故不属于《政府信息公开条例》所指的政府信息。

【裁判理由与论证】

本案的争议焦点有两个：一是证券交易所是否属于适格被告；二是郑宇所申请的信息是否属于政府信息公开的范围。本案经过行政复议和行政诉讼一审、二审与再审程序，就争议焦点一、二，一审、二审与再审法院的裁判理由与论证大体一致。下文将就此具体展开。

一、证券交易所是否属于适格被告

就争议焦点一，一审、二审与再审法院的裁判理由与论证大体一致。以下将围绕最高人民法院的裁判理由与论证具体展开。

"中国证券监督管理委员会颁布的《证券交易所管理办法》第九十九条规定：'证券交易所应当在其职责范围内，及时向证监会报告其会员、上市公司及其他人员违反国家有关法律、法规、规章、政策的情况；国家有关法律、法规、规章授权由证券交易所处罚，或者按照证券交易所章程、业务规则、上市协议等证券交易所可以处罚的，证券交易所有权按照有关规定予以处罚，并报证监会备案；国家有关法律、法规、规章规定由证监会处罚的，证券交易所可以向证监会提出处罚建议。证监会可以要求证券交易所对其会员、上市公司进行处罚。'《最高人民法院关于对与证券交易所监管职能相关的诉讼案件管辖与受理问题的规定》第一条规定：'根据《中华人民共和国民事诉讼法》第三十七条和《中华人民共和国行政诉讼法》第二十三条的有关规定，指定上海证券交易所和深圳证券交易所所在地的中级人民法院分别管辖以上海证券交易所和深圳证券交易所为被告或第三人的与证券交易所监管职能有关的第一审民事和行政案件。'第二条规定：'与证券交易所监管职能相关的诉讼案件包括：（一）证券交易所根据《中华人民共和国公司法》《中华人民共和国证券法》《中华人民共和国证券投资基金法》《证券交易所管理办法》等法律、法规、规章的规定，对证券发行人及其相关人员、证券交易所会员及其相关人员、证券上市和交易活动做出处理决定引发的诉讼；（二）证券交易所根据国务院证券监督管理机构的依法授权、对证券发行人及其相关人员、证券交易所会员及其相关人员、证券上市和交易活动做出处理决定引发的诉讼；……'根据上述规定，证券交易所作为法律法规规章授权组织，有权按照法律、法规、规章的规定实施包括对证券市场的违法行为予以处罚等监管行为，故证券交易所具有相应的行政管理职能，属于行政案件的适格被告。"

二、郑宇所申请的信息是否属于政府信息公开的范围

就争议焦点二，一审、二审与再审法院的裁判理由与论证高度一致。以下将围绕最高人民法院的裁判理由与论证具体展开。

最高人民法院经审理认为，《政府信息公开条例》第 2 条规定，本条例所称政府信息，是指行政机关在履行职责过程中制作或者获取的，以一定形式记录、保存的信息。郑宇申请公开一定期限内券商申报买入相关股票的顺序及数量信息，因该类信息属日常证券交易活动中形成的信息，并非证券交易所在履行监管职责过程中制作或者获取的，故不属上述条例所指的政府信息。原审判决并无不当。

【涉及的重要理论问题】

一、证券交易所监管权能的性质

证券交易所（以下简称证交所）监管权能的性质，决定了证交所监管行为的司法介入方式。所以在明晰本案的争议焦点一即"证交所是否属于适格被告"之前，首先需要从理论和实践两个层面厘清证交所监管权能的性质。

（一）理论层面证交所监管权能的性质

随着证交所职能的拓展，与此有关的矛盾纠纷日益增多。由于涉及证交所的案件有一定的特殊性，2005年最高人民法院发布了《关于对与证券交易所监管职能相关的诉讼案件管辖与受理问题的规定》。该规定的第1条指定上海证交所和深圳证交所（以下简称沪深交易所）所在地的中级人民法院，分别管辖以沪深交易所为被告或第三人的与证交所监管职能相关的第一审民事和行政案件。第2条则是规定了与证交所监管职能相关的诉讼案件。事实上，该规定解决的主要是案件指定管辖的问题，并没有明确就证交所作出的行为，哪些应该提起行政诉讼，哪些应该提起民事诉讼。司法实践中法院进行审理时仍然面临许多困惑，需要在理论层面进行进一步探讨。

1. 权力还是权利

对于《证券法》《证券交易所管理办法》等规定由证交所行使的一系列监管权能的性质，其究竟是民事权利（私权）还是准行政管理权（公权力），学界仍处于争论之中。[1]

代表性观点一是，作为企业组织的证交所，在追求自身利益最大化[2]的过程中，出于吸引更多投资者和上市公司的需求，会将监管功能作为其提供服务的主要内容，而非外部赋予的一种运行成本，故其性质是私权。在证交所监管功能发展到一定规模时，国家立法或者行政机构可能通过授权，赋予其一定的监管职能，但这只是利用证交所的便利条件和优势地位，叠加在证

---

〔1〕 彭冰：《中国证券法学》，高等教育出版社2005年版，第33页。

〔2〕 主要指增加收入。

交所已有的监管功能之上，并非意味着证交所监管功能私权性质的改变。[1]
持上述观点的学者进一步指出，这种私权性质的监管是否属于自律管理，则
需要区分交易所的产权结构。当证交所归会员所有时，证交所监管的对象包
括会员自己，因此证交所的监管为自律性监管。但当证交所改制为公开公司
时，证交所的股东将是社会投资者，这时证交所是作为民间的独立第三方履
行监管功能，其监管为"市场监管"，这种监管更为独立，更为公众所信赖，
也更容易获得政府监管部门的授权。[2]

代表性观点二是，交易所的管理权兼具"权利"和"权力"的双重属
性：前者体现为团体意志，为自发形成的集体性权利，是行业成员自我管理
权的延伸，为早于行政监管出现的固有权利；后者来源于立法授权、行政授
权和自律规则。其中，立法授权旨在对证交所作为私法主体的自治权进行认
可和保护；行政授权体现的是行政机关委托交易所行使行政监管职能，在性
质上不是自律管理；而自律规则则是市场参与者通过交易所章程、上市协议、
上市规则、交易规则、会员规则等自治文件[3]，向交易所让渡权利及自愿限
制权利的结果。[4]

随着证交所公共管理属性的不断增强，如2019年《证券法》的修订在法
律层面确认了公共利益优先为证交所履行自律管理职能的法定原则，证券交
易所必须担负起服务实体经济、促进国民经济发展、防止出现系统性风险、
维护交易秩序和国家金融安全、保护投资者整体权益等公共利益职责。在此
背景下，笔者更为赞同证交所监管权的"权力"属性，在此基础上，需要继
续讨论证交所监管权究竟是"私权力"还是"公权力"，即证交所监管权的
行使属于自律监管还是授权监管。

2. 自律监管还是授权监管

代表性观点一是，我国证交所监管权能的性质可以是法律法规授权监管、

---

[1] 彭冰、曹里加："证券交易所监管功能研究——从企业组织的视角"，载《中国法学》2005
年第1期。

[2] 彭冰、曹里加："证券交易所监管功能研究——从企业组织的视角"，载《中国法学》2005
年第1期。

[3] 有学者甚至将上述各类自治文件均视为名义上的民事契约。

[4] 李响玲：《论新趋势下的证券交易所自律监管》，中国法制出版社2014年版，第34-36页；
缪因知：《中国证券法律实施机制研究》，北京大学出版社2017年版，第64页。

行政授权监管和自律监管。[1]在此观点下，我国证交所监管权力的法律渊源，包括法律、法规和规章的授权，政府监管机构的行政授权和自律规则三个层次，可以此作为区分自律监管和行政监管的标准，并以此界定民事诉讼和行政诉讼的范围。

首先，在法律法规授权监管方面。《证券法》第 115 条第 2 款规定："在证券交易所从事证券交易，应当遵守证券交易所依法制定的业务规则。违反业务规则的，由证券交易所给予纪律处分或者采取其他自律管理措施。"《证券交易所管理办法》[2]第 11 条[3]、第 12 条[4]的规定，可被视为属于法律法规授权监管。[5]在法律法规授权监管的场合，证交所的行为实质上就是证交所作为"法律、法规和规章授权的组织"在进行独立的行政活动。此时，证交所直接作为行政诉讼的被告。

其次，在行政授权监管方面。《证券交易所管理办法》第 7 条第 12 项规定，证交所的职能包括"法律、行政法规规定的以及中国证监会许可、授权或者委托的其他职能"。在行政授权监管的场合，证交所行使的是政府监管机构授予的监管权力，依据行政授权立法和理论，对证交所行为不服的，直接对证交所提起行政诉讼。

最后，在法定自律管理方面。《证券法》第 96 条第 1 款规定："证券交易所、国务院批准的其他全国性证券交易场所为证券集中交易提供场所和设施，组织和监督证券交易，实行自律管理，依法登记，取得法人资格。"在自律监

---

[1] 参见沈志先主编：《金融商事审判精要》，法律出版社 2012 年版，第 207-215 页；徐明、卢文道编著：《判例与原理：证券交易所自律管理司法介入比较研究》，北京大学出版社 2010 年版，第 3-18 页；卢文道：《证券交易所自律管理论》，北京大学出版社 2008 年版，第 19 页；周友苏主编：《新证券法论》，法律出版社 2007 年版，第 457-459 页；参见冷静："法定自律组织还是法律法规授权组织：新形势下证券交易所及其一线监管性质辨"，载《证券法苑》2017 年第 5 期。

[2] 虽然《证券交易所管理办法》属于行政规章，但按照最高人民法院关于实施《行政诉讼法》的司法解释，规章授权的具体行政行为也具有可诉性。

[3] 《证券交易所管理办法》第 11 条规定："证券交易所制定的业务规则对证券交易业务活动的各参与主体具有约束力。对违反业务规则的行为，证券交易所给予纪律处分或者采取其他自律管理措施。"

[4] 《证券交易所管理办法》第 12 条规定："证券交易所应当按照章程、协议以及业务规则的规定，对违法违规行为采取自律监管措施或者纪律处分，履行自律管理职责。"

[5] 参见冷静："法定自律组织还是法律法规授权组织：新形势下证券交易所及其一线监管性质辨"，载《证券法苑》2017 年第 5 期。

管的场合，证交所依据自律规则，包括章程、业务规则及上市协议等文件从事的监管活动，由于行使的不是行政权力，因而有关争议不应诉诸行政诉讼程序。相对人若提起诉讼，只能进行民事诉讼程序。

此外，有学者提出，当证交所监管权力的三种法律渊源出现重合现象时，应采取"向上位阶渊源追溯"的原则，以最高渊源为最终的渊源。例如，自律规则中规定的一项具体职权，如果也能在法律授权中找到，则该项职权即按照法律授权处理，适用行政诉讼程序。[1]

代表性观点二是，我国证交所监管权能的性质是自律监管。[2]实务中，证交所自律管理的特点是以协议、交易所章程、业务规则为基础，与一般意义上基于法律法规授权或者行政授权的行政行为还是有着较大区别的。故而，证券法和相关行政法规对证交所监管职责的规定是法律对交易所既有权利的确认，而不是法律的授权，更不是行政授权。据此更进一步提出，在实际操作中，若证交所的自律管理行为都被理解为依照法律法规的授权来行使职责，则证交所未来采取任何自律管理措施、制定任何业务规则都不得不考虑司法审查方面的风险，因为理论上其采取任何监管措施或监管处分都会面临行政诉讼风险。然而，交易所自律管理具有时效性以及灵活性的要求，如盘中紧急停牌、限制交易，而这些措施需要在非常短的时间内做出，如果必须严格按照行政法的一套程序规则进行操作，则上述监管行为便无法实施。[3]

3. 律师协会监管权能的性质

律师协会（以下简称律协）与证交所在履行自律监管和行政监管职能方面的差异，主要体现为：证交所未明确区分监管对象，而律协对监管对象进行了大致区分，主要包括律师会员与申请律师执业实习人员。

针对律师会员处分行为的性质问题，与证交所监管权能的性质大体类似，主要有以下三种看法：第一类看法认为律协处分行为是属于国家授权性行政

---

[1] 参见周友苏主编：《新证券法论》，法律出版社 2007 年版，第 457-459 页。

[2] 参见刘俊海：《现代证券法》，法律出版社 2011 年版，第 305 页；参见刘彩萍、张榆："争议证券法修订"，载《财新周刊》2017 年第 19 期。

[3] 以上观点来自上海证券交易所法律部负责人王升义在证券法学研究会 2017 年年会上的发言，参见刘彩萍、张榆："争议证券法修订"，载《财新周刊》2017 年第 19 期。

行为；第二类看法则支持律协处分行为仅为行业自治性或称自律性行为；第三类看法综合考量，认为在律协处分行为当中，既有授权性行政行为，也存在自律性行为，笔者亦同意这种观点。律协对行业日常事务进行服务或管理时，实际行使的权力的来源是多方面的，既存在法律明文规定或国家授权的部分，亦有经会员全体同意而逐渐形成的[1]。具体来讲，律协处分行为的权力可通过以下几种途径获得：一是法律授权；二是政府的委托；三是通过与律协会员达成一致契约，从而实现权力的取得。从行政法调整的关系上来看，律协在行使前两类权力时，才应当作为行政法所调整的对象。而对于一致合意所形成的权力，仅仅是内部会员部分权力的协议让渡，是内部行使、生效的内部权力，不属于行政法的调整范围。若违反法律则由国家强制力来托底；若违反组织章程，不仅可以将其驱除至组织外来处分，同时也会受到组织规则的相应处罚。但这其中还存在一种例外情况，即虽然律协通过合意契约获得了内部权力，但是这种内部权力之后获得了法律认可或政府确认，从而使其作用范围实际上突破了内部的局限，产生了对外的法律效力，则此时应当受到行政法的调整。

针对申请律师执业实习人员处分行为的性质问题，与证交所监管权能的性质存在较大差异。在律协实施处分行为的范围内，由于我国律师制度要求执业律师强制入会，所以在正式入会前存在一个比较特殊的考核群体。他们不属于正式的会员行列，但依然必须服从律协的自律管理。这主要指的就是申请律师执业实习人员。《律师法》第46条第5款针对该类人员有着明确规制，即法律赋予了律协享有对申请律师执业人员进行管理及对实习人员进行考核的权力。在这种情况下，律协作为被法律授权的组织，其作出的处分行为应当被认定为法律授权的行政行为。根据《最高人民法院关于适用〈中华人民共和国行政诉讼法〉的解释》第24条第3款的规定，一旦因实习人员的考核行为或是律协在对其管理过程中产生的处分行为发生争议，律协是法律规定行政诉讼的适格被告，法院应当受理。此外，就形式上而言，若将申请律师执业实习人员认可为非协会会员，那律协作为独立社团法人，即无资格对其行使自治权。故其监管权能的性质是授权监管。

---

[1] 参见黎军：《行业组织的行政法问题研究》，北京大学出版社2002年版，第146页。

在笔者看来，2019 年《证券法》的修订，一定程度上为证交所监管措施的定性带来了授权监管倾向。

首先，《证券法》第 111 条新增了证交所临时处置措施善意民事责任豁免的规定。由于证券市场的复杂性和不可预见性，证交所作为一线监管的自律组织，面对威胁证券市场秩序的交易异常情况，应当及时采取临时处置措施，即便给投资者造成损失，也应当豁免证交所的民事赔偿责任，除非故意或者存在重大过失。尽管我国的民事责任豁免规定相较于境外市场普遍的自律管理行为民事责任豁免范围较窄，但也是我国证券立法的有益尝试。尤其是以临时处置措施作为豁免"试点"具有合理性，因为如果证交所在面对突发事件时有所顾虑，可能就无法及时采取有效处置措施，不利于市场风险的解决和释放。

证交所民事责任豁免的理论经历了由"绝对豁免权"向"相对豁免权"的演变。自律组织所享有的绝对豁免权来源于主权豁免权。历史上，英美两国长期保持比较完全的主权豁免原则。[1]然而自律组织并非完全意义上的政府机关，因此就其本身而言不能享有绝对豁免权。从历史来看，证交所从其成立时便对自己的市场和会员进行自律管理，并被视为私人组织。直到《1934 年证券交易法》出台，证交所受到美国证监会（SEC）广泛而持续的控制和监管。证交所被要求遵守《1934 年证券交易法》的规定、自己制定的规则以及 SEC 和市政证券规则制定委员会的规则。如果证交所没有遵守这些规则，SEC 有权限制其行动，暂停或者撤销其交易所的身份，或者施加进一步的制裁。证交所对执行自身规则和联邦证券法独立地承担责任，但 SEC 作为履行监管职责的政府机构确保证交所执法的适当性。因此，证交所成为拥有执行联邦证券法的准政府权力的非政府机构。在司法实践中，美国法院基于"公共职能"标准等学说逐渐将证交所视为准政府机构。因此，法院将原本适用于政府机构的主权豁免原则适用于证交所自律。如果证交所在执行法律或者自身规则、履行公共职能的过程中给市场参与者造成损害，证交所无须承担由此产生的民事赔偿责任。其目的是使证交所在依据《1934 年证券交易

---

[1] 龚刃韧：《国家豁免问题的比较研究——当代国际公法、国际私法和国际经济法的一个共同课题》，北京大学出版社 2005 年版，第 10 页。

法》执行联邦证券法律时拥有较大的自由空间，保护证交所在自律管理过程中独立的自我专业判断。

其次，《证券法》第115条新增一款，规定在证交所从事证券交易，应当遵守证交所依法制定的业务规则，违反业务规则的，由证交所给予纪律处分或者采取其他自律管理措施。这在一定程度上借鉴了香港地区的经验。香港证交所的法定地位是——"香港上市发行人的一线监管者"，"一线监管"指的是对市场参与者，尤其是对发行人的自律管理与法定监管。[1]其中，香港证交所法定监管职能的法律依据是2012年《证券与期货监管条例》，其修订之后对证交所上市规则中涉及信息披露的规定赋予了制定法地位，强化了这部分规则的执行效力与违反这些规则的惩罚后果。[2]《证券法》第115条新增的一款，通过在证券法中确认证交所业务规则的法律效力，为证交所的法定监管职能提供了法律依据。

最后，以特定管理措施为例。证交所业务规则所规定的公开谴责、通报批评、口头警示、书面警示等纪律处分和监管措施，统一被定性为证交所的自律管理措施。[3]但随着在证券法中确认了证交所业务规则的法律效力，原有自律管理措施是否应转而被定性为授权监管，仍存在讨论空间。2019年《证券法》的修订补充了证交所对会员、发行人、证券上市交易公司等主体实行监管措施的内容清单，包括特定情形下取消交易、暂缓交收、限制交易、强制停牌等。相比之前着重运用但威慑效果有限的公开谴责，证交所可以诉诸的执行手段将在种类、范围和震慑力方面实现大大补强。由此可见，证交所采取的措施，在性质上存在趋于分化的倾向，这在一定程度上突破了证交所的自律监管机构定位。

由此可见，《证券法》第111条新增的证交所善意民事责任豁免规定，以及《证券法》第115条新增的确认交易所业务规则法律效力的一款，一定程

---

〔1〕 参见冷静："法定自律组织还是法律法规授权组织：新形势下证券交易所及其一线监管性质辨"，载《证券法苑》2017年第5期。

〔2〕 Gordon Jones，Corporate Governance and Compliance in Hong Kong（second edition），LexisNexis，2015，pp. 59-60.

〔3〕 参见郭锋等：《中华人民共和国证券法制度精义与条文评注》，中国法制出版社2020年版，第610-611页。

度上彰显了证交所授权监管的性质。从特定监管措施中也可以看出，我国证交所监管权能的性质存在对自律监管的突破。

（二）实践层面证交所监管权能的性质

近年来，针对证交所监管行为提出的诉讼，既包括民事侵权诉讼，也包括行政诉讼。关于案件是进入行政诉讼程序还是进入民事诉讼程序的问题，原告的选择上具有任意性，以下将通过对具体案例的归纳总结，分析法院在审判实践中对证交所监管权能性质做过的界定。

1. 早期的关联裁判

（1）胡某诉上海证券交易所（以下简称上交所）宣布"327国债期货"尾市交易无效侵权案。[1]

原告胡某以上海证交所为被告提起民事诉讼，称其进行的期货交易，被上交所公告宣布无效，造成其损失，要求上交所赔偿损失。上海虹口区法院一审认定，上交所宣布该日"327国债期货"交易尾市成交无效之行为，属于行政行为，其主体不属于一般民事主体，原告以民事侵权赔偿起诉不属于法院民事诉讼受理范围，故裁定不予受理。

（2）朱某等诉上海水仙电器股份有限公司终止上市案。[2]

原告朱某等数名上海水仙电器股份有限公司股东提起行政诉讼，申请法院撤销上交所作出的不给予PT水仙宽限期的决定，并赔偿相应的经济损失。上海市浦东新区法院认为，"目前证券市场不成熟，相关法律制度尚未完善"，故对股东就上交所作出的不给予股票暂停上市的上市公司宽限期决定不服提起的行政诉讼，人民法院暂不受理。

（3）陈某诉上交所核准武钢认沽权证创设纠纷案。[3]

原告陈某以上交所为被告提起行政诉讼，称上交所提前核准证券公司创设"武钢认沽权证"并上市交易，违反了有关规定，致使其此前购入的"武钢认沽权证"无法按照预计的时间卖出，要求法院确认上交所核准创设"武钢认沽权证"的具体行政行为无效、赔偿经济损失。上海市第一

---

〔1〕 上海市第二中级人民法院（1997）沪二中经受终字第2号。
〔2〕 上海市第一中级人民法院（2005）沪一中受初字第19号。
〔3〕 上海市第一中级人民法院（2005）沪一中受初字第19号。

中级人民法院认为上交所与原告之间没有直接利害关系，原告的起诉缺乏相应依据，故裁定不予受理。原告向上海市高级人民法院提出上诉，二审维持原判。

(4) 邢某诉上交所违规核准证券公司提前创设武钢认沽权证纠纷案。[1]

原告邢某称首次武钢权证提前大量创设是违规行为，上交所存在过错，并且这一过错与其损失存在直接的因果关系，要求其承担直接及间接经济损失。法院判决认为，本案争议的问题主要有两个：一是原告作为投资者因权证投资产生损失，以上交所为被告提起侵权之诉是否具有可诉性；二是投资者投资权证产生的损失与上交所的监管行为是否存在法律上的因果关系，上交所是否应当赔偿原告的交易损失。就争议问题一，法院认为，权证创设行为，系上交所根据有效的业务规则作出的履行自律的监管行为，相关受众主体如认为该行为违反法律规定和业务规则，可以对上交所提起侵权民事诉讼。就争议问题二，法院认为，上交所审核证券公司创设武钢认沽权证是合法的自律监管行为；行为本身没有违反业务规则，主观上并非出于恶意，也并非针对特定的投资者，不符合侵权行为的构成要件；原告的交易风险和损失与上交所审核权证创设的市场监管行为之间不存在直接、必然的因果关系。因此，要求上交所承担其交易价差损失和可得利益损失，没有法律依据，由此判决驳回原告的诉讼请求。

2. 监管权能行政化趋势

通过分析上述案件，笔者发现，在较早的一段时期内，证交所因宣布交易无效、不给予宽限期、终止上市、权证创设等曾涉及一些诉讼。包括最高人民法院在内的法院系统，均将相关案件纳入民事诉讼进行审理，并确立了"司法有限介入""善意监管免责"等审判理念。但2015年"郑宇案"争议的焦点是证交所是否属于行政诉讼的适格被告。法院则倾向于认为，证交所有权按照法律、法规和规章的规定，实施包括对证券市场的违法行为予以处罚等监管行为，因此具有相应的行政管理职能。

---

[1]　上海市第一中级人民法院（2008）沪一中民三（商）初字第68号民事判决书。

总体来看，在证交所监管权能扩张[1]的背景下，证交所行政诉讼呈扩大化趋势。究其原因，大致有三个方面：首先，《行政诉讼法》的修改与立案登记制的确立。修改后的《行政诉讼法》扩大了行政诉讼的受案范围，即扩大了具体列举的范围，完善了抽象列举的范围。2015年4月，最高人民法院印发了《关于人民法院推行立案登记制改革的意见》，改革人民法院案件受理制度，变立案审查制为立案登记制。基于此，行政诉讼的受案范围扩大，只要涉及公共职责行使，法院就倾向于予以受理。其次，豁免证交所临时处置措施的善意民事责任。如前文所述，修改后的《证券法》第111条豁免了证交所临时处置措施的善意民事责任。从比较法视角来看，将原本适用于政府机构的主权豁免原则适用于证券交易所自律，主要是基于"公共职能"标准等学说，将证交所视为准政府机构。最后，在自律管理法定化的背景下，证交所多数自律监管在法律、法规和规章层面被确认。例如，前文提到的修改后的《证券法》第115条第2款对证交所自律监管的规定，使证交所对违反业务规则行为进行的监管，易被理解为依据法律授权实施的监管，从而纳入行政诉讼的审查范围。可以预见的是，在立案登记制、善意民事责任豁免、自律管理法定化的背景下，以证交所为被告的行政诉讼案件数量将会增加。[2]

二、证券交易所应公开信息的界定

明晰本案的争议焦点二即"郑宇所申请的信息是否属于政府信息公开的范围"，首先需要对《政府信息公开条例》（2019）中的政府信息进行界定，在此基础上判断郑宇所申请的信息是否属于政府信息。此外，考虑到证交所具有的企业性质、事业单位法人等多重属性，可进一步考虑结合《政府信息公开条例》（2019）之外的其他相关法律法规规定，来对证交所是否对郑宇所

---

[1]　如《证券交易所管理办法》第11条、第12条，突出交易所自律管理属性，明确交易所依法制定的业务规则对证券交易活动的各参与主体具有约束力；第42条、第44条、第56条，强化交易所对会员的一线监管职责，要求建立会员客户交易行为管理制度，同时强调交易所对交易行为进行实时监控、及时发现和处理异常交易情况、对特殊情况实施重点监控、对严重影响交易秩序或者交易公平的异常交易行为实施限制账户交易等措施的职责；第56条、第59条、第68条，进一步完善证交所在履行一线监管职责、防范市场风险中的手段措施，包括实时监控、限制交易、现场检查、收取惩罚性违约金等。

[2]　张红：《证券行政法专论》，中国政法大学出版社2017年版，第193页。

申请的信息负有公开义务作出进一步界定。

（一）《政府信息公开条例》中政府信息的界定

政府信息的界定，属于政府信息公开审查的第一步，也是解决本案争议焦点二的前提条件。以下将围绕政府信息内涵的变迁、政府信息中的"履行行政管理职能"要素展开讨论。

1. 政府信息内涵的变迁

《政府信息公开条例》（2019）第2条规定："本条例所称政府信息，是指行政机关在履行行政管理职能过程中制作或者获取的，以一定形式记录、保存的信息。"相较于《政府信息公开条例》对政府信息的界定[1]，《政府信息公开条例》（2019）将"职责"一词修改为"行政管理职能"。其意义在于，一方面，限缩并明确政府信息范围。[2]《政府信息公开条例》对职责的界定既包括了行政管理职能，又包括了其他非行政机关委托或上级机关命令等非行政管理职能，其公开内容比《政府信息公开条例》（2019）更为宽泛。另一方面，划分职权与责任。《政府信息公开条例》中的"职责"一词，包含有职权和责任两重含义。责任是违反职权的后果[3]，二者产生时间顺序不同，不能混为一谈。法律责任应在《政府信息公开条例》的监督和保障中进行规定，而不是在政府信息的定义里进行规定。《政府信息公开条例》（2019）所使用的"行政管理职能"，避免了职权与责任在内涵及因果关系上的混淆。

《政府信息公开条例》（2019）第2条在对政府信息作出定义的同时，也明确了政府信息的判断标准，根据该条规定，对政府信息的界定，一般包括信息主体、行政管理职能、来源、载体这四个要素。[4]其中，"履行行政管理职能"要素是解决本案争议焦点二——"郑宇所申请的信息是否属于政府信息公开的范围"的关键。但《政府信息公开条例》（2019）并未对履行行政管理职能的内涵作出界定。以下将围绕"履行行政管理职能"的界定展开。

---

〔1〕　旧版《政府信息公开条例》对政府信息的界定是，行政机关在履行职责过程中制作或获取的，以一定形式记录、保存的信息。

〔2〕　程琥："新条例实施后政府信息公开行政诉讼若干问题探讨"，载《行政法学研究》2019年第4期。

〔3〕　参见杨磊、吴斌：《法理学》，浙江大学出版社2007年版，第186页。

〔4〕　参见王敬波："政府信息概念及其界定"，载《中国行政管理》2012年第8期。

2. "履行行政管理职能"要素的界定

就履行行政管理职能而言，逻辑上存在三种情形：一是按照履行行政管理职能所针对的对象可以划分为对外行政管理与对内行政运转；二是按照行为与行政管理职能的紧密程度可以划分为直接履行行政管理职能和与履行行政管理职能有关；三是按照行为的性质可以划分为行政活动和民事活动。以下将围绕这三种情形具体展开。

（1）对外行政管理与对内行政运转。

对于信息的内外有别，有观点认为《政府信息公开条例》（2019）规定的行政管理职能限于对外履行行政管理职能，只有对外履行行政管理职能才构成政府信息，否则就不构成政府信息。例如，有的法院主张："诸如政府会计账簿、凭证、档案、行政机关对工作人员的职务补贴等，因其不具备与经济、社会管理和公共服务相关的特点，不应认定为政府信息。"[1]

（2）直接履行行政管理职能和与履行行政管理职能有关。

有学者认为，实践中不宜简单化地以内部管理信息为由而拒绝公开信息，而应当根据内部信息的内容、效力等因素，将内部信息分为与履行外部行政管理职能直接相关和间接相关。这种关联关系是决定该类信息是否有必要公开的重要因素。例如，某机关在编的公务员、聘请的协管人员、从事后勤服务的工勤人员三类人员管理同样都是人事管理信息，但是公务员、协管人员、工勤人员与该机关履行行政管理职能之间的关系当然不同，公务员直接履行行政管理职能，协管人员协助履行行政管理职能，工勤人员则与履行行政管理职能无关。以此类推，事实上确实存在一些纯粹的机关内部管理、后勤保障等信息，如机关工会组织的文娱、体育活动、机关分配住房等事项与机关对外的行政管理之间的关联性并不明显，其具体情况没有必要公开。但是还应当注意的是并非所有相关信息都不公开，如该活动涉及的财政经费使用就属于《政府信息公开条例》（2019）规定的公开范围。[2]一些学者也提出类似的看法，即，如行政机关内部事务信息对外部产生约束力，亦对相对人的权利义务产生实际影响，则属于《政府信息公开条例》（2019）的调整范围，

---

〔1〕 参见王敬波："政府信息概念及其界定"，载《中国行政管理》2012年第8期。

〔2〕 参见王敬波："政府信息概念及其界定"，载《中国行政管理》2012年第8期。

行政机关以属于内部事务信息为由不予公开的，人民法院不予支持。[1]

（3）行政活动与民事活动。

行政机关既可以作为行政主体依法履行行政管理职能，还可以作为民事主体与公民、法人或者其他组织之间平等从事民事活动。如前所述，《政府信息公开条例》（2019）第2条规定："本条例所称政府信息，是指行政机关在履行行政管理职能过程中制作或者获取的，以一定形式记录、保存的信息。"在"管理职能"前加有"行政"二字，似乎特别强调其行政性，此处所指的"履行行政管理职能"是否等同于行政行为，亦或者说，是否只有行政行为产生的信息才是政府信息。有学者认为，与履行行政管理职责密切相关的民事行为所产生的信息属于政府信息。如行政机关租赁办公场所、采购办公用品、聘请协管人员的行为，其外化表现虽非直接履行行政管理职责，但却与之密切相关，因此此类民事行为产生的信息也应属于政府信息。类似民事活动的信息是否公开除了遵循《政府信息公开条例》（2019）之外，还需要遵循《政府采购法》《劳动法》等相应的法律规定。[2]但也有学者认为，行政机关在民事事务中形成的信息不属于政府信息。[3]行政机关履行行政管理职能的行为的核心，是对公众和社会产生影响，概括《政府信息公开条例》（2019）中规定行政机关履行行政管理职能的行为，包括两层意义：一是行政主体为了直接满足公共利益的需要而做出的行政行为；二是将个人行为与民事行为排除在外。[4]例如，申请公开的"工程建设招投标中标《工程施工承包合同》及支付相关款项的明细"属于民事合同信息，不属于"政府信息"范畴；[5]申请公开的券商申报交易信息，属于上海证交所民事市场行为产生的信息，不属于《政府信息公开条例》（2019）所规定的政府信息。[6]

---

〔1〕　程琥："新条例实施后政府信息公开行政诉讼若干问题探讨"，载《行政法学研究》2019年第4期。

〔2〕　参见王敬波："政府信息概念及其界定"，载《中国行政管理》2012年第8期。

〔3〕　参见王名扬：《法国行政法》，北京大学出版社2016年版，第376页；参见程琥："新条例实施后政府信息公开行政诉讼若干问题探讨"，载《行政法学研究》2019年第4期。

〔4〕　参见王名扬：《法国行政法》，北京大学出版社2016年版，第376页。

〔5〕　最高人民法院（2016）最高法行申3127号行政裁定书。

〔6〕　北京市高级人民法院（2016）京行终3189号行政裁定书。

《政府信息公开条例》（2019）中有关行政机关内部信息、民事信息的规定主要体现在第 2 条和第 16 条。第 2 条的修订背景是，原条例实施中大量似是而非的信息被作为政府信息处理。其原因主要在于"职责"界定过于宽泛，行政机关对内对外的行政行为、民事行为都可以称之为履行"职责"。《政府信息公开条例》修订后，政府信息指向了行政机关履行"行政管理职能"过程中产生的信息，即主要指向行政机关按照法律、法规、规章以及"三定"方案确定职权，对外实施行政管理过程中产生的信息，行政机关内部信息、民事信息等被排除在外。[1]第 16 条的修订背景是，针对有关行政机关内部事务信息的规范，法律位阶较低，认定标准模糊且不统一，与过程信息不易区分，无法提供其作为公开例外的正当化依据，只能援引《政府信息公开条例》（2019）第 2 条政府信息定义来进行适用判断或模糊处理的情况，《政府信息公开条例》（2019）新增了第 16 条关于行政机关内部事务信息和过程性信息公开例外的具体规定。[2]基于此，从法教义学的角度出发，行政机关内部行为、民事行为所产生的信息不应被界定为政府信息。但是，笔者认为，此种情况尚需结合民事活动的目的做进一步区分，如民事活动的目的涉及行政机关对某一领域的监管或属于履行行政管理职能的延伸，该信息在满足其他政府信息构成要素的前提下，应当属于政府信息。

（二）相关法律法规规定中证券交易所的信息公开义务

根据《政府信息公开条例》（2019）第 54 条[3]、第 55 条第 1 款[4]的规定，在我国政府信息公开中的"政府"主要包括行政机关和法律法规授权组织，法律法规授权的组织和公共企事业单位同样负有信息公开的法定义务。

---

[1] 程琥："新条例实施后政府信息公开行政诉讼若干问题探讨"，载《行政法学研究》2019 年第 4 期。

[2] 参见陈艳红、蔡诗瑶："《政府信息公开条例》修订草案的进步性分析"，载《档案时空》2019 年第 2 期。

[3] 《政府信息公开条例》第 54 条规定："法律、法规授权的具有管理公共事务职能的组织公开政府信息的活动，适用本条例。"

[4] 《政府信息公开条例》第 55 条第 1 款规定："教育、卫生健康、供水、供电、供气、供热、环境保护、公共交通等与人民群众利益密切相关的公共企事业单位，公开在提供社会公共服务过程中制作、获取的信息，依照相关法律、法规和国务院有关主管部门或者机构的规定执行。全国政府信息公开工作主管部门根据实际需要可以制定专门的规定。"

因此，在证交所不能排除其公共企事业单位属性的情况下〔1〕，有必要在《政府信息公开条例》（2019）之外，依照相关法律、法规和国务院有关主管部门或者机构的规定执行信息公开。

有关证交所的信息公开义务，《证券法》第 109 条第 1 款规定："证券交易所应当为组织公平的集中交易提供保障，实时公布证券交易即时行情，并按交易日制作证券市场行情表，予以公布。"《证券交易所管理办法》第 38 条第 1 款规定："证券交易所应当实时公布即时行情，并按日制作证券市场行情表，记载并公布下列事项：（一）上市证券的名称；（二）开盘价、最高价、最低价、收盘价；（三）与前一交易日收盘价比较后的涨跌情况；（四）成交量、成交金额的分计及合计；（五）证券交易所市场基准指数及其涨跌情况；（六）中国证监会要求公布或者证券交易所认为需要公布的其他事项。"第 39 条规定："证券交易所应当就其市场内的成交情况编制日报表、周报表、月报表和年报表，并及时向市场公布。证券交易所可以根据监管需要，对其市场内特定证券的成交情况进行分类统计，并向市场公布。"《上海证券交易所交

---

〔1〕 沪深证交所的企业属性，主要体现在它们具有营利性企业的一些特征：上交所领取的是企业法人营业执照，深交所至 1999 年才将其企业法人营业执照变更为事业单位法人证书；两所均按《企业所得税条例》缴纳企业所得税；交易所的部分市场服务功能由企业实现——设立了通信公司、信息公司、行政服务公司、营运中心管理公司、证券登记结算公司和指数公司等；交易所的岗位设置也采用企业做法，设有"总经理"等职位，并采用市场化的薪资水平；交易所提供交易服务，收取上市费、交易席位费、交易经手费、清算交收费、信息使用费等。参见卢文道："证券交易所及其自律管理行为性质的法理分析"，载张育军、徐明主编：《证券法苑》2011 年总第 5 卷（下），法律出版社2011 年版，第 1012 页。沪深交易所的事业单位属性，主要体现在自 2003 年起，上交所就一直在上海市机构编委办公室登记为事业单位法人，其编制、经费、劳动关系、员工薪酬福利等方面的管理均按照事业法人的框架进行。《证券交易所管理办法》第 6 条强调证券交易所实施自律管理过程中需将"遵循社会公共利益"作为优先原则，为将沪深交易所定位为"从事公益服务"的事业单位提供了制度空间。参见卢文道："证券交易所及其自律管理行为性质的法理分析"，载张育军、徐明主编：《证券法苑》2011 年总第 5 卷（下），法律出版社 2011 年版，第 1013-1014 页；参见冷静："法定自律组织还是法律法规授权组织：新形势下证券交易所及其一线监管性质辨"，载《证券法苑》2017 年第 5期。但是，对于沪深交易所的上述属性，学界存有争论。例如，有学者认为交易所是一种特殊民事主体类型，是有别于营利法人与非营利法人的"中间状态的法人"，是一种兼具营利性与公共性双重特质的、类似于"公共商事企业"的法人主体。但是鉴于营利法人要把利润分配给其股东等出资人，而会员制交易所的收支结余不得分配给会员，所以沪深证券交易所不属于营利法人。此外，证交所也不太符合非营利法人的标准，因为交易所有内在的营利冲动，其通过全球扩张和跨界并购等方式从事的全球竞争，以及交易所的公司化改制和上市浪潮就是受其营利性驱动的结果。参见蒋大兴："《民法总则》（草案）中的证券法空间——关于法人类型、法律行为/代理及期限制度的检讨"，载《财经法学》2017 年第 2 期。

易规则》第五章对上海证券交易所的信息公开义务进行了特别规定，主要包括发布证券交易即时行情、证券指数，证券交易公开信息、各类日报表、周报表、月报表和年报表等交易信息。

笔者发现，本案中，郑宇申请公开的数据信息，涉及投资者个体信息、证券持有人名册、投资者委托、交易明细记录等，属于证券交易当事人在证券交易活动中形成的个体信息，并不能为上述相关法律法规规定中涉及的应当公开的证券交易信息所涵盖。并且《证券交易所管理办法》第38条第4项中的"成交量"指的是一定时期股票成交的数量（股数），采用单向计算，即只统计买或卖，习惯上的成交量只统计卖出的股数，并不能具体到郑宇所申请的"一定期限内券商申报买入相关股票的顺序及数量信息"。因而，在本案中，无论是基于《政府信息公开条例》（2019），还是基于其他相关法律法规规定，证券交易所对郑宇申请公开的信息，都不负有公开义务。

【后续影响及借鉴意义】

涉及本案争议焦点一的问题中，证交所的监管权力，其性质究竟是对证交所既有的自律管理权能的确认及延伸，还是依照法律法规和规章对证交所进行的授权，尚有待继续探讨，其可能触发的司法审查程序，也是证交所履行监管职责过程中所面临的潜在法律风险。

"郑宇诉上海证券交易所政府信息公开案"是第一起由上海证交所作为被告且进入实体审理阶段的行政诉讼，经历了上海法院的一审、二审，最后由最高人民法院作出再审决定，因此非常具有代表性。可以预期，受该裁判影响，如果法律法规和规章授权监管逐渐成为各地法院对证交所监管权力来源构成的共识，实践中将证交所作为行政复议被申请人或者是行政诉讼被告人的案例将会增加。对此，证交所有必要根据《证券交易所管理办法》第14条第2款的规定，就其监管措施的程序优化与合法性的强化继续推进复核委员会的建设，从而提升监管效率，降低法律风险，并在资源和组织方面做好与未来应诉相关的研究与准备工作。

此外，同样需要注意的是，在《证券法》第96条、第99条，《证券交易所管理办法》第11条、第12条突出交易所自律管理属性等背景下，沪深交易所同样可能面临其自律管理会员制法人之性质的回归。在此境况下，沪深交易所需要继续在组织形态、内部治理结构、监管能力与监管资源方面做更为充分的适应准备。

涉及本案争议焦点二的问题中，《政府信息公开条例》（2019）第2条，对行政机关履行行政管理职能基本概念的模糊，在一定程度上是《政府信息公开条例》（2019）在立法过程中的疏忽。但是，行政机关履行行政管理职能这一基本概念的缺失从深层观察，也反映出我国当前政府信息公开制度与世界水平存在差距的现实。这意味着法治存有被简单理解为条文具体规则的嫌疑，总则基本概念的缺失只能用分则部分法条进行弥补，法律的整体性、法律目的和法律精神往往被忽视或束之高阁。在这样的背景下，应适时地出台新的立法，加强对基本概念的解释，减少模棱两可的定义，从而弥合我国在政府信息公开立法方面与世界水平之间的差异。

（指导老师：成协中　中国政法大学法学院教授）

案例四　内设机构作为信息公开义务主体的认定

——李山林诉朝阳区人民政府、北京市人民政府信息公开及行政复议案

洪婧秋 [*]

【案例名称】

李山林诉朝阳区人民政府、北京市人民政府信息公开及行政复议案 ［北京市第四中级人民法院（2015）四中行初字第 691 号行政裁定书、北京市高级人民法院（2016）京行终 1701 号行政裁定书、最高人民法院（2016）最高法行申 3007 号行政裁定书］

【关键词】

内设机构　信息公开义务主体　政府信息公开

【基本案情】

行政相对人李山林向北京市朝阳区人民政府（以下简称朝阳区政府）提出信息公开申请，要求公开"2015 年 3 月 11 日周三区领导排班表、接待人员身份信息"。北京市朝阳区委朝阳区人民政府信访办公室（以下简称信访办公室）向李山林作出朝信公开［2015］第 16 号答《政府信息公开申请答复告知书》（以下简称第 16 号告知书），公开其申请的信息内容。李山林向北京市人民政府（以下简称北京市政府）申请复议，北京市政府而后作出行政复议决定，维持了第 16 号告知书。

---

* 作者简介：洪婧秋，中国政法大学法学院宪法学与行政法学专业 2021 级研究生。

李山林不服，向北京市第四中级人民法院提起行政诉讼，诉称：信访办公室是内设机构，不具有行政主体资格，其以自己名义作出答复告知书超越职权，应予撤销；北京市政府作出行政复议决定时存在程序违法、诉判不对应问题，故请求法院依法撤销第 16 号告知书及复议决定，并判令朝阳区政府重新作出答复。一审法院认为，根据《行政诉讼法》第 49 条的规定："提起诉讼应当符合下列条件：……（四）属于人民法院受案范围和受诉人民法院管辖。"本案中，原告向信访办公室申请公开 2015 年 3 月 11 日周三区领导排班表、接待人员身份信息，信访办公室对其申请作出第 16 号告知书的行为，不属于《政府信息公开条例》[1]调整范围，亦不属于行政诉讼受案范围。李山林的起诉不符合《行政诉讼法》第 49 条第 1 款第 4 项规定的起诉条件，判决驳回其诉讼请求。李山林不服，向北京市高级人民法院提起上诉。二审法院以"起诉不符合法定条件"的相同理由驳回李山林上诉，维持一审裁定。

李山林向最高人民法院提出再审申请，认为原审法院认定被诉行政行为不属于行政诉讼受案范围，是以司法权代替了行政权，请求最高人民法院依法对本案再审或改判。

【裁判要旨】

一、内设机构被授权可成为信息公开主体

《行政诉讼法》第 70 条规定"超越职权的"行政行为构成违法，应予撤销。而且通常认为，没有直接对外管理职能的内设机构不能直接实施影响行政相对人合法权益的行政行为。有些行政机关的内设机构因其具有独立性，也会制作政府信息，因而被赋予公开政府信息的义务。

二、授益性行政行为中存在法律保留的例外

损益性行政行为"法无明文授权即属超越职权"，授益性行政行为不能一概适用这一标准。内设机构在向申请人提供政府信息时，其行为的性质是授

---

〔1〕 本案历审裁判文书中援引的《政府信息公开条例》均为 2007 年公布版本，本文简称为《政府信息公开条例》；对 2019 年修订的《政府信息公开条例》，本文简称为《政府信息公开条例》（2019）。

益而非损益，是提供服务而非限制权利。因此，属于授益性行政行为的政府信息公开亦未必完全适用"越权违法，应予撤销"的规定。

【裁判理由与论证】

最高人民法院在再审裁定中指出，本案的核心问题是信访办公室是否具有作出政府信息公开答复的职权。由此，最高人民法院依次对"申请公开事项属性""信访办公室之职权""案涉纠纷诉的利益"展开论证，分析内设机构作为信息公开义务主体的依据，最终以"诉的利益阙如"为由驳回再审申请。

一、关于申请公开事项的属性

最高人民法院纠正了原一审、二审法院在《政府信息公开条例》的适用范围和行政诉讼受案范围方面的不当理解。根据《政府信息公开条例》第2条的规定，行政机关在履行职责过程中制作或者获取的，以一定形式记录、保存的信息都是政府信息。"2015年3月11日周三区领导排班表、接待人员身份信息"符合前述规定要求，是信访办公室根据《信访条例》第6条，履行"受理、交办、转送、承办、协调处理、督促检查、指导信访事项等"职责过程中制作或保存的信息，属于政府信息。

二、信访办公室的职权问题

针对原告对于信访办公室超越职权的质疑，最高人民法院首先肯定"越权违法"现象在通常情况下是成立的："行政诉讼法第70条确实规定，'超越职权的'行政行为构成违法，应予撤销。而且通常认为，没有直接对外管理职能的内设机构不能直接实施影响行政相对人合法权益的行政行为。"紧接着，法官指出本案在两个层面上的特殊性，并据此特殊性推出，信访办公室作为政府信息公开义务主体存在成立的具体情境。

其一，内设机构具有特殊性。"有些行政机关的内设机构因其具有独立性，也会制作政府信息，因而被赋予公开政府信息的义务。"不是所有的内设机构行为都属越权，"独立性"和"被赋权"能够使其被认定为政府信息公开的义务主体。但这种"独立性"应作何理解以及"被赋权"的实定法依据为何，再审裁定书在此处没有再作进一步的阐释。笔者认为，或许是因为案件审理时，《政府信息公开条例》（2019）尚未出台，旧条例中又未明确规定，行政机关的内设机构可因其独立性以及法律法规的授权成为信息公开的义务主体。因而，法官此处用意仅是点出一种"可能性"，内设机构在具体情境中可能是适格的信息公开义务主体。但"可能性"存在，并不意味着案涉内设机构必然具有特殊性。

其二，行政行为具有特殊性。"内设机构在向申请人提供政府信息时，其行为的性质是授益而非损益，损益性行政行为'法无明文授权即属超越职权'，授益性行政行为不能一概适用这一标准。"不是所有授益性行政行为都一概适用，也即，授益性行政行为中至少部分存在"法无明文授权即属超越职权"的例外情形。但裁定书对"信访办公室作第16号告知书"是否属于例外情形，以及如何理解这种"例外"没有进一步的论证。笔者认为，此处可能是出于对裁定书整体篇幅的考虑，法官没有大篇幅展开说理。同时，实定法中毕竟没有对这种例外说法的正面规定，单纯法理层面的论证展开，亦略显单薄。

三、案涉纠纷中诉的利益阙如

可能基于上述考量，法官在裁定驳回再审申请时又增加"诉的利益阙如"这一裁判理由，增强说理。按照《行政诉讼法》第1条的规定，人民法院审理行政案件的首要目的是保护公民、法人或者其他组织的合法权益。又据该法第2条规定，公民、法人或者其他组织认为行政机关和行政机关工作人员的行政行为侵犯其合法权益的，有权向人民法院提起行政诉讼。由此可知，提起行政诉讼的前提是存在被诉行政行为侵害原告合法权益的可能。

具体到政府信息公开领域，法院则是通过审查政府信息是否存在以及行政机关是否应当依法公开，来保障公民、法人或者其他组织依法获取政府信息的权利。在本案中，针对一个本来是满足其申请的授益性行政行为起诉，也因缺乏权利受侵害的事由从而缺乏可保护的合法权益而不具备诉的利益。

【涉及的重要理论问题】

本案的核心争议是作为内设机构的信访办公室对外作信息公开的职权问

题及第 16 号告知书的合法性问题。一般而言，若可为主体之职权行使寻得相应的法律依据，则本案信访办公室以自己名义对相对人的信息公开答复就是被容许的，其所作的告知书亦为合法；若主体缺乏职权依据，则其所作的告知书就是违法的，并且根据具体情境中的违法程度判定"撤销"或是"无效"。但本案的特殊之处在于，最高人民法院在再审中最终以诉的利益阙如为主要裁判理由，避开对前述争议的正面回应，驳回再审申请。虽然没有正面肯定案涉内设机构的信息公开义务主体地位，但法官在裁判过程中的两个说理角度——"有些内设机构具有独立性"与"授益性行政行为不完全适用法律保留"，确实为内设机构成为信息公开义务主体提供了讨论基础与认定思路，构成本案审理过程中的重要理论问题，对我国政府信息公开制度自身的完善亦具有重要价值。

一、实定法的认定思路：授权与否

（一）实定法的认定依据

一般而言，一个独立的行政机关，对外以独立且唯一的法律身份开展活动。其派出机构、内设机构在法律上从属于行政机关，不具有独立的法律主体资格。原告据此提出对信访办公室职权的质疑，有其合理性。但在政府信息公开这一具体领域中，是否存在特殊规定，使得信访办公室作为内设机构能够在一定情境中成为政府信息公开的适格义务主体？

案件审理时，适用的是 2007 年公布的《政府信息公开条例》。在该版条例中，仅在第 4 条中对信息公开义务主体作"各级人民政府及县级以上人民政府部门应当指定机构负责本行政机关政府信息公开"的笼统规定，未对"行政机关"这一主要义务主体给出相应定义或描述。《政府信息公开条例》虽未对内设机构承担信息公开义务作禁止性规定，但亦未作正面肯定。这使得实践中，对内设机构、不具有外部行政职责的机关是否应当作为政府信息公开义务主体，出现认识分歧。通过本案的裁判理由中"有些内设机构因具有独立性，也会制作政府信息，被赋予信息公开义务"的表述，可推得本案法官对前述分歧持有条件的肯定说立场。并且"具有独立性—被赋予义务"暗含法官对行政法一般规则的思路遵循，也即"内设机构通过法律法规特殊授权才能成为独立行政主体"这一行政主体理论下的逻辑展开。但由于原条例的实定法依据不够明晰，以此为主要裁判理由说服力欠缺，因而裁定书仅是简单点到、带过，松动"内设机构独自为行政行为必然越权"的观念，后续并未就此观点作进一步展开。

《政府信息公开条例》（2019）在"内设机构能否以及如何承担信息公开义务"问题上，有了更清晰的规定。《政府信息公开条例》（2019）新增的第10条第2款"行政机关设立的派出机构、内设机构依照法律、法规对外以自己名义履行行政管理职能的，可以由该派出机构、内设机构负责与所履行行政管理职能有关的政府信息公开工作"，明确了内设机构通过法律、法规、规章授权的法定方式，可以成为政府信息公开的义务主体。该款新增，实际是在涉及法律主体资格和法律法规授权问题上，基于特定现实情况所做的特别规定。[1]同时，《政府信息公开条例》（2019）第4条规定，行政机关可以"指定"机构作为本机关的信息公开工作机构，"负责本行政机关的政府信息公开工作"。结合此规定可推得，由任何一个内设机构"负责政府信息公开工作"，都是可行的。《政府信息公开条例》（2019）第4条完全继承原条例的表述，其内容并无改变，但结合《政府信息公开条例》（2019）新增的第10条第2款进行体系性理解，则可为行政机关的内设机构在某些情境中成为政府信息公开主体提供坚实的实定法依据。

但值得注意的是，本案即使发生在《政府信息公开条例》（2019）公布之后，可以适用新条例的相关规定，依然不能顺利认定内设机构作为政府信息公开主体是适当的，进而从实定法层面回应原告关于内设机构职权的质疑。笔者通过查阅朝阳区政府官网公示的相关规范性法律文件得知，信访办公室在《政府信息公开条例》（2019）出台前后，都不存在获得相关法律法规特殊授权而独立承担信息公开工作的情形。因此，内设机构客观上存在成为政府信息公开义务主体的可能性，但这种可能性在本案的具体情境中无法实现。

（二）实定法的理论倾向与现实偏离

通过实定法分析可得，我国政府信息公开义务主体的认定范围较窄，其

---

[1] 后向东：《中华人民共和国政府信息公开条例（2019）理解与适用》，中国法制出版社2019年版，第31页。

认定逻辑与行政主体理论密切相关。实定法中的政府信息公开义务主体为，"行政机关、各级人民政府及县级以上人民政府部门，与其他法律法规的表述无异"，这与行政主体理论框定的主体范围内容一致。换言之，我国政府信息公开在公开义务主体的认定上，"强调行政主体的资格和权力的来源"，[1]因而在制度的具体设计上可窥见行政主体理论的底色。

行政主体理论是如何与政府信息公开义务主体的认定问题实现勾连的？信息公开义务主体具有行政性、外部性、独立性三个基本特征。[2]其中，对于"独立性"的理解，主要是从主体能否受到司法监督角度切入的。也即，此处对主体在组织上独立履行职责的要求，目的是使其足以独立进入司法程序，接受司法监督，合法且适当地履行信息公开的法定义务。这使得信息公开义务主体的独立性，实质转化为行政诉讼中被告适格问题。而我国现行行政诉讼制度下，被告资格的范围框定深受行政主体理论的影响。由此，将确保司法监督嵌入信息公开义务主体基本特征的作用之中，政府信息公开义务主体的认定也与行政主体理论实现深层绑定。

实定法规范按照行政主体理论的逻辑，对政府信息公开义务主体的认定严加把关；实践中承担信息公开义务的机关往往却不注重是否为内设机构或者执法主体，而是以事实上是否制作或保管有关信息为标准。[3]最后在审判工作中，法院本着不把问题复杂化的立场，往往也默许实践做法。在本案中，信访办公室作为内设机构，并未获得法律法规的特别授权，严格意义上不是实定法框架下的适格信息公开义务主体，再审裁定书虽将笔墨更多地着力于诉的利益这一理由，但从"有些内设机构具有独立性""授益性行政行为不能一概适用"等表述中可见，法官在政府信息公开义务主体认定上采取灵活与柔性的态度，对案涉内设机构的信息公开义务主体认定具有一定的预先偏向性。相似的裁判立场可在类案中寻得：在袁裕来与安徽省人民政府不履行行政

---

〔1〕 李志武："从行政主体到功能标准：政府信息公开义务主体制度的反思与重构"，载《吉首大学学报（社会科学版）》2021年第2期，第144页。

〔2〕 后向东：《中华人民共和国政府信息公开条例（2019）理解与适用》，中国法制出版社2019年版，第235页。

〔3〕 余凌云："政府信息公开的若干问题——基于315起案件的分析"，载《中外法学》2014年第4期，第911页。

府信息公开法定职责纠纷上诉案〔1〕中，法院认定案涉内设机构（政府法制办）为政府信息公开的主体，该案中的内设机构亦无法定授权，在实定法框架下不具有行政主体资格；在倪某某与彭州市拆迁办公室、彭州市致和镇人民政府信息公开案〔2〕中，法院将同样不具有法定授权的临时机构彭州市拆迁办公室最终认定为适格被告。

　　事实上，在政府信息公开领域，早有研究观点提出，"信息公开义务主体没有必要受行政主体理论桎梏"，原因在于"行政主体理论是秩序行政的产物，秩序的维护要以限制公民权利为代价，要特别强调主体的资格以及权力的来源"。〔3〕将政府信息公开义务主体的认定与行政主体理论适度解绑，或许更有益于人们认识到信息公开领域这一行政新兴领域的特殊性：知情权保障的权利保护面向、政府信息的"公共产品"属性、政府信息公开的公共服务特征，从而形成与传统秩序行政相关规则的适度区格。但这些毕竟是立法论面向上的问题。回归本案具体情境，案涉内设机构之答复行为，从案件审理时间及适用的新旧条例来说，客观上无法获得实定法层面的充分支持。

二、法理上的认定思路：能否作为法律保留之例外

　　本案再审裁定中又从法理层面提出第二层说理：授益性行政行为不完全适用法律保留。此处，法官在第一层说理的基础上退了一步，即便案涉的内设机构客观上没有获得法律法规的特殊授权，但"法无明文授权即属超越职权"是针对损益性行政行为而言的，授益性行政行为不能一概适用这一标准。而在本案中，信访办公室向相对人提供政府信息，是提供服务而非限制其权利，未必完全适用"越权违法，应予撤销"的规定。通说认为"法无明文授权即属超越职权"的法律保留原则对应秩序行政，主要是对损益性行政行为的约束，但从实定法角度上看，法律并没有对"授益性行政行为作为法律保留原则的例外"进行过正面规定；同时，给付行政发展的背景下虽不乏授益性行政行为特殊论的观点，但学理层面对授益性行政行为在多大程度上与多

〔1〕　安徽省高级人民法院（2008）皖行终字第 0136 号行政判决书。
〔2〕　成都市青白江区人民法院（2015）青白行初字第 81 号行政判决书。
〔3〕　余凌云："政府信息公开的若干问题——基于 315 起案件的分析"，载《中外法学》2014 年第 4 期，第 911 页。

大范围内适用法律保留原则，仍未达成共识。在再审裁定书中，法官用简练的表述抛出"授益性行政行为作为一种例外"这一观点，未作过多展开，但这实际上是本案在理论层面的关键切入点。因此，有必要在梳理相关实证法规范的基础上，结合学理探讨最高人民法院在第二层说理中提出的"授益性行政行为作为一种例外"这一观点，进而熨平可能的理解与解释问题。

（一）授益性行政行为作为例外的规范分析

实定法层面的相关规范主要从约束损益性行政行为的角度，体现法律保留原则。例如，《最高人民法院关于适用〈中华人民共和国行政诉讼法〉的解释》（以下简称《行政诉讼法司法解释》）第148条关于规范性文件审查的具体情形，《立法法》第80条、第82条关于规章缺乏上位法依据不能设置负担行政的规定。

《行政诉讼法司法解释》第148条规定了"没有法律、法规、规章依据，违法增加公民、法人和其他组织义务或者减损公民、法人和其他组织合法权益"的情形，属于《行政诉讼法》第64条规定的"规范性文件不合法"。此处，立法仅对没有依据的损益性行政行为之效力作出规定。换言之，如果是向相对人提供服务而非限制其合法权益的规定，即使没有法律、法规、规章依据，也不是一概属于不合法的规范性文件。但没有依据的授益性行政行为的效力如何依情形再细分以及细分标准为何，实定法中暂无明确规定。

在《立法法》中，第80条规定了部门规章在"没有法律或者国务院的行政法规、决定、命令的依据"之下，"不得设定减损公民、法人和其他组织权利或者增加其义务的规范"；第82条规定了地方政府规章在"没有法律、行政法规、地方性法规的依据"之下，"不得设定减损公民、法人和其他组织权利的规范"。这两条都是法律保留原则对于规章在设定负担行政（损益性行政行为）时的约束与限制。损益性行政行为与授益性行政行为是一对含义相对的行政行为概念。此处，立法者将行政行为作出两类细化区分，并在法条表述中仅对负担行政这一类别的行政行为作出明确的禁止性规定。由此可推：并不是所有类型的行政行为都受到"法无授权不可为"法律保留原则的严格约束，与损益性行政行为相对的授益性行政行为中可能存在"法无授权不可为"的例外情形。

综上可知，实定法中的规定确实有意区隔对损益性行政行为与授益性行政行为的约束程度，目的在于对损益性行政行为进行严格限制、对给付行政等行政活动方式的新发展保持观望与谨慎规范。因而，最高人民法院在本案中提出"授益性行政行为作为一种例外"这一具有扩大解释倾向的观点，在理论层面存在一定解释空间。但解释空间具体有多大、认定因素有哪些，都有待进一步界定。

（二）授益性行政行为作为例外的法理拓延

1. 法律保留适用的不同学说

法律保留原则要求，行政行为须有法律之授权。法律保留原则在 19 世纪作为宪政主义的宪法工具得以发展，原先限于侵害行政，作用是保障受行政权影响的公民个人和社会领域、将必要侵害置于人民代表机关法律的约束之下。[1] 但随着行政法的现代化发展，法律保留原则限于侵害行政已被突破：议会民主的发展、给付行政意义的扩大、基本法对所有国家领域的约束等，行政权之膨胀化使得法律对行政的控制在原有基础上又有了新要求与新挑战。将新型行政活动方式纳入法治轨道是新要求，随之而来的是新挑战：法律能在多大范围以及在何种程度上对行政进行统制？换言之，当判断某行为是否符合法律保留，前提要件为该行政行为需由法律预先作出规定，若该行政行为本身无须法律保留，则无须进行后续的审查判断。[2]

部分授益性行政行为作为法律保留原则的一种例外，就是在上述语境中提出的。与法律保留原则的适用范围与密度有关的学说包括"侵害保留说""全面保留说""重要性理论""功能最适理论"等。"侵害保留说"的观点认为，法律原则使用范围仅限于干涉行政，即在行政行为侵害人民之自由权或财产权时，须有法律依据，其余部分则无适用法律保留原则之必要。"全面保留说"的观点认为，不论"负担行政"还是"给付行政"，所有行政行为都必须有法律依据。"重要性理论"的观点认为，在给付行政领域中凡涉人民基本权利的实现与行使，以及涉及公共利益尤其是影响共同生活的"重要基本决定"，而不只是干涉人民自由权利的传统负担行政领域，都应当有法律的明

〔1〕［德］哈特穆特·毛雷尔：《行政法学总论》，高家伟译，法律出版社 2000 年版，第 109 页。
〔2〕 周家宥：《行政法基本原则》，三民书局 2016 年版，第 68 页。

确规定。"功能最适理论"着眼于法律保留在具体操作的标准上，以"事务之处理交给立法或行政，何者能到'最佳化'境地"为具体标准，由具备最优条件的机关来作出国家决定。

2. 对"侵害保留说""全面保留说""重要性理论"的反思

法律保留于给付行政（授益性行政行为）的适用问题上，早期传统学说采"侵害保留说"，认为给付行政原则上不受法律保留原则之拘束。但一方面，该观点无视了给付行政受限于国家财政的现实，也即旨在实现特定社会经济、文化政治之目标的国家财政，"必须由具体规定其分配、具赋予公民相应主观公权力的、有约束力和可预测性的法律予以确定"；[1]另一方面，该观点忽略了授益行政亦有可能在具体情境中导致权利侵害的结果，也即拒绝提供国家给付给公民造成的侵害或许并不亚于对公民自由与财产的侵害。因而，将授益行政全部排除在法律保留之外，存在保障不足的忧患。

同时，对授益性行政行为适用"全面保留说"亦有不妥："贯彻全面保留说之结果，不是留下无数的法律漏洞，就是行政效率的丧失"，[2]受害的终究是人民之权益。一方面，在"常规情形"下，承认法律保留对授益性行政的统制是必要的。即以社会经济、文化政治为目的给付，以及人群涉及较广或较长时期分配的给付，适用法律保留；但在"突发情形"（如自然灾害、经济危机等）下，仍坚持法律保留原则，则会导致必要救助无法通过合法路径及时提供给请求给付的公民。因而，在给付行政中全面实行法律保留，使得公民在没有法律明确规定下一律无法得到给付，对于公民权益的影响，终究损大于益。

"重要性理论"虽然克服了前述两种学说在负担行政领域之外"全有"或"全无"的两极立场，但作为区分标准的"重要性"概念本身不够明朗。该理论由德国联邦宪法法院提出，但在学术上却受到诟病。其原因在于，"重要性"指向的并非事务性质这样的确定概念，而是某个规则对共同体和公民个人的意义、分量、基础性、深远性及其强度等。换言之，"重要性"像是一个阶梯的梯度：首要事务受议会法律调整；次要事务可由法律规定的法令制定机关调整；直至重要性较低的事务，因必要性欠缺而可以不受法律保留之

---

〔1〕 ［德］哈特穆特·毛雷尔：《行政法学总论》，高家伟译，法律出版社 2000 年版，第 113 页。
〔2〕 周佳宥：《行政法基本原则》，三民书局 2016 年版，第 73 页。

限制。因此，"重要性理论"以抽象的重要性阶梯为区隔，理论逻辑虽然简明，但其在具体案件中的适用并不能导向明确、清晰的结果。

3. 对"重要性理论"的再思考及其解释空间

通过对上述三种学说的反思可得：在解释授益性行政行为作为一种例外时，"侵害保留说"分类粗糙、理论过时；"全面保留说"不加区隔，将解释空间压缩至无；"重要性理论"虽存在核心概念抽象的问题，但对前述"例外"却存在相当的解释潜力。在我国台湾地区，对于法律保留原则在授益性行政行为中的适用问题，实务中倾向"重要性理论"的观点立场，并在实践中进一步发展了"重要性"的具体认定标准。其主张授益性行政行为（给付行政）是否应有法律上之依据或授权，取决于给付是否与"涉人民基本权利实现的重大事项"或"涉及公共利益之重大事项"有关。

"涉公共利益事项"的授益性行政，重要性程度高，应受法律保留的约束，典型情形如社会保障在给付标准方面的相关规范。"涉人民基本权利实现的重大事项"则涉及具体的审查判断：当行政活动对相对人（或者有关的第三人）的基本权利不存在直接的侵害或者准侵害结果时，需考虑这种行政活动是否以及在多大范围之内可能对相对人（或者有关的第三人）的基本权利造成实质性影响。[1]换言之，在影响基本权利时，特别是敏感的基本权利领域，即使提供给付也需要专门的法律依据。由此可推，授益性行政行为经由发展后的"重要性理论"解释，确实存在非以法律法规授权为依据的例外空间。当具体事项不属于"公共利益之重大事项"或"公民基本权利保障的重大事项"时，该部分的授益性行政行为可以不受法律保留之约束，作为例外而成立。

以前述两个认定标准及其框定的范围对本案进行考察，可得政府信息公开领域涉及的基本权利，主要为公民的知情权。在案涉第 16 号告知书内容不涉"公共利益之重大事项"的基础上，信访办公室独立的公开答复行为对相对人（或者有关的第三人）的基本权利（本案主要表现为公民的知情权）不存在直接侵害或者准侵害结果。更进一步，要论信访办公室对相对人之基本

---

〔1〕 ［德］汉斯·J. 沃尔夫、奥托·巴霍夫、罗尔夫·施托贝尔：《行政法（第一卷）》，高家伟译，商务印书馆 2002 年版，第 345 页。

权利的实质性影响，也是其满足了相对人的知情需求而非对其知情权行使造成阻碍。由此，本案中的授益性行政行为"作为一种法律保留的例外"，是可以成立的。

【后续影响及借鉴意义】

本案发生在《政府信息公开条例》（2019）修订前。在内设机构能否以及如何为信息公开义务主体的相关实定法依据不明、标准不清的情况下，最高人民法院尝试对内设机构成为适格公开主体的路径进行多维探索，在直面现实问题的同时，又敏锐地提炼出实践中暗藏的理论争议点，体现出其在解释、续造法律规范方面的潜力。但本案中最高人民法院的裁判亦有其不足之处：法官虽然尝试从"实定法框架下的授权"与"法理中的例外"两个层面，为案涉内设机构的信息公开寻求依据，但相关裁判说理的充分性欠缺，以及以"诉的利益"间接回避了对第16号告知书之合法性的正面判断，使得再审裁定书整体而言略有"观点先行""结果导向"之嫌。

本案审理后不久，《政府信息公开条例》（2019）出台，其中进一步肯定了内设机构在具体情境中能够成为信息公开义务主体，及其具体承担信息公开义务的途径——法律法规授权。但实定法框架对内设机构作为信息公开义务主体的认定，依旧受行政主体理论影响较大，范围较窄，认定倾向亦是审慎且克制。与此同时，本案之后司法实践中陆续出现以"内设机构之授益性行政行为不违反法律法规禁止性规定"为裁判理由之一的类似表述，进而使得政府信息公开的认定相对宽松，如：王珊芝诉浙江省宁波市鄞州区人民政府信息公开案[1]、石永华与眉山市人力资源和社会保障局等行政复议上诉案[2]等，本案的后续影响与借鉴意义可见一斑。但如何协调、平衡实定法框架下审慎克制的认定态度，与理论解释层面相对开放的认定空间之间的差值，仍需后续司法实践的探索、实务经验的积累。

（指导老师：张力　中国政法大学法学院副教授）

----

〔1〕 最高人民法院（2017）最高法行申2194号行政裁定书。

〔2〕 最高人民法院（2020）最高法行申7415号行政裁定书。

二 公开的豁免

案例五　行政执法案卷信息的限定公开规则
——彭某林诉江西省乐平市人民政府不履行行政复议法定职责案

骆秋曲 *

【案例名称】

彭某林诉江西省乐平市人民政府不履行行政复议法定职责案 [最高人民法院（2019）最高法行申 14387 号行政裁定书]

【关键词】

行政执法案卷信息　案卷材料　政府信息公开申请权　卷宗阅览权

【基本案情】

最高人民法院结合原审法院查明的事实，认定本案事实如下：彭某林向江西省乐平市公安局（以下简称乐平市公安局）提出政府信息公开申请，要求公开"拘留所对被拘留人入所至拘留期满出所的被拘留期间的具体日期、时间所存在的违反拘留所管理规定行为与记录和录像信息及申请人因违反拘留所规定被训诫、具结悔过、被使用警械的记录信息"。

对彭某林的上述申请，乐平市公安局未作答复。2018 年 3 月 17 日，彭某林向乐平市人民政府申请行政复议，要求确认乐平市公安局不予答复其申请

* 作者简介：骆秋曲，中国政法大学法学院宪法学与行政法学专业 2021 级硕士研究生。

公开信息的行为违法，并责令乐平市公安局予以答复，乐平市人民政府对此作出一次答复，对于其余申请复议事项则未在法定期限内书面答复。

彭某林认为乐平市人民政府逾期不复议的行为违法且侵害了其合法权益，遂诉至江西省景德镇市中级人民法院，请求该法院判决确认乐平市人民政府不履行复议职责违法，并判决其履行复议职责、作出复议决定。经审理，一审法院认为原告起诉明显超过诉的利益和权益保护的必要性，不具备权益保护的正当性，被告不予答复对原告的权利义务不产生实际影响，原告起诉不属于人民法院行政诉讼受案范围，故裁定驳回起诉。

彭某林不服一审裁定，上诉至江西省高级人民法院，请求撤销一审裁定并指令江西省景德镇市中级人民法院继续审理本案。二审法院经审理，裁定驳回上诉，维持一审裁定。

彭某林仍不服，向最高人民法院申请再审。

【裁判要旨】

《最高人民法院关于审理政府信息公开行政案件若干问题的规定》第2条第4项规定："公民、法人或者其他组织对下列行为不服提起行政诉讼的，人民法院不予受理：……（四）行政程序中的当事人、利害关系人以政府信息公开名义申请查阅案卷材料，行政机关告知其应当按照相关法律、法规的规定办理的。"公安机关对于作为行政程序中的当事人执行行政拘留处罚过程中形成的材料，如拘留期间的日期、违反拘留管理的行为等属于案卷材料，不能通过申请政府信息公开的渠道获得。

《公安机关执法公开规定》第22条第1款规定："除按照本规定第二十一条向特定对象告知执法信息外，公安机关应当通过提供查询的方式，向报案或者控告的被害人、被侵害人或者其监护人、家属公开下列执法信息：（一）办案单位名称、地址和联系方式；（二）刑事立案、移送审查起诉、终止侦查、撤销案件等情况，对犯罪嫌疑人采取刑事强制措施的种类；（三）行政案件受案、办理结果。"根据上述规定，公安机关在行政程序中的案件办理情况和结果等执法信息应当向特定对象公开，并为特定对象提供查询服务。特定对象如需获取上述信息，应通过查询方式取得。

《政府信息公开条例》〔1〕是国务院制定的行政法规，调整的范围仅限于政府信息。该条例第2条规定："本条例所称政府信息，是指行政机关在履行职责过程中制作或者获取的，以一定形式记录、保存的信息。"而训诫、具结悔过、使用警械等属于公安机关在对被拘留人员执行拘留处罚过程中的管理行为，不是行政机关在履行职责过程中制作或者获取的信息，不属于《政府信息公开条例》第2条所规定的"以一定形式记录、保存的信息"。

【裁判理由与论证】

最高人民法院在再审中肯定了一审法院与二审法院的结论，裁定驳回彭某林的再审申请。在裁判说理部分，最高人民法院的思路可大致归纳如下：首先对彭某林向乐平市公安局所申请公开的信息进行分类，一类是拘留期间的日期、违反拘留管理的行为等信息，另一类是被拘留人因违反拘留所规定被训诫、具结悔过、被使用警械的记录信息。在这一分类的基础上，法院认定，第一类明显不属于政府信息，第二类属于不能通过政府信息公开渠道获得的材料，故乐平市公安局不予答复并未对彭某林的权利义务产生实际影响，依法不属于行政复议的受理范围，亦非行政诉讼的受案范围。

一、信息属性的确定：是否属于政府信息

《政府信息公开条例》是国务院制定的行政法规，调整的范围仅限于政府信息。该条例第2条规定："本条例所称政府信息，是指行政机关在履行职责过程中制作或者获取的，以一定形式记录、保存的信息。"

政府信息的概念，包含三个要素：一是持有主体为行政机关；二是来源为履行行政管理职能过程中制作或者获取；三是物理形态为以纸质、光盘、磁盘等一定形式记录、保存。这一条对于政府信息的来源和物理形态，没有明确的规定性，"制作或者获取"穷尽了政府信息的产生方式，"以一定形式记录、保存"涵盖了所有的物理形态。〔2〕

---

〔1〕 本案裁判文书中援引的《政府信息公开条例》均为2007年公布版本。2019年修订后的版本，本文简称为《政府信息公开条例》（2019年）。

〔2〕 参见后向东：《中华人民共和国政府信息公开条例（2019）理解与适用》，中国法制出版社2019年版，第8页。

但在本案中，训诫、具结悔过、使用警械等属于公安机关在对被拘留人员执行拘留处罚过程中的管理行为，不是行政机关在履行职责过程中制作或者获取的信息，不属于《政府信息公开条例》第2条所规定的"以一定形式记录、保存的信息"。

所以，彭某林向乐平市公安局所申请公开的"被拘留人因违反拘留所规定被训诫、具结悔过、被使用警械的记录信息"，因不具备"以一定形式记录、保存"这一要素而不属于政府信息。

二、获取渠道的选择：能否申请信息公开

对于彭某林向乐平市公安局申请的第二类信息——拘留期间的日期、违反拘留管理的行为等，最高人民法院认为此类信息属于案卷材料，应当依据《公安机关执法公开规定》通过查询方式获得，不能通过申请政府信息公开的渠道获取。

（一）信息公开的阻却

最高人民法院认定彭某林所申请公开的"拘留期间的日期、违反拘留管理的行为"等信息不能通过申请政府信息公开的渠道获得，其主要规范依据是《最高人民法院关于审理政府信息公开行政案件若干问题的规定》，该规定第2条第4项明确提到："公民、法人或者其他组织对下列行为不服提起行政诉讼的，人民法院不予受理：……（四）行政程序中的当事人、利害关系人以政府信息公开名义申请查阅案卷材料，行政机关告知其应当按照相关法律、法规的规定办理的。"根据该条，行政程序中的当事人、利害关系人不能通过申请政府信息公开的渠道查阅案卷材料，而应当按照相关法律、法规的规定办理。

在本案中，公安机关对作为行政程序中的当事人执行行政拘留处罚过程中形成的材料，如拘留期间的日期、违反拘留管理的行为等属于上述规定第2条第4项提到的"案卷材料"。

故彭某林所申请公开的"拘留期间的日期、违反拘留管理的行为"等信息不能通过申请政府信息公开的渠道获取，而应按照相关法律、法规（在本案中具体指《公安机关执法公开规定》）的规定办理。

（二）特定渠道的限定

《最高人民法院关于审理政府信息公开行政案件若干问题的规定》第2条第4项所提及的"相关法律、法规"具体到公安执法领域是指《公安机关执法公开规定》，若想获取公安机关执法的案卷材料，案件当事人和利害关系人应该按照《公安机关执法公开规定》的方式获取。

《公安机关执法公开规定》第22条第1款规定："除按照本规定第二十一条向特定对象告知执法信息外，公安机关应当通过提供查询的方式，向报案或者控告的被害人、被侵害人或者其监护人、家属公开下列执法信息：（一）办案单位名称、地址和联系方式；（二）刑事立案、移送审查起诉、终止侦查、撤销案件等情况，对犯罪嫌疑人采取刑事强制措施的种类；（三）行政案件受案、办理结果。"

根据上述规定，公安机关在行政程序中的案件办理情况和结果等执法信息应当向特定对象公开，并为特定对象提供查询服务。特定对象如需获取上述信息，应通过查询方式取得。

故彭某林应通过向公安机关申请查询的方式获取"拘留期间的日期、违反拘留管理的行为"等信息，而不能通过申请政府信息公开的方式获取。

【涉及的重要理论问题】

《政府信息公开条例》（2019）第16条规定："行政机关的内部事务信息，包括人事管理、后勤管理、内部工作流程等方面的信息，可以不予公开。行政机关在履行行政管理职能过程中形成的讨论记录、过程稿、磋商信函、请示报告等过程性信息以及行政执法案卷信息，可以不予公开。法律、法规、规章规定上述信息应当公开的，从其规定。"该条文首次提出"行政执法案卷信息"这一概念，并将其与"内部事务信息""过程性信息"并列，作为可以不予公开的信息类型，明确提出"行政执法案卷信息，可以不予公开"这一规则。

在本案中，法院正是认定原告所申请公开的"拘留期间的日期、违反拘留管理的行为"等信息属于案卷材料而认为此类信息可以不予公开，这一做法是否完全符合政府信息公开制度保障公民知情权的规范目的仍有待商榷。有鉴于此，笔者拟以本案案情与裁判作为基础，探讨现行规范体系之下行政执法案卷信息的公开规则。

一、"限定公开"的对象：行政执法案卷信息

行政执法案卷信息作为专门概念出现在我国法律规范体系中，《政府信息公开条例》（2019）属于首次。此前运用更为广泛的概念是"行政执法案卷"。在中央层面，其最早可以追溯至国务院于 2004 年印发的《全面推进依法行政实施纲要》。该实施纲要第 21 条明确要求："健全行政执法案卷评查制度。行政机关应当建立有关行政处罚、行政许可、行政强制等行政执法的案卷。对公民、法人和其他组织的有关监督检查记录、证据材料、执法文书应当立卷归档。"根据这一表述，对行政执法案卷的概念把握可以从形式与内容两个层面入手。第一，在形式上，行政执法案卷就是与行政机关行政处罚、行政许可、行政强制等执法活动相关的材料。第二，在内容上，行政执法案卷应当包括监督检查记录、证据材料、执法文书等。[1]行政执法案卷信息与行政执法案卷是内容与载体的关系。

二、"限定公开"的含义

"限定"首先是指行政执法案卷信息属于可以不公开的政府信息范畴，即赋予行政机关裁量权以决定是否公开该项信息，此外，若有法律、法规或规章规定该项信息应当公开，则行政机关应当向申请人公开；"限定"的另一重含义是，在现行制度之下，对于行政执法案卷信息，公民既可通过申请政府信息公开的渠道获取，也可通过其他法律、法规、规章或规范性文件规定的途径获取。

（一）公开与否：判断规则与不公开情形

1. 行政执法案卷信息是否公开的判断规则

根据《政府信息公开条例》（2019）第 16 条的规定，行政执法案卷信息属于可以不公开的政府信息类型。

对于行政执法案卷信息，行政机关行使裁量权对公开与否进行判断，但

---

〔1〕 梁艺："行政执法案卷信息的解释与适用——以《政府信息公开条例》第 16 条为中心的初步观察"，载《政治与法律》2020 年第 2 期。

《政府信息公开条例》（2019）并未明确行政机关行使裁量权时的考量因素。此外，若法律、法规或规章规定行政执法案卷信息应当公开的，则从其规定。一言以蔽之，行政执法案卷信息的公开规则是：若存在法定公开情形，该项信息应当公开，若不存在法定公开情形，行政机关对于是否公开此项信息具有裁量权。

显然，行政执法案卷信息的公开规则与涉及个人隐私、商业秘密的政府信息的公开规则并非一致，二者的共同点是公开与否的判断过程均有行政裁量权的介入，不过涉及后者的公开规则是原则上不公开，但行政执法案卷信息既不是原则上公开，也不是原则上不公开，而是在没有法定公开情形时，由行政机关行使裁量权以决定是否公开。

2. 行政执法案卷信息不予公开时的说明理由义务

行政执法案卷信息并非绝对不予公开的情形，行政机关和法院若将涉案信息认定为行政执法案卷信息，不能直接得出不予公开的结论，还应当审查是否存在酌定公开或法定公开的情形，若最终决定不予公开，还应向申请人说明不予公开的理由。根据《政府信息公开条例》（2019）第 36 条的规定，行政机关作出不予公开决定时应一并说明理由，这也是自然公正原则的要求，即任何人在行使权力可能使别人受到不利影响时必须听取对方的意见。[1]

一方面，在收到申请人的信息公开申请时，若行政机关将其所申请公开的信息认定为行政执法案卷信息，不能径直以此为由拒绝公开，还应进行充分检索，以查明是否有法律、法规或规章规定涉案信息应当予以公开；若不存在法定公开情形，行政机关应谨慎行使裁量权，在判断涉案信息是否应当公开时，应当明确其考虑因素，避免不相关因素的影响，若最终决定不予公开，还应当向申请人说明不予公开的理由。

另一方面，法院在审理此类案件时，也应进行这两方面的审查。但在本案中，无论是一审、二审或是再审，都难从裁判文书中看出法官有这两方面的考量。首先，在行政机关的自由裁量权行使是否恰当这一层面，本案中，法院忽略了对行政机关裁量权行使是否恰当的审查，这一做法与《政府信息公开条例》（2019）的立法原意相违背，行政机关在处理政府信息公开申请

时，如遇行政执法案卷信息若不经裁量与说理而径直不予公开，则行政执法案卷信息实际上成了绝对不公开的信息。另外，法院也应当审查是否有法定公开情形的存在，而不能不经审查直接认可行政机关的结论。如在本案中，行政机关并未充分检索，甚至并未检索是否有法定公开情形，法院即径直认同行政机关的判断，这一做法是违背《政府信息公开条例》（2019）规定的。

程琥法官也表示了对法院滥用行政执法案卷信息可以不公开规则的担忧："行政执法案卷信息不能因为实践中对行政执法过于泛化理解和存在歧义，而把行政执法案卷信息的例外情形作为'口袋规定'，凡是行政机关不愿公开的政府信息，都以行政执法案卷信息为由不予公开。实践中，一些行政机关对此理解确有所偏差，对应当公开的政府信息却以属于行政执法案卷信息为由拒绝公开。因此，《政府信息公开条例》（2019）实施后，应当对行政执法案卷信息作出明确限定，防止有的行政机关滥用政府信息公开的例外规定，不予公开原本属于应当公开的政府信息。"[1]

（二）渠道选择：信息公开与卷宗阅览权

在《政府信息公开条例》修订之前，对于行政执法案卷信息获取渠道的规定仅出现在《最高人民法院关于审理政府信息公开行政案件若干问题的规定》之中，根据该规定，行政程序中的当事人和利害关系人若想获取案卷材料，不能通过申请政府信息公开的途径获取。

2019 年，《政府信息公开条例》修订，根据修订后的《政府信息公开条例》，对于通过政府信息公开渠道申请行政执法案卷信息公开的，无论申请人是行政程序的当事人还是案外人，受理申请的行政机关均可以不予公开。

《政府信息公开条例》（2019）与《最高人民法院关于审理政府信息公开行政案件若干问题的规定》对于行政执法案卷信息的称呼有所不同，但二者对通过政府信息公开制度获取行政执法案卷信息的行为大体上持否定态度。《最高人民法院关于审理政府信息公开行政案件若干问题的规定》在否定上述行为的同时，也为相关主体指明了行使卷宗阅览权这一路径。在有法律、法规、规章或其他规范性文件规定的情况下，相关主体可以行使卷宗阅览权以

---

[1]　程琥："新条例实施后政府信息公开行政诉讼若干问题探讨"，载《行政法学研究》2019 年第 4 期。

获取行政执法案卷信息。

三、"限定公开"的原因

（一）利害关系标准

虽然《政府信息公开条例》（2019）并未提及行政执法案卷信息可以不予公开的原因，但司法部负责人在答记者问时提到："行政执法案卷信息与当事人、利害关系人之外的其他主体没有直接利害关系，且通常涉及相关主体的商业秘密和个人隐私。"[1]

因为行政执法案卷信息通常仅与少数人有利害关系而将其纳入可以不公开的范畴，这一理由看似充分，但实际上与《政府信息公开条例》（2019）的立法宗旨相冲突。《政府信息公开条例》（2019）所确定的信息公开方式包括主动公开与依申请公开，对于利害关系涉及面较广的政府信息，负有公开职责的主体应当主动公开；而对于利害关系涉及面相对较窄的政府信息，若未主动公开，公民也可以通过申请公开来获取该信息。故利害关系涉及面的广泛与否与是否应当公开并无直接关系，利害关系涉及面的广泛与否决定的是采取何种方式公开信息，影响面较广的信息适宜采取主动公开方式，而对于影响面较窄的信息，采依申请公开方式为宜。

另外，若因行政执法案卷信息通常仅与少数人有利害关系而将其纳入可以不予公开的范畴之中，这一做法与原《政府信息公开条例》中"三需要"的规定并无二致，二者均是为公民申请政府信息公开设定前提条件，或者要求实际用处（如原"三需要"规定的"出于生产、生活或科研需要"）、或者要求存在利害关系。但政府信息公开制度的价值在于确立并保障公民的知情权，申请信息公开行为本身就是行使知情权的表现，只要其行使知情权不是出于骚扰行政机关等目的，对于其行使权利的行为就不应当受到申请目的或利害关系上的限制。《政府信息公开条例》（2019）在修订时已经将申请人申请政府信息公开应出于生产、生活或科研需要这一条款删除，这是正确理

---

[1] "坚持'公开为常态、不公开为例外'——司法部负责人就政府信息公开条例修订答记者问"，载新华网，http://www.xinhuanet.com/politics/2019-04/15/c_1124370889.htm? spm=zm5129-001.0.0.1.UaoeYP，最后访问日期：2022年4月20日。

解《政府信息公开条例》（2019）目的并试图正本清源的表现。

（二）损害后果标准

损害后果标准是信息公开范围划定最主要的方法，是指如果特定信息的公开将造成特定的损害后果，则相应信息可以免于公开。限制知情权的两条原则是公共利益和个人权益，如果特定信息的公开，将损害公共利益或个人权益，就可以免于公开。[1]

需要说明的是，在《政府信息公开条例》（2019）确立的政府信息公开制度之下，将行政执法案卷信息作为豁免公开的事由并未直接涉及损害后果标准，即信息是行政执法案卷信息这一判断本身即可作为不予公开的理由，不需要审查或说明该项信息公开后是否会或者可能会造成损害后果，因为《政府信息公开条例》（2019）将行政执法案卷信息作为豁免公开事由时已经考虑到损害后果发生的可能性，即认定行政执法案卷信息一经公开，或者会损害行政执法目的的实现，或者会有损商业秘密或个人隐私，故将其信息属性本身作为不予公开的事由。所以行政机关在适用《政府信息公开条例》（2019）时，不需要再针对行政执法案卷信息进行损害后果的个案审查与说明。

1. 是否损害行政执法目的的实现

在损害后果标准之下，若公开相关信息会或者可能会损害行政执法目的的实现，则不予公开该项信息。"损害行政执法目的的实现"可能是指目的本身无法实现，也可能是指实现目的的效率变低。对于前者，后向东在其论著《信息公开法基础理论》中提到："由于行政执法带有特定的强制性，往往面临着被逃避、被对抗的问题，为了确保行政执法目的顺利实现，如果相关信息的公开可能会妨碍行政执法，则不予公开。"[2]《联邦德国行政程序法》则主要考虑到行政效率这一因素，该法第 29 条第 2 款规定："在查阅案卷会损害行政机关有秩序完成其任务……时，行政机关无允许查阅案卷的义务。"[3]

---

〔1〕 后向东：《信息公开法基础理论》，中国法制出版社 2017 年版，第 182 页。
〔2〕 后向东：《信息公开法基础理论》，中国法制出版社 2017 年版，第 188 页。
〔3〕 应松年主编：《外国行政程序法汇编》，中国法制出版社 2004 年版，第 92 页。

2. 是否有损商业秘密与个人隐私

在上述司法部负责人答记者问中，该负责人提到由于行政执法案卷信息通常会涉及商业秘密和个人隐私，故将其作为豁免公开的事由之一。[1]

但笔者对以此为由而豁免公开行政执法案卷信息并不认同。一方面，《政府信息公开条例》（2019）第15条已经将个人隐私和商业秘密规定为豁免公开的理由，若因行政执法案卷信息常涉及个人隐私和商业秘密而决定不予公开，直接引用《政府信息公开条例》（2019）第15条决定不予公开即可；另一方面，《政府信息公开条例》（2019）第15条与第16条关于不予公开的表述有所不同，第15条规定涉及商业秘密和个人隐私的信息不得公开，第16条规定行政执法案卷信息可以不公开，公开与否取决于行政机关裁量权的行使以及法定公开情形是否存在。若申请人申请公开的信息涉及商业秘密或个人隐私，行政机关可能会适用第15条将其作为"涉及商业秘密、个人隐私等公开会对第三方合法权益造成损害的政府信息"，行政机关原则上"不得公开"；也可能会适用第16条而将其认定为"行政执法案卷信息"，行政机关"可以不予公开"而非"不得公开"，行政机关须行使裁量权后决定是否公开，一并审查是否有法定公开情形。显然，《政府信息公开条例》（2019）第15条与第16条均有保护商业秘密与个人隐私的考量，但两个条文设计的规则却有所不同，这一共性与差异造成了虽为同类信息，却适用不同规则的困境。既然将其作为豁免公开的理由是考虑到公开可能会造成对个人隐私和商业秘密的损害，则直接适用诸如第16条也未尝不可。

（三）路径择一标准

路径择一标准是指对于行政执法案卷信息，通常有专门规范提供专门的信息获取渠道，申请人获取案卷材料，只能在申请政府信息公开与通过专门渠道二者之中择一，而《政府信息公开条例》（2019）第16条对申请人通过申请政府信息公开获取行政执法案卷信息大体上持否定态度。

如在本案中，根据《公安机关执法公开规定》第22条第1款规定，公安

---

[1]　"坚持'公开为常态、不公开为例外'——司法部负责人就政府信息公开条例修订答记者问"，载新华网，http://www.xinhuanet.com/politics/2019-04/15/c_1124370889.htm? spm=zm5129-001.0.0.1.UaoeYP，最后访问日期：2022年4月20日。

机关在行政程序中的案件办理情况和结果等执法信息应当向特定对象公开，并为特定对象提供查询服务，特定对象如需获取上述信息，应通过查询方式取得。

也有其他法律对获取案卷信息的专门渠道作了相关规定，如《行政许可法》第 48 条第 1 款第 4 项规定："举行听证时，审查该行政许可申请的工作人员应当提供审查意见的证据、理由，申请人、利害关系人可以提出证据，并进行申辩和质证。"另外，《行政复议法》第 23 条第 2 款规定："申请人、第三人可以查阅被申请人提出的书面答复、作出具体行政行为的证据、依据和其他有关材料，除涉及国家秘密、商业秘密或者个人隐私外，行政复议机关不得拒绝。"

四、关键问题：政府信息公开申请权与卷宗阅览权的关系

行政程序的利害关系人是否既可以通过行使卷宗阅览权获取相关案卷材料，又可以通过申请政府信息公开获取案卷材料信息？这涉及政府信息公开申请权与卷宗阅览权之间的关系。

（一）从《最高人民法院关于审理政府信息公开行政案件若干问题的规定》到《政府信息公开条例》：仅承认卷宗阅览权

从《最高人民法院关于审理政府信息公开行政案件若干问题的规定》到《政府信息公开条例》（2019 年），立法者对于两种权利的关系一直采取仅能行使卷宗阅览权的态度。

《最高人民法院关于审理政府信息公开行政案件若干问题的规定》第 2 条第 4 项明确提出，行政程序中的当事人、利害关系人以政府信息公开名义申请查阅案卷材料，行政机关告知其应当按照相关法律、法规的规定办理，当事人不服向法院起诉的，不予受理。该规定明确了行政程序当事人和利害关系人不能通过申请政府信息公开获取案卷材料。《政府信息公开条例》（2019）试图厘清政府信息公开申请权与卷宗阅览权的界限，无论是案外人还是当事人或利害关系人，均不能通过申请政府信息公开以获取案卷材料。

(二) 政府信息公开制度与卷宗阅览制度的边界

1. 政府信息公开申请权与卷宗阅览权

政府信息公开请求权的内涵较为明晰，不再赘述。政府信息公开请求权经由《政府信息公开条例》(2019) 这一国务院制定的行政法规而获得实定法上的承认。

卷宗阅览权是指行政相对人在参与行政程序过程中，查阅行政主体收集、制作的与行政案件有关联的案卷材料之权利。行政相对人通过案卷阅览，可以在行政主体作出最终决定之前为自己申辩从而维护自己的合法权益。[1]对于卷宗阅览权，大部分学者认为其行使期间被限定在行政程序终结之前，即行政程序的当事人只能在行政程序进行中行使阅览卷宗的权利。[2]另外，由于我国没有一部统一的行政程序法，有关卷宗阅览权的规定只零散分布于各领域的法律、法规、规章、规范性文件中。如《行政复议法》第23条第2款规定：“申请人、第三人可以查阅被申请人提出的书面答复、作出具体行政行为的证据、依据和其他有关材料，除涉及国家秘密、商业秘密或者个人隐私外，行政复议机关不得拒绝。”

2. 二者边界：从混合立法到试图厘清

对于政府信息公开制度与卷宗阅览制度的边界，有学者认为：“行政公开原则在具体的制度构建上可分为对公众公开的政府信息公开制度和对特定行政程序当事人公开的卷宗阅览制度，与此对应，行政知情权具体表现为政府信息公开请求权和卷宗阅览权。”[3]在江必新主编的《〈最高人民法院关于审理政府信息公开行政案件若干问题的规定〉理解与适用》一书中，作者认为申请案卷信息公开的行为属于行政程序中的卷宗阅览权，不属于《政府信息公开条例》调整的范畴，应当适用不同的救济，对于以信息公开的名义达到

---

[1] 江必新主编：《〈最高人民法院关于审理政府信息公开行政案件若干问题的规定〉理解与适用》，中国法制出版社2011年版，第44页。

[2] 参见郭兵：“我国行政程序卷宗阅览权的确认与司法救济”，载《法学论坛》2015年第5期；陈秀：“行政案卷公开豁免的域外考察与制度重构”，载《南阳理工学院学报》2020年第1期；姜妮妮：“案卷阅览权与信息公开请求权的界限”，载《人民司法 (应用)》2017年第22期。

[3] 郭兵：“行政程序中的卷宗阅览权及其构成要件”，载《安徽警官职业学院学报》2014年第6期。

卷宗阅览目的的诉讼，法院应当不予受理。[1]李广宇法官则认为，卷宗阅览权与信息公开申请权，一个属于个案性之信息公开，一个属于一般性之信息公开，看似相似，但实为两种不同的制度。二者在权利目的、权利性质、权利主体、权利存续期间以及权利救济方法方面均有所不同。正是基于以上区别，两种权利遭受侵害时的救济亦循不同之渠道。[2]

但在实践中，政府信息公开制度与卷宗阅览制度的边界却并非如此清晰，背后原因多样，其一是 2019 年修订之前的《政府信息公开条例》对二者关系采取了混合立法的态度，这一做法一定程度上导致了实践中当事人为了达到阅览卷宗的目的，而提起政府信息公开申请。[3]

但《政府信息公开条例》（2019）则放弃了混合立法的方式，通过新增"行政执法案卷信息，可以不予公开"这一规则，试图厘清政府信息公开制度与卷宗阅览制度的界限，与《最高人民法院关于审理政府信息公开行政案件若干问题的规定》的观点趋向一致，公民不能通过申请政府信息公开而获取案卷材料信息。在《政府信息公开条例》修订之前，两个制度还存在混合的空间，若在案涉特定领域中，不存在法律、法规、规章或其他规范性文件规定卷宗阅览权，公民尚可以通过申请政府信息公开的方式获取案卷材料信息。在《政府信息公开条例》（2019）之下，原有的政府信息公开渠道已经被堵塞，但应有的卷宗阅览权仍处于规范缺位状态，在此两难境地之下，公民的知情权难以得到保障。

笔者认为，以厘清两个制度关系为目的而对政府信息公开制度进行修改，应当以完备的制度保障作为前提。若要否定通过申请政府信息公开渠道获取案卷材料的行为，则应确保卷宗阅览权的顺畅行使，但显然，卷宗阅览权在规范层面存在大片空白，试图获取案卷材料信息的公民在申请政府信息公开时受阻，也无法通过行使卷宗阅览权达到其目的，其知情权难以得到必要的

---

[1] 参见江必新主编：《〈最高人民法院关于审理政府信息公开行政案件若干问题的规定〉理解与适用》，中国法制出版社 2011 年版，第 47 页。

[2] 李广宇："《关于审理政府信息公开行政案件若干问题的规定》的理解与适用（上）"，载微信公众号"复旦公法研究中心"2016 年 2 月 21 日。

[3] 参见郭兵："我国行政程序卷宗阅览权的确认与司法救济"，载《法学论坛》2015 年第 5 期；胡春风、翟玉文、丁晓虎："论政府信息公开中的卷宗查档权理论——以市场监管部门行政处罚卷宗信息公开为例"，载《中国市场监管研究》2018 年第 10 期。

保障。对此，笔者的建议是，或者制定统一的行政程序法而确立普遍的卷宗阅览制度，或者为没有卷宗阅览权规定的相关领域留出政府信息公开制度这一渠道，显然，后一做法更具有可行性。

【后续影响及借鉴意义】

自2019年最高人民法院作出彭某林一案的裁判以来，在笔者所能检索到的同类型案例中，最高人民法院均采用了与本案大体一致的观点，即若当事人以查阅案卷为目的而申请政府信息公开，行政机关可以以此为由拒绝公开相关信息。[1]可见本案裁判中的观点为后续裁判的影响力之大。

无论是以《最高人民法院关于审理政府信息公开行政案件若干问题的规定》，抑或是以《政府信息公开条例》（2019）作为说理依据，包括本案在内的由最高人民法院所做的一系列裁判，均采取对政府信息公开申请权与卷宗阅览权严格界分的态度，公民不能通过申请政府信息公开而获取案卷材料。由知情权衍生出的政府信息公开申请权与卷宗阅览权，在理论上本就严格界分，无论是《政府信息公开条例》修订后新增的行政执法案卷信息的限定公开规则条款或是上述法院所做的一系列裁判，均体现了当前在实践中也严格区分两种权利的倾向。

但如前所述，由于行政程序法的缺位，卷宗阅览权还只是零散见于部分规范中，卷宗阅览权在大多数领域还处于规范空白的状态。在这一背景之下，试图在实践中将卷宗阅览权严格限定在政府信息公开制度之外的做法实际上并不利于相关主体知情权的实现，难免有顾首不顾尾之嫌。

笔者以为，对政府信息公开申请权与卷宗阅览权的区分不应采过于绝对的态度。在卷宗阅览权得到规范上承认的领域，法院可以借鉴本案裁判指引当事人行使卷宗阅览权而非政府信息公开申请权。但在卷宗阅览权处于规范空白状态的领域，出于保障公民知情权的目的，法院不应完全拒绝公民通过

---

〔1〕 参见最高人民法院（2019）最高法行申7259号行政裁定书；最高人民法院（2020）最高法行申6485号行政裁定书；最高人民法院（2020）最高法行申10190号行政裁定书；最高人民法院（2020）最高法行申7703号行政裁定书；最高人民法院（2020）最高法行申8157号行政裁定书；最高人民法院（2020）最高法行申15132号行政裁定书；最高人民法院（2020）最高法行申4651号行政裁定书；最高人民法院（2020）最高法行申1929号行政裁定书。

申请政府信息公开获取案卷材料信息，这一做法与《政府信息公开条例》（2019）第 16 条规定的"行政执法案卷信息，可以不予公开"而非"不得公开"的规定也是相一致的。

（指导老师：张力　中国政法大学法学院副教授）

案例六 信息公开中商业秘密的识别与司法审查标准

——中晨能源仓储有限公司诉交通运输部政府信息公开告知案

刘 欣 *

【案例名称】

中晨能源仓储有限公司诉交通运输部政府信息公开告知案［北京市第二中级人民法院（2017）京02行初360号行政判决书、北京市高级人民法院（2018）京行终2874号行政判决书、最高人民法院（2019）最高法行申4301号行政裁定书］

【关键词】

商业秘密 政府信息公开 司法审查

【基本案情】

2017年2月9日，中晨能源仓储有限公司（以下简称中晨公司）向交通运输部提出政府信息公开申请，要求公开"位于河北省唐山市唐山港京唐港区液体化工品泊位工程的港口码头使用港口岸线批复以及相关报批文件"。交通运输部收到申请后于2月21日作出2017年第14号《政府信息公开申请告知书》，并向中晨公司邮寄送达。中晨公司不服，向北京市第二中级人民法院（以下简称北京二中院）提起行政诉讼。北京二中院经过审理于2017年8月28日作出（2017）京02行初94号行政判决书，判决撤销交通运输部作出的

---

* 作者简介：刘欣，中国政法大学法学院宪法学与行政法学专业2022级硕士研究生。

2017 年第 14 号《政府信息公开申请告知书》，责令交通运输部于判决生效之日起依照法定期限对中晨公司提出的涉案政府信息公开申请重新作出行政行为。被告交通运输部收到判决书后，认为原告中晨公司申请的《工可报告》可能涉及第三方唐山港口公司商业秘密，于 2017 年 9 月 21 日向唐山港口公司发出书面征求意见函，唐山港口公司于 2017 年 9 月 29 日向被告交通运输部发出《关于不公开〈工可报告〉的回复意见》，不同意申请人中晨公司提出的政府信息公开申请并说明相应理由，亦提交了相应证据材料。被告交通运输部于 10 月 9 日对中晨公司重新作出本案《告知书》，并于次日邮寄送达中晨公司。中晨公司不服一审判决，提起上诉。

作为一审法院，北京二中院认为，根据《政府信息公开条例》[1] 第 14 条第 4 款和第 23 条的规定，涉商业秘密政府信息被划入相对不公开的范围。行政机关在处理政府信息公开案件时，对商业秘密的认定要有相应的审查判断标准，并提供证据予以证明。唐山港口公司向交通运输部提交的证据材料显示，根据公司保密制度第 3 章第 9 条第 11 项的规定，《工可报告》属于该公司秘密范围，并且公司采取了相应的保密措施；唐山港口公司与中交第一航务工程勘察设计院有限公司签订的《技术咨询合同》第 9 条为保密条款，约定甲乙双方不得以任何方式向非政府主管机构的任何其他方公开相关技术成果和报告内容。据此，《工可报告》涉及第三方商业秘密且不可区分处理，不公开不会对公众利益造成重大影响，原告中晨公司的诉讼请求没有事实根据和法律依据。一审法院依照《行政诉讼法》第 69 条的规定，判决驳回中晨公司的全部诉讼请求。

中晨公司不服一审判决，提起上诉。作为二审法院，北京市高级人民法院认为，根据《反不正当竞争法》对商业秘密的定义，《工可报告》属于涉唐山港口公司商业秘密的信息；《工可报告》内容具有不可分性，唐山港口公司对《工可报告》整体定密并无不当；《工可报告》的目的是向审批机关说明涉案项目工程的可行性，该报告是否公开与公共安全毫无关联。综上，中晨公司的上诉请求不能成立，二审法院依据《行政诉讼法》第 89 条第 1 款第

---

〔1〕 本案一审、二审裁判文书中援引的《政府信息公开条例》均为 2007 年公布版本，本文简称为《政府信息公开条例》；对 2019 年修订的《政府信息公开条例》，本文简称为《政府信息公开条例》（2019 年）。

1 项的规定，判决驳回上诉，维持一审判决。

中晨公司对二审判决不服，向最高人民法院申请再审。

【裁判要旨】

一、涉商业秘密政府信息应当符合不为公众所知悉，并经权利人采取保密措施的要素

唐山港口公司将《工可报告》纳入公司秘密范畴写入公司保密制度，且对《工可报告》采取了相应的保密措施和进行保密条款约定，符合不为公众所知悉，并经权利人采取保密措施的要素。

二、涉商业秘密政府信息应当符合能为权利人带来经济利益、具有商业价值的要素

从《工可报告》的目录可知，其包括了装卸、吞吐量分析等工艺技术信息和论证方案信息，唐山港口公司主张其能为公司带来经济利益具备合理性，符合前述规定中的能为权利人带来经济利益、具有商业价值的要素。

【裁判理由与论证】

比对再审裁定书及二审判决书，不难发现再审裁定书裁判理由系截取二审判决书原文所得，由此可见，最高人民法院与二审法院的裁判逻辑为一脉相承，故为了读者更好地理解法院的裁判逻辑，下文将融合两份裁判文书对本案的裁判理由予以说明。最高人民法院在再审裁定中指出，本案的核心问题是《工可报告》是否属于商业秘密，是否应当向再审申请人公开。围绕该问题，法院对"案涉政府信息涉及商业秘密、案涉政府信息具有不可分性、案涉政府信息是否公开与公共安全无关联"进行论证，最终确认不予公开决定并无不当。

一、案涉政府信息涉及商业秘密

二审法院认为，1993 年《反不正当竞争法》第 10 条第 3 款规定，本条所称的商业秘密是指不为公众所知悉、能为权利人带来经济利益、具有实用性

并经权利人采取保密措施的技术信息和经营信息；2017 年修订通过的《反不正当竞争法》第 9 条第 3 款规定，本法所称的商业秘密，是指不为公众所知悉、具有商业价值并经权利人采取相应保密措施的技术信息和经营信息。由此可见，无论是修订前还是修订后的《反不正当竞争法》，均要求商业秘密具有不为公众所知悉、被采取保密措施以及能为权利人带来经济利益或具有商业价值的要素。

最高人民法院再审对二审法院的观点表示赞同，认为一方面，唐山港口公司将《工可报告》纳入公司秘密范畴写入公司保密制度，且对《工可报告》采取了相应的保密措施和进行保密条款约定，符合不为公众所知悉，并经权利人采取保密措施的要素；另一方面，从《工可报告》的目录可知，其包括了装卸、吞吐量分析等工艺技术信息和论证方案信息，唐山港口公司主张其能为公司带来经济利益具备合理性，符合前述规定中的能为权利人带来经济利益、具有商业价值的要素，并以此认定案涉《工可报告》属于涉商业秘密政府信息。

二、案涉政府信息具有不可分性

《政府信息公开条例》第 22 条规定："申请公开的政府信息中含有不应当公开的内容，但是能够作区分处理的，行政机关应当向申请人提供可以公开的信息内容。"鉴于信息的可分割性原则，为了最大程度地保障公众知情权的实现，可以进行区分处理的政府信息，在排除豁免公开信息之后应当予以公开。本案中，二审法院对案涉政府信息能否区分处理作出了认定。二审法院认为，"本案中，交通运输部结合第三人回复意见对《工可报告》全文进行了审查，认定《工可报告》内容具有整体性，前后章节涉及了港口布置、整体运输等安排设置，不具有可分性，唐山港口公司整体定密并无不当"。

三、案涉政府信息是否公开与公共安全无关联

《政府信息公开条例》第 14 条第 4 款规定："行政机关不得公开涉及国家秘密、商业秘密、个人隐私的政府信息。但是，经权利人同意公开或者行政机关认为不公开可能对公共利益造成重大影响的涉及商业秘密、个人隐私的政府信息，可以予以公开。"据此，涉商业秘密政府信息被划入相对不公开的

范围，即原则上不予公开，唯有权利人同意公开及不公开可能对公共利益造成重大影响的情况下才予以公开。本案中，权利人唐山港口公司已经明确表示不同意中晨公司提出的政府信息公开申请，故二审法院仅对本案是否属于不公开可能对公共利益造成重大影响的第二类情况进行了论证。二审法院认为："《工可报告》系唐山港口公司为申请涉案港口岸线许可所制作的研究报告，目的是向审批机关说明涉案项目工程的可行性，该报告是否公开与涉案项目是否危害公共安全毫无关联。"

【涉及的重要理论问题】

公开与例外是政府信息公开制度运行的焦点问题，也是政府信息公开行政诉讼中法院进行司法审查的关键所在。《政府信息公开条例》（2019）第 15 条将涉商业秘密、个人隐私政府信息列入相对豁免公开的范围。正如中晨公司案所示，对于涉商业秘密政府信息的豁免公开，理论与实践均聚焦于两个核心问题：一是涉商业秘密政府信息的识别标准；二是涉商业秘密政府信息的司法审查标准。本文围绕以上核心问题进行分析，旨在明确法院的司法审查职责，避免涉商业秘密豁免公开条款的滥用；同时为行政机关梳理涉商业秘密政府信息公开工作程序提供参考，促进政府信息公开工作的依法进行。

一、涉商业秘密政府信息的识别

无论是修订前还是修订后，《政府信息公开条例》都未对商业秘密进行明确定义。学者章剑生指出："过度抽象与不确定的法律概念，往往会导致作为解释者的国家机关独断与恣意的偏见。"[1]目前，政府信息公开语境下的商业秘密，即属于不确定法律概念，故有必要在已有法律规范的基础上，结合学理及案例对涉商业秘密政府信息进行准确界定。

（一）商业秘密的实定法定义

"商业秘密"一词作为法律术语最早出现于 1991 年《民事诉讼法》第 66 条和第 120 条，此后我国多部法律法规提及"商业秘密"一词，但唯有民事

---

〔1〕 章剑生："阳光下的'阴影'——《政府信息公开条例》中'不公开事项'之法理分析"，载《政法论丛》2009 年第 6 期。

诉讼法相关司法解释、反不正当竞争法及刑法对其进行过明确定义。

1. 民事诉讼法语境下的商业秘密

1992 年《最高人民法院关于适用〈中华人民共和国民事诉讼法〉若干问题的意见》第 154 条规定："民事诉讼法第六十六条、第一百二十条所指的商业秘密，主要是指技术秘密、商业情报及信息等，如生产工艺、配方、贸易联系、购销渠道等当事人不愿公开的工商业秘密。"这是我国首次从实定法层面对商业秘密进行定义。后 2015 年《最高人民法院关于适用〈中华人民共和国民事诉讼法〉的解释》第 220 条对民事诉讼法语境下商业秘密的定义进行微调，但实质内涵并未作出重大改变，即"民事诉讼法第六十八条、第一百三十四条、第一百五十六条规定的商业秘密，是指生产工艺、配方、贸易联系、购销渠道等当事人不愿公开的技术秘密、商业情报及信息"。

2. 反不正当竞争法语境下的商业秘密

1993 年《反不正当竞争法》第 10 条第 3 款规定："本条所称的商业秘密，是指不为公众所知悉、能为权利人带来经济利益、具有实用性并经权利人采取保密措施的技术信息和经营信息。"这是我国首次从立法层面对商业秘密进行解释，根据该条规定，商业秘密须具有秘密性、保密性、价值性和实用性四大特性。2017 年修订的《反不正当竞争法》第 9 条第 3 款[1]对商业秘密的定义进行修订，删除了对商业秘密的实用性要求，拓宽了商业秘密的保护范围。2019 年修正的《反不正当竞争法》第 9 条第 4 款将"技术信息和经营信息"修改为"技术信息、经营信息等商业信息"，弥补了 2017 年《反不正当竞争法》可能存在的商业信息分类不周延的问题，进一步扩大了商业秘密的外延。

3. 刑法语境下的商业秘密

1997 年《刑法》第 219 条规定了侵犯商业秘密罪，该条第 3 款规定："本条所称商业秘密，是指不为公众所知悉，能为权利人带来经济利益，具有实用性并经权利人采取保密措施的技术信息和经营信息。"不难发现，刑法对商业秘密的定义采取了同《反不正当竞争法》一致的立法解释。

---

[1]《反不正当竞争法》（2017 年修订）第 9 条第 3 款规定，本法所称的商业秘密，是指不为公众所知悉、具有商业价值并经权利人采取相应保密措施的技术信息和经营信息。

（二）政府信息公开语境下的商业秘密

正如前文所示，目前商业秘密的实定法定义只存在于民事诉讼法、反不正当竞争法及刑法领域，在政府信息公开领域则处于空缺状态。结合现有案例，下文将首先梳理实践中商业秘密的现行判断标准，再结合理论界各类观点提出现有判断标准的完善路径。

1. 实践中商业秘密的现行判断标准

司法实践中，与中晨公司案类似，法院大多援用或参考《反不正当竞争法》对商业秘密的定义来认定涉商业秘密政府信息。在李同江案〔1〕中，郑州市中级人民法院直接援用了《反不正当竞争法》中对商业秘密的定义；在韦伟案〔2〕中，北京市第一中级人民法院未直接援用《反不正当竞争法》，而是从中提取出商业秘密"不为公众所知悉""能为权利人带来经济利益"等核心法律特征作为涉商业秘密政府信息的实质判断标准。在实定法出现空缺的情况下，援用或参考《反不正当竞争法》来判断涉商业秘密政府信息，体现了法院弥补法律漏洞、进行法律续造的努力与智慧。

然而，这一判断标准存在诸多不足。一方面，反不正当竞争法语境下的商业秘密外延自始就存在争议，修正后的《反不正当竞争法》更是进一步实质性扩大了商业秘密的范围，〔3〕加剧了商业秘密这一概念的模糊性，将其转用至政府信息公开领域更具难度。另一方面，实践中行政机关与法院均缺乏对商业秘密一定的专业判断能力，对案涉政府信息的类型、保密措施的判断等问题如堕云雾中，"为了避免纠纷，甚至为不公开政府信息找挡箭牌，只要涉及企业的信息，只要有企业数据，就以商业秘密为由不予公开"。〔4〕

2. 理论界对商业秘密的外延探讨

虽然援用《反不正当竞争法》对商业秘密的定义已成为政府信息公开领域识别商业秘密的通行做法，但反不正当竞争法与政府信息公开语境下的商业秘密外延是否相同？法院在政府信息公开案件中直接援用《反不正当竞争

〔1〕 河南省郑州市中级人民法院（2020）豫01行初739号行政判决书。

〔2〕 北京市高级人民法院（2018）京行终1335号行政判决书。

〔3〕 2019年修正的《反不正当竞争法》第9条第4款增加了"等商业信息"的表述，扩大了商业秘密的范围。

〔4〕 李广宇：《政府信息公开判例百选》，人民法院出版社2013年版，第222页。

法》对商业秘密的定义是否恰当？对此，理论界尚有争论。

无论是何种语境下的商业秘密，其外延大小本质上取决于商业秘密在该语境下的法律属性。对于商业秘密的法律属性，理论与实践存在着商业道德理论和财产理论的分歧。作为商业秘密保护的早期理论，商业道德理论认为商业秘密保护以维系商业道德为出发点，以 E. L. Du Pont de Nemour & Co. v. Masland 案为例，法院否认了商业秘密的财产属性，认为裁判商业秘密案件的出发点不是财产法，而是被告的保密义务。[1]与商业道德理论恰恰相反，财产理论则对商业秘密的财产属性予以确认，认为商业秘密保护的出发点在于维护商业秘密权利人的财产，而非维系商业道德，以 Ruckleshaus v. Monsanto Co. 案为例，法院认为商业秘密是一种可以依据宪法予以保护的财产权。[2]值得注意的是，财产理论下的商业秘密要严格符合秘密性、价值性、保密性等构成要件，其外延比商业道德理论下的商业秘密更为狭窄。我国将侵犯商业秘密的行为列为一种违反商业道德的不正当竞争行为，可见反不正当竞争法语境下商业秘密的法律属性至少是吸收了商业道德理论的。学者陈杰认为，"涉及商业秘密的政府信息公开，一般只考虑行政主体所代表的公共利益和商业秘密持有人所代表的私权二者之间的利害关系。在这个法律关系中，根本不存在与商业秘密持有人对应的平等主体，也不存在商业道德的维系问题。所以，在政府信息公开例外规则中对商业秘密的界定不可能采纳商业秘密的商业道德理论"。[3]依此逻辑，政府信息公开语境下的商业秘密应当采用财产理论，与吸收了商业道德理论的《反不正当竞争法》相比，其范围必然更为狭窄。

也有学者试图从立法目的角度加以分析，认为在政府信息公开案件中援用《反不正当竞争法》对商业秘密的定义，将造成不同法律规范之间立法目的和价值取向的混淆。详细言之，反不正当竞争法语境下的商业秘密侧重于保护私益，并未涉及公共利益问题，在政府信息公开行政诉讼中直接援用《反不正当竞争法》对商业秘密的定义，忽视了商业秘密在不同部门法语境下

---

〔1〕 参见 E. L. Du Pont de Nemour & Co. v. Masland（244 U. S. 1016, 1917）。

〔2〕 参见 Ruckleshaus v. Monsanto Co.（457 U. S. 986, 1985）。

〔3〕 陈杰："政府信息公开中商业秘密的公开标准——从商业秘密的法律属性出发"，载《武汉科技大学学报（社会科学版）》2016 年第 2 期。

的特定差异，特别是未考虑到公民知情权保障等政府信息公开制度的核心立法价值。浙江省高级人民法院法官张榆认为，"价值取向不同决定了在政府信息公开制度中，为了最大限度促进公开，应对商业秘密的概念进行限制解释"。[1]

笔者认为，立法目的决定了不同部门法语境下商业秘密的法律属性，进而决定了商业秘密的外延，因此立法目的与法律属性只是界定商业秘密外延同一视角下的两个角度，并非独立或对立关系，两者完全可以一体化看待。

3. 小结

综合观之，鉴于政府信息公开语境下商业秘密的财产属性及信息公开制度独特的立法价值，商业秘密的现行判断标准有待完善，法院在司法裁判时应当说明政府信息公开中商业秘密保护相较于一般商业秘密案件的特殊性，并对商业秘密的外延进行适度限缩。此种限缩未必要在《政府信息公开条例》中以重新立法的方式进行，通过法律解释的方法即可实现，即准用《反不正当竞争法》对商业秘密的定义，同时强调商业秘密的财产理论及政府信息公开的立法目的对商业秘密的解释力，并以此为基础进行限缩解释，将对企业经济价值不产生直接影响的信息排除至豁免公开范围之外。

上述观点从域外法中也有迹可循。以美国为例，《美国信息自由法》(b)(4)条款[2]为商业秘密信息免除公开条款，该条款将商业秘密信息分为贸易秘密和商业或金融信息两类。其中，"贸易秘密"这一概念在美国一般法律中定义得极为宽泛，根据侵权行为重述的解释，贸易秘密是指某一企业使用的任何公式、样式、设计、信息、编辑等，其他企业不知道或未使用，使该企业能够对与它竞争的其他企业处于有利的地位。[3]1983年，美国哥伦比亚特区巡回上诉法院抛弃了侵权行为重述对贸易秘密的宽泛定义，认为侵权行为重述的商业秘密定义适用于企业与职工间合同与信任关系的领域，却不适用于旨在调整政府与公众关系的信息公开领域，因为侵权行为重述立法时并未考量

---

[1] 张榆："搬迁补偿协议不属于不予公开的商业秘密"，载《人民法院报》2020年4月16日，第6版。

[2] 《美国信息自由法》(b)(4)条款规定，本节各条规定不适用于以下事项：贸易秘密和从个人获得的、具有特权性或机密性的商业或金融信息。

[3] 王名扬：《美国行政法》，中国法制出版社2005年版，第976页。

公众知情权。在此基础上，哥伦比亚特区巡回上诉法院对信息免除公开条款中的贸易秘密进行了限缩解释，认为此处的贸易秘密并非泛指一切具有竞争利益的秘密，而仅限于生产过程中使用的具有商业价值的秘密，这一解释因扩大了美国政府信息公开的范围，更契合《美国信息自由法》的立法目的而逐渐为其他法院所接受。[1]

二、涉商业秘密政府信息的司法审查标准

利益冲突是利益主体基于利益差别和利益矛盾在实现各自利益的过程中发生的利益争夺。[2]为解决信息公开案件中的公益与私益间的冲突，实现利益平衡，司法实践通行做法与理论界通说均为诉诸利益衡量。结合已有司法判例及理论界学说，笔者认为法院在政府信息公开行政诉讼中进行利益衡量时应当依据以下原则和方法进行。

（一）程序正当原则

商业秘密与公共利益法律概念的不确定性赋予了行政机关在利益衡量中广泛的裁量权，同时也加剧了行政机关进行利益衡量的复杂性；与此同时，鉴于信息公开的不可逆性，涉商业秘密政府信息一旦公开，无论采取何种补救措施，商业秘密权利人的财产损害都无法挽回。利益衡量的复杂性及信息公开的不可逆性均要求法律为商业秘密权利人提供相对周密的程序保障，尤其在强制公开决定作出前，要尽可能为其提供充分表达利益诉求的机会，为此，《政府信息公开条例》（2019）第32条规定了第三方意见征询程序。

《政府信息公开条例》（2019）第32条规定，依申请公开的政府信息公开会损害第三方合法权益的，行政机关应当书面征求第三方的意见。可见我国涉第三方权益政府信息公开案件中，第三方意见征询为必经程序。值得探讨的是，是否应当赋予我国行政机关第三方意见征询程序的裁量权。目前，域外大多数国家将信息公开领域的第三方意见征询程序进行了明确区分，以日本为例，其将第三方意见征询程序划分为任意征询和强制征询两类。《日本情

---

[1] 杨建生："论美国政府信息公开中商业秘密信息免除公开的司法审查"，载《河南财经政法大学学报》2015年第1期。

[2] 袁仁能："政府信息公开与保密中的利益平衡"，载《行政论坛》2007年第6期。

报公开法》第 13 条〔1〕第 1 款规定了行政机关的任意征询义务，赋予了行政机关在一般信息公开情形下对第三方意见征询的程序性裁量权；该条第 2 款则规定了行政机关在特定信息公开情形下对第三方意见的强制征询义务。笔者认为，从理论角度看，涉第三方权益政府信息对公共利益有重大影响时，行政机关应当直接作出公开决定，此时去征求第三方意见既徒增行政成本，也不利于信息申请人知情权的及时实现，故而征询程序裁量权从成本效益角度是成立的。然而，此种裁量权应当建立在行政机关具备相对成熟的利益衡量能力基础之上，否则将化为损害第三人权益的利器。从我国涉第三方权益政府信息公开现状来看，相关法律概念的不确定性及信息公开经验的匮乏，导致行政机关具有广泛的实体性裁量权而缺乏成熟的利益衡量能力，目前第三方意见对行政机关进行利益衡量具有极为重要的参考价值，赋予行政机关程序性裁量权的时机尚不成熟。

此外，需要明确第三方意见对行政机关拘束力的有限性。在第三人不同意信息公开时，条例赋予了行政机关对不公开是否"可能对公共利益造成重大影响"的进一步裁量空间，可见第三方反对意见只能为行政机关作出终局决定提供参考，并不具有决定性意义。实践中，部分法院以第三人不同意公开作为信息不予公开的唯一依据，实际上是对其利益衡量职责的漠视与规避。以王宗利案〔2〕为例，天津市和平区房地产管理局因商业秘密权利人金融街公司未在规定期限内答复，推定其不同意信息公开，并以此为唯一理由向信息公开申请人王宗利作出不予公开决定，最高人民法院在该案典型意义中指出，"行政机关应当依《反不正当竞争法》对商业秘密的标准进行审查，而不应单纯以第三方是否同意公开作出决定"。

（二）信息区分处理原则

信息区分处理原则又称信息的可分割性原则，最早于《美国信息自由法》

---

〔1〕《日本情报公开法》第 13 条规定，被申请人公开的行政文书记载国家、地方公共团体及申请人以外的第三人信息时，受理机关欲作出公开决定，可以书面形式通知第三人，给予其提出书面意见的机会。如果公开的信息属于下列情况的，应当以书面形式通知第三人，使其具有提出书面意见的机会：（1）为保护个人生命、健康、生活或财产认为有必要公开；（2）该信息公开会损害第三方个人权利或者竞争上的利益及其他正当权益；（3）第三方以不公开为条件向行政机关提供的信息。

〔2〕 全国法院政府信息公开十大案例之三：王宗利诉天津市和平区房地产管理局案。

1974年修正案中确立。此后，信息区分处理原则在日本、韩国、挪威等国家的政府信息公开法中也予以确认，我国《政府信息公开条例》（2019）第37条亦确立了信息区分处理原则。信息区分处理原则是政府信息公开领域中公、私利益衡量的典型表现：一方面，其旨在最大限度地提供可以公开的政府信息，从而充分保障公众知情权的实现，是"公开为原则，不公开为例外"的具体落实；另一方面，其要求行政机关在保障公众知情权及公共利益的前提下选择对第三人权益损害最小的信息公开方式，是行政法比例原则的生动体现。

《最高人民法院关于审理政府信息公开行政案件若干问题的规定》第9条第3款规定："人民法院经审理认为被告不予公开的政府信息内容可以作区分处理的，应当判决被告限期公开可以公开的内容。"由此可见，法院负有对案涉政府信息可否区分处理及区分处理最终结果的实质性审查义务。然而，除涉国家秘密政府信息的区分处理外，[1]《政府信息公开条例》（2019）及相关法律文件并未对涉商业秘密、个人隐私政府信息区分处理的具体标准、具体方式、司法审查重点作出细化规定。立法的原则化既导致了法院进行司法审查的困境，也为行政机关推广适用区分处理原则设置了障碍，以《国家发展改革委2021年政府信息公开工作年度报告》为例，国家发改委2021年共收到政府信息公开申请1147件，适用区分处理原则部分公开的案件合计35件，其中涉及商业企业信息区分处理的只有2件。

实践中，涉商业秘密政府信息公开案件中适用信息区分处理原则的难点在于判断信息能否"区分处理"。所谓"区分"，是指不予公开信息可区别于其他可公开的信息；所谓"处理"，是指两种信息可以通过技术手段予以分离，具体包括整体处理与个别处理，前者指两类信息独立成体、可进行整体分割而选择性公开的情况，后者指两类信息交叉混合、无法整体分割而采取技术手段遮盖原件中不予公开信息的情况。信息区分处理原则存在两种豁免适用情形，其一，删除不得公开信息后，政府信息剩下的内容毫无意义。此时区分处理后部分公开，既对信息申请人毫无价值，又浪费了行政资源，缺

---

〔1〕《国务院办公厅关于施行〈中华人民共和国政府信息公开条例〉若干问题的意见》第3条第7项规定，对主要内容需要公众广泛知晓或参与，但其中部分内容涉及国家秘密的政府信息，应经法定程序解密并删除涉密内容后，予以公开。

乏适用区分处理原则的必要性。其二，公开任何一部分信息都可能导致他人推测出整个政府信息内容。此时区分处理会导致不予公开信息的泄密，该原则的核心目的已经落空，缺乏适用区分处理原则的正当性。[1]

（三）公益优先与公开优先原则

在公共利益与私人利益发生冲突时，私人利益往往有条件地受限于公共利益，此为公益优先原则。《政府信息公开条例》（2019）第15条规定，"涉及商业秘密、个人隐私等公开会对第三方合法权益造成损害的政府信息，行政机关不得公开。但是，第三方同意公开或者行政机关认为不公开会对公共利益造成重大影响的，予以公开"，该条文明确赋予了行政机关在涉商业秘密政府信息案件中进行利益衡量的权力，同时确立了公益优先原则。

全面而充分的利益解构是利益衡量的前提。在进行利益解构时，应当认识到利益的分类不是绝对的，个体利益变换视角后可能派生出公共利益。正如王敬波学者所言，信息公开领域的公共利益具有两面性，并不存在整体的、全局性的公共利益，实践中可能出现无论公开与否背后都有公共利益的情况。[2]可见，政府信息公开领域中的利益衡量不仅涉及公共利益与个体利益之间的衡量，还可能涉及公共利益与公共利益之间的衡量。

当信息公开只涉及公共利益与个体利益之间的衡量时，公益优先原则发挥主要作用。从域外立法例来看，公益优先原则所要求的公益超越私益程度有一般超越与明显超越两类。前者如日本、印度，规定只要公开的公共利益超越个体利益，就可以公开信息；后者如南非、加拿大，规定只有公开的公共利益超越个体利益达到"明显"程度时，才可以公开信息。从我国条例原文来看，"重大影响"更接近于明显超越，即强调只有公共利益明显或绝对大于个体利益时，才公开相关信息。当信息公开涉及公共利益与公共利益之间的衡量时，公益优先原则不足以解决问题，要对公开与否背后的公共利益进行衡量的基础上辅助以公开优先原则进行判断。首先，要预测公开信息可能产生的后果，借此对公开与否背后的公共利益进行揭示和衡量，具有超越性价值的公共利益优先。以苏格兰水费信息公开案为例，信息申请人要求公开

---

〔1〕 梁艺："信息公开中区分处理规则的适用分析与检讨"，载《中国行政管理》2021年第3期。
〔2〕 王敬波："政府信息公开中的公共利益衡量"，载《中国社会科学》2014年第9期。

苏格兰水务公司用于收取家庭和废水费用的每个设备的清单。信息专员认为，公开相关信息背后为监督公共资金使用、提高公众参与及决策积极性的公共利益；不公开相关信息背后除了有商业秘密权利人个体利益，还有避免水费涨价的公共利益。经过权衡，信息专员最终认定支持公开的公共利益没有超越不公开的公共利益，决定不公开相关信息。[1]其次，在公开与否背后都涉及公共利益且两者处于势均力敌状态以致无法作出选择时，要根据政府信息公开制度的立法目的进一步具象化提取出公开优先原则，即支持信息公开所体现的公共利益优先。

综上，公益优先与公开优先原则为行政机关与司法机关在涉商业秘密政府信息公开案件中进行公共利益与个体利益、公共利益与公共利益之间的衡量发挥了不可替代的作用，且两者之间逐层递进、相辅相成、不可偏废。

【后续影响及借鉴意义】

中晨公司案是一起典型的涉商业秘密政府信息公开案件，法院在《政府信息公开条例》（2019）中未对商业秘密进行明确定义的情况下，尝试援用《反不正当竞争法》对商业秘密进行界定，避免了无法可依的尴尬局面。在认定案涉信息属于涉商业秘密政府信息后，法院以程序正当原则、信息区分处理原则、公益优先与公开优先原则为依据对本案进行了较为细致的司法审查，构建了涉商业秘密政府信息司法审查中利益衡量的具体标准，亦为行政机关开展涉商业秘密政府信息公开工作提供了参考。

然而，本案对涉商业秘密信息公开疑难案件的参考价值相对有限。在涉商业秘密政府信息的识别方面，二审法院与最高人民法院直接以《反不正当竞争法》对商业秘密的定义来界定涉商业秘密政府信息，且未曾论及政府信息公开语境下商业秘密外延的特殊性，存在不当适用豁免公开条款、过度限制公民知情权的风险。在涉商业秘密信息司法审查标准方面，由于案涉政府信息并不复杂，本案信息是否属于可区分处理信息、是否关涉公共利益较容易判断，利益衡量难度相对较小，故法院并未对相关利益衡量方法作出更为细致且具有参考性的说明。

---

[1] 王敬波："政府信息公开中的公共利益衡量"，载《中国社会科学》2014年第9期。

本案审理后不久，部分法院认识到直接援用《反不正当竞争法》对商业秘密的定义，将导致对商业秘密的认定趋于宽泛化，进而引起政府信息公开制度虚化的风险。浙江省高级人民法院法官张榆在对平湖市新埭镇政府信息公开案评析时就指出，政府信息公开语境下商业秘密内涵应作限缩解释，企业的经营信用信息、行政机关制作的信息、对企业经济利益无直接影响的信息应当被排除至豁免公开范围以外。[1]也有部分法院尝试结合程序正当原则、信息区分处理原则、公益优先与公开优先原则梳理行政机关在涉商业秘密政府信息案件中的具体审查职责，以此为据进行司法审查。北京市石景山区人民法院法官滕恩荣就指出行政主体在涉商业秘密政府信息公开中，应当通过六个步骤履行审慎审查职责。[2]可见，涉商业秘密政府信息的识别及司法审查标准正在不断探索与完善之中。

（指导老师：张力　中国政法大学法学院副教授）

---

〔1〕　张榆："搬迁补偿协议不属于不予公开的商业秘密"，载《人民法院报》2020年4月16日，第6版。

〔2〕　滕恩荣："涉商业秘密政府信息公开工作的审查职责"，载《人民司法》2018年第31期。

案例七　公民知情权与公民隐私权冲突的处理规则
——齐明喜诉上海市松江区人民政府等复议案

李慧莹*

【案例名称】

齐明喜诉上海市松江区人民政府等复议案［最高人民法院（2017）最高法行申 311 号行政裁定书］

【关键词】

隐私权　信息隐私权　公共利益　比例原则

【基本案情】

2015 年 3 月 5 日，齐明喜向上海市松江区人民政府提出申请，要求获取沪松府强拆决字（2013）第 3 号文件，即松江住房局对他人作出的《当场拆除违法建筑决定书》（以下简称涉案信息）。同月 25 日，松江区人民政府作出延期告知书并于次日寄送齐明喜，并告知齐明喜：根据 2010 年《上海市政府信息公开规定》第 26 条的规定，经本机关信息公开机构负责人同意，延期到 2015 年 4 月 17 日前予以答复。松江区人民政府于 2015 年 4 月 16 日作出编号为松信公开（2015）16 号政府信息公开申请告知书（以下简称被诉告知），告知齐明喜："您要求获取的信息属于政府信息公开范围，现提供给您查收。"松江区人民政府提供给齐明喜的涉案信息中，保留当事人姓氏，隐去其名字，

＊　作者简介：李慧莹，中国政法大学法学院宪法学与行政法学专业 2021 级硕士研究生。

隐去其住所及违法建筑的具体地址（隐去具体路名及门牌号，表述为上海市松江区），其余内容不变。

齐明喜不服被诉告知，于2015年5月8日向上海市人民政府提起行政复议。松江区人民政府在行政复议答复书中称，涉案信息中部分内容涉及个人隐私，因此在向齐明喜提供政府信息时，隐去了相关当事人的名字及具体地址。2015年7月7日，上海市人民政府作出行政复议延长审理期限通知书并寄送齐明喜。2015年7月30日，上海市人民政府作出沪府复字（2015）第274号行政复议决定（以下简称被诉复议决定），认为：松江区人民政府告知齐明喜相关信息属于公开范围，并在隐去个人隐私内容后向齐明喜作了提供，符合政府信息公开相关规定，维持了被诉告知。齐明喜收到复议决定书后不服，提起诉讼，要求撤销松江区人民政府作出的被诉告知及上海市人民政府作出的被诉复议决定，并判令松江区人民政府限期公开完整信息。一审法院另查明，涉案信息涉及的当事人系自然人，其个人住所与违法建筑的具体地址一致，其他内容与被诉告知所公开的信息内容一致。

上海市第三中级人民法院于2016年2月16日作出（2015）沪三中行初字第166号行政判决，驳回齐明喜的诉讼请求。齐明喜不服，向上海市高级人民法院提起上诉，上海市高级人民法院于2016年6月30日作出（2016）沪行终423号行政判决，驳回上诉，维持一审判决。

齐明喜仍不服，在法定期限内向最高人民法院申请再审，请求撤销一审、二审判决，径直依一审诉请改判。其申请再审的事实与理由为：（1）一审、二审判决关于"个人隐私"的认定错误。违法建筑的地址本身就不具有隐私可言，即使涉及个人隐私，在违法建筑对社会公众利益造成侵害的情况下，也不应当对个人隐私进行保护。再审申请人于2016年3月31日向上海市松江区新桥镇人民政府申请了关于15户违法建筑地址的政府信息公开，上海市松江区新桥镇人民政府于2016年9月21日把15户违法建筑的地址告知了再审申请人。违法建筑的地址不存在个人隐私，否则人民群众无法监督。（2）一审、二审判决认定"第三方意见"适用法律错误。（3）一审、二审判决认定"负责人批准"事实错误。延期审批是法定的，松江区人民政府、上海市人民政府没有提供相应的审批文件。（4）被诉复议决定认定事实错误。被诉复议决定把齐明喜不服松江区人民政府作出的22份告知行为一并审理，并作出一个复议决定，不符合行政复议法的规定。2017 年 3 月 29 日，最高人民法院驳回再审申请人齐明喜的再审申请。

与本案相关的法律条款包括：

《政府信息公开条例》（2019）[1] 第 32 条规定：依申请公开的政府信息公开会损害第三方合法权益的，行政机关应当书面征求第三方的意见。第三方应当自收到征求意见书之日起 15 个工作日内提出意见。第三方逾期未提出意见的，由行政机关依照本条例的规定决定是否公开。第三方不同意公开且有合理理由的，行政机关不予公开。行政机关认为不公开可能对公共利益造成重大影响的，可以决定予以公开，并将决定公开的政府信息内容和理由书面告知第三方。

《政府信息公开条例》（2019）第 37 条规定：申请公开的信息中含有不应当公开或者不属于政府信息的内容，但是能够作区分处理的，行政机关应当向申请人提供可以公开的政府信息内容，并对不予公开的内容说明理由。

【裁判宗旨】

公民、法人和其他组织有权依法获取政府信息。对申请公开的政府信息，行政机关应根据相关规定作出答复。在公开相关信息可能侵害第三方合法权益时，行政机关应根据比例原则，作出适当处理，以取得与同样受法律保护的其他权利之间的平衡。根据行政强制法的规定，强制执行决定是行政机关依法作出行政决定后，当事人在规定的期限内不履行义务的，具有行政强制执行权的机关依照行政强制法的相关规定作出的行政行为。

行政机关对隐私权范围的界定与区分处理，属于行政机关基于行政管理实践与行政管理相对人合法权益的综合判断，属于行政机关自由裁量权范畴，除非行政决定明显不当，否则人民法院应尊重行政机关的判断。

【裁判理由与论证】

本案存在两个争议焦点：（1）涉案信息中所隐去的相关内容是否属于个

---

[1] 本案历审裁判文书中援引的《政府信息公开条例》均为 2007 年公布版本，本文简称为《政府信息公开条例》；对 2019 年修订的《政府信息公开条例》，本文简称为《政府信息公开条例》（2019）。

人隐私，是否因不公开可能对公共利益造成重大影响而应当予以公开；（2）如涉及个人隐私，松江区人民政府未书面征求第三方意见而直接作区分处理是否符合法律规定。对此，一审法院、二审法院和最高人民法院的论证理由如下。

一、关于涉案告知隐去部分内容是否合法的问题

一审、二审法院认为，个人隐私是指公民个人生活中不愿为他人公开或者知悉的秘密，一般包括姓名、肖像、住所、电话号码、家庭情况、亲属关系以及教育、职业、收入等信息。本案中，齐明喜申请公开的涉案信息为强制拆除违法建筑决定书，该文书中所包含的当事人的姓名、住所属于个人隐私。由于当事人的违法建筑具体地址就是其住所，松江区人民政府将违法建筑具体地址视作个人隐私，并无不当。需要指出，新闻报道不是行政行为，强拆程序中针对行政相对人而作出的有关公告、通告，仅限于特定阶段、特定范围，而通过政府信息公开途径获取相关政府信息时，必须考虑到政府信息公开的制度设计要求，当政府信息涉及个人隐私时应依法予以保护。齐明喜将三者混同认为涉案信息中被隐去的相关内容不属于个人隐私的诉讼意见，不予采信。本案中，齐明喜出于监督违法建筑查处的目的申请政府信息公开，其初衷虽可理解，但仍需尊重并遵守政府信息公开相关法律法规的规定。本案所涉及的事实，并不存在因被隐去的相关内容不公开可能对公共利益造成重大影响而应当予以公开的法定情形。齐明喜坚持认为即使是个人隐私也应当公开的诉讼意见，于法无据。

最高人民法院认为该问题实质上涉及了保障公众知情权与保护公民隐私权两者发生冲突时的处理规则。公民、法人和其他组织有权依法获取政府信息。对申请公开的政府信息，行政机关应根据相关规定作出答复。在公开相关信息可能侵害第三方合法权益时，行政机关应根据比例原则，作出适当处理，以取得与同样受法律保护的其他权利之间的平衡。根据行政强制法的规定，强制执行决定是行政机关依法作出行政决定后，当事人在规定的期限内不履行义务的，具有行政强制执行权的机关依照行政强制法的相关规定作出的行政行为。具体到本案中，齐明喜要求获取行政机关针对第三方作出强制执行决定的文件。首先，涉案信息所涉行政行为不涉及齐明喜，并未侵害齐

明喜的个人合法权益。其次，公开涉案信息中隐去的内容，可能会给相关权利人造成潜在的损害，并且隐去部分信息，未侵害齐明喜获取政府信息的权利，亦与行政机关依法行政不存在关联性。所以，松江区人民政府把涉案信息作出区分，将涉案违法建筑地址等与相关个人存在紧密联系的部分作为个人隐私隐去，公开涉案信息其余部分，并不违反法律规定。行政机关对隐私权范围的界定与区分处理，属行政机关基于行政管理实践与行政管理相对人合法权益的综合判断，属于行政机关自由裁量权范畴，除非行政判断明显不当，否则人民法院应尊重行政机关的判断。

二、关于松江区人民政府未征求第三方意见，即将相关信息以涉及个人隐私为由不予公开是否合法的问题

《政府信息公开条例》（2019）第 32 条规定的"征求第三方的意见"，一般是指，申请公开的信息全部或主要内容涉及商业秘密、个人隐私，公开后可能损害第三方合法权益的情形。鉴于行政机关既要保障政府信息公开申请人的知情权，也要保护第三方的合法权益，因此，被申请公开的信息是否应予公开，行政机关应征求第三方意见。如果政府信息公开申请人申请的政府信息只有一部分或非主要内容涉及商业秘密或者个人隐私，行政机关可以根据《政府信息公开条例》（2019）第 37 条的规定，作出区分处理后，径行作出告知，而无须征求第三方意见后再予答复。最高人民法院认为，这样的处理既能够保障政府信息公开申请人在最短时间内获取有效信息，又有效保护了第三方合法权益，还节约了行政资源。本案中，松江区人民政府将涉案信息直接作区分处理后公开，并不违反相关规定。

【涉及的重要理论问题】

本案涉及当行政强制执行决定涉及个人隐私信息时是否予以公开的情况。本文首先对隐私权加以界定，着重论述了隐私的概念、隐私权与个人信息权的区分和政府信息公开下的隐私权。接着分析政府信息公开中知情权与隐私权冲突的原因及司法实践中经常出现的六种主要冲突类型。最后从强制公开个人隐私信息的实体制约、强制公开个人隐私信息的程序制约和司法审查的标准论述政府信息公开中知情权与隐私权该如何平衡。

一、隐私权的界定

（一）隐私的概念

《民法典》第 1032 条第 2 款规定了自然人隐私的范围。[1]而学界对于"隐私"的概念界定说法不一，主要有信息说、私生活秘密说等观点。信息说认为，隐私为不愿被外人知晓和使用的个人信息。例如，人体的私密部位是人身体的物质性组成部分，并不算隐私。再如，银行存款本身不是隐私，而账户中的存款信息为隐私。法经济学派学者波斯纳认为隐私是人们为了一己私利，隐瞒对自己不利的事实而形成的秘密信息。[2]私生活秘密说认为，隐私是不愿告人或不为人知的生活中的信息，[3]也可称为"生活秘密"。[4]学者吕光认为隐私即隐秘而不予公开。不过此种观点的反对者认为此种界定会缩小隐私的范围，如果把隐私定义为"生活秘密"，那么一旦这个秘密被泄露出去或者被公之于众，那"秘密性"就丧失了，后续将无法继续作为隐私来保护。学界通说认为，隐私是一种与公共利益、群体利益无关，当事人不愿他人知道或他人不便知道的个人信息、个人私事、个人领域。[5]学者梁慧星持此种观点，但他同时也认为，隐私与公共利益密不可分。在实践中，许多个人信息、事务或领域之所以具有隐私价值，正是因为其与公共利益、集体利益密不可分，如向希望工程或红十字会等公益组织匿名捐款等。这种情况下隐私与公共利益有关，这与隐私本身的成立并不矛盾。[6]

（二）隐私权和个人信息权

《民法典》第 1032 条第 1 款、第 111 条分别规定了自然人的隐私权和自然人的个人信息受法律保护。隐私权概念的界定离不开对其与个人信息权边界的划分，这是许多国家在规定隐私权时都避不开的问题。欧洲法模式以制

---

〔1〕　《民法典》第 1032 条第 2 款规定："隐私是自然人的私人生活安宁和不愿为他人知晓的私密空间、私密活动、私密信息。"

〔2〕　参见［美］理查德·波斯纳：《法律的经济分析》，蒋兆康译，法律出版社 2012 年版，第 351 页。

〔3〕　参见王利明：《人格权法》，中国人民大学出版社 2009 年版，第 147 页。

〔4〕　参见张俊浩主编：《民法学原理》，中国政法大学出版社 1997 年版，第 155 页。

〔5〕　参见梁慧星、廖新仲："隐私的本质与隐私权的概念"，载《人民司法》2003 年第 4 期。

〔6〕　参见梁慧星、廖新仲："隐私的本质与隐私权的概念"，载《人民司法》2003 年第 4 期。

定统一的个人信息保护法为特征对隐私权加以保护，美国法模式关于个人信息保护的立法较为分散，隐私权的范围囊括了名誉权、肖像权等人格权，很多学者把隐私权解释为对个人信息的控制；而大陆法系的隐私权则是一项具体的人格权，与其他人格权并列。我国通说认为隐私与个人信息本质上既有联系，又有不同。

隐私权和个人信息权的相似性表现为，首先，二者的权利主体都仅限于自然人，不包括法人；其次，都体现了个人对其私人生活拥有自主决定权，维护了人格尊严和人格自由；最后，二者的侵害后果存在竞合，随意散播尚未公开的私密个人信息会对个人隐私造成侵犯，侵权人侵犯隐私权的主要方式为披露或泄露个人信息。[1]

隐私权与个人信息权具有密切的联系，但同时二者在性质、客体等方面又存在较大区别。

在权利的客体上，首先，二者的表现形式不同，个人信息主要以信息形态表现出来，而隐私不仅可通过信息呈现，也可通过个人私生活、个人秘密活动等体现。其次，个人信息注重身份的识别性，强调个体差异，而隐私着重于一切归属于个人的带有秘密属性的事物、行为等。最后，个人信息比个人隐私与国家安全的联系更为密切。

在权利内容的界分上，隐私权的内容是保护个人私生活的安宁，私人秘密不被泄露等，对隐私权的侵害包括非法披露和对私生活的骚扰，而个人信息权是对个人信息的支配和自主决定，既包括个人对其信息被收集、利用的知情权，也包括决定使用或者授权他人使用的权利。

在保护方式的界分上，首先，当个人隐私受到侵害时，主要通过精神损害赔偿的方式进行救济，而个人信息的保护也可以通过财产损害赔偿。其次，对隐私权的保护主要是通过法律的方式进行的，而对个人信息的保护方式手段则多种多样。最后，对于个人信息的保护应当着眼于事先预防，对于隐私的保护应当注重事后救济。

在权利属性的界分上，隐私权主要是一种具有精神价值的人格权，很少

---

[1] 参见王利明："论个人信息权的法律保护——以个人信息权与隐私权的界分为中心"，载《现代法学》2013 年第 4 期。

体现出其财产价值。而个人信息权既包括精神价值也包括财产价值，是一种综合性权利。除此之外，隐私权属于消极防御权利，只有受到侵害的情况下才能寻求救济，而个人信息权更多地被认为是一种信息自决权，是一种主动权利。

（三）政府信息公开中的隐私权

《政府信息公开条例》将个人隐私作为政府信息公开的例外事项予以规定，有的学者认为豁免公开的个人隐私实质上是信息隐私权，即"行政机关在行政行为过程中所保管的档案、记录中与自然人相关的隐私性个人信息，本质上是信息隐私，是以信息形态存在的个人隐私，或者说是个人隐私中个人视为隐私的信息"。[1]信息隐私权的概念最早来自美国法，包含自决隐私、空间隐私和信息隐私三大类。美国法中个人信息保护被纳入隐私权的保护范畴，信息隐私权来源于隐私权的概念，是隐私权在信息社会发展下的时代产物。接着，这种观点进一步发展，隐私权不再局限于禁止未经权利人同意向他人公开其个人信息，也包括权利人有权控制其个人信息，从一种消极防御权利向主动积极权利转变。这一概念对大陆法系国家也产生了较大影响，对于隐私权的认识从消极独处的权利，扩展为积极的信息自决权，这一变化主要是因为随着社会信息化程度提高，传统的消极隐私权已经不能很好地保护个人信息。在我国政府信息公开语境下的个人隐私属于信息隐私，既具有个人信息的识别性的特征，也具有隐私的非公开性的特征，不仅包括信息公开，还囊括信息保护，符合政府信息公开例外事项协调公民知情权和公民隐私权冲突的目的。

二、政府信息公开中知情权与隐私权的冲突

（一）知情权与隐私权的高低位阶

私法与公法对于知情权与隐私权之间位阶高低的态度截然不同。民法学界的多数研究认为隐私权要让位于知情权，主要考量因素是公共利益，如有学者认为，"个人隐私原则上受法律保护，但如果涉及社会政治利益及公共利

---

〔1〕　参见徐丽枝：《政府信息公开中的个人隐私保护问题研究》，法律出版社 2019 年版，第 52 页。

益则要区别情况加以对待"，[1]"当公权利范畴内的知情权（知政权）与隐私权冲突时，应采用社会公共利益优先原则，保护知情权，限制隐私权。这是因为权利本位并不等于以个人利益为本位。当社会公共利益与个人权利发生矛盾时，为了社会公共利益，一些个人权利是可以被限制或否定的"。[2]而公法学界的态度恰恰相反，认为"隐私权应当是一个固若金汤的城堡，知情权必须臣服于隐私权"，[3]"满足一般民众兴趣的知情权并非要以牺牲一般人的隐私权为代价，知情权总不能建立在一个普通人（非官员和公众人士）的痛苦之上"。[4]

（二）冲突产生的原因

1. 直接原因

法律规范界定权利的边界，但是随着社会环境的不断发展，越来越多新兴权利不断涌现，个人权利的类型逐渐多样化，范围趋于广泛化，以往黑白分明的简单权利模式已经逐渐变得模糊，对于法律规范解释路径趋于多元化，司法机关自由裁量权的扩大使得权利的边界变得更加不确定。同时，由于社会的发展变化，滞后的成文法对于某些权利的界定显得不合时宜，而立法者的立场也不断发生改变，所以产生了矛盾和冲突。

2. 根本原因

权利冲突产生的根本原因是利益和义务的冲突。政府信息公开中知情权和隐私权的冲突是因为在政府信息公开中，信息公开申请人要求公开的信息包含了他人的信息隐私，此时公民的知情权要求政府公开信息，而公民的隐私权却要求政府保护其个人隐私，因此政府只能在二者之间进行权衡。不过这并不意味着两种利益之间一定是非此即彼，一种得到多大程度的满足另一种一定会受到同等程度损害的关系。权利冲突是一个动态平衡的过程，而我们所追求的便是在具体的情境中将对权利的限制降到最低，或者是将权利人

---

[1] 参见张新宝："隐私权研究"，载《法学研究》1990年第3期。

[2] 参见翁国民、汪成红："论隐私权与知情权的冲突"，载《浙江大学学报（人文社会科学版）》2002年第2期。

[3] 参见章剑生："知情权及其保障———以《政府信息公开条例》为例"，载《中国法学》2008年第4期。

[4] 参见郝铁川："交通违章记录见报：侵犯个人隐私"，载《新闻记者》2000年第3期。

利益受到的损害降到最低。

（三）主要类型

政府信息公开中知情权和隐私权产生冲突的根本原因是利益和义务的冲突，而在实践中，这种冲突又因行政行为的不同而表现为不同的类型，以下对常见的六种政府信息进行归纳。

1. 行政强制信息的公开

本案是一起典型的行政强制执行信息涉及个人隐私申请人要求公开的案例。《政府信息公开条例》规定了对于行政强制的依据、条件、程序，行政机关应当主动公开，行政强制信息不包含在内。笔者认为，在行政执法领域没有其他法律文件明确规定行政机关信息公开义务的情况下，行政强制信息的公开应当属于依申请公开的范围，如果行政强制信息涉及个人隐私，行政机关应当拥有一定的裁量权，但是裁量权的行使需要受到比例原则的限制以及向第三方征求意见程序的约束。

2. 行政处罚信息的公开

实践中申请行政处罚信息公开的情况也经常发生，如严某向余杭执法局申请公开某街道在建违法工程的《行政处罚决定书》及作出该决定书的证据材料，执法局以作出处罚的案卷材料涉及被调查人的个人信息且权利人不同意公开为由拒绝公开。法院认为，执法局若认为证据材料中存在被调查人个人信息不宜公开的，可采取区分处理，其以此为由对全部证据材料不予公开，违反法律规定，判决重新作出答复。[1]

对于行政处罚是否公开争议较大，认为其应当公开的理由有三个：一是认为行政处罚公证、公开的原则应当贯穿行政处罚全过程；二是认为行政处罚属于应当主动公开的信息；三是认为公开行政处罚决定是声誉罚，公开行政处罚决定本身也是一种行政处罚。[2]反对的理由包括行政处罚公开会给相对人的隐私权、名誉权带来不可逆的影响，是一种变相二次处罚。行政机关应当根据与公共利益的关联度决定是否公开及公开内容。

---

〔1〕　参见浙江省杭州市中级人民法院（2015）浙杭行终字第 209 号行政判决书。

〔2〕　参见熊樟林："行政处罚决定为何不需要全部公开？——新《行政处罚法》第 48 条的正当性解释"，载《苏州大学学报（哲学社会科学版）》2021 年第 6 期。

3. 行政给付信息的公开

在"杨政权诉山东省肥城市房产管理局案"中，对于申请保障性住房人提交的材料信息是否属于个人隐私的范畴是本案的焦点问题。为了缓和二者之间的矛盾，最恰当的做法是应当以当代公法原理为基础，遵守平衡原则、比例原则，尊重公民的人格尊严，从而最终确定是否公开。本案法院最终认为保障性住房申请人既然享受了住房利益，理应维护公共利益，让渡部分个人信息。[1] 行政给付遵循公平公正的原则，此类信息公开，主要关注的是行政相对人的资格和公共资金的使用去向，[2] 同时应当将申请人在获得行政给付后所能获得的利益纳入考量范围。

4. 房屋征收拆迁补偿结果信息的公开

张某向如皋市某管委会申请公开所辖某村拆迁补偿款发放使用情况。管委会答复称申请的该信息涉及个人隐私，因权利人不同意公开，故不予公开。张某不服该答复，向法院提起行政诉讼。[3] 合议庭形成了两种意见：一是认为，该信息涉及个人隐私，应予以保护；二是认为，该信息不属于个人隐私，应予以公开。终审判决采取第二种观点，隐私权是自然人享有的对其个人的、与公共利益无关的个人信息、私人活动和私有领域进行支配的一种人格权，且公民个人有权对其个人信息进行处分，对于他人在何种程度上可以介入自己的私生活，对自己是否向他人公开隐私以及公开的范围和程度等具有决定权。由此可见，房屋拆迁补偿款发放使用情况不涉及特定公民的个人信息，明显不属于个人隐私，管委会作出不予公开的答复明显不当，结合《政府信息公开条例》的立法目的来看，征地拆迁补偿等信息更应倾向于公开。

5. 税务资料、工商登记、婚姻登记等行政管理需要的个人信息的公开

《税收征收管理法》《纳税人涉税保密信息管理暂行办法》中规定了纳税人有要求税务机关对其相关的涉税信息保密的权利，[4] 而《政府信息公开条例》（2019）则明确了公民申请政府信息公开的权利，是否将相关涉税信息公

---

[1] 参见山东省泰安市中级人民法院（2019）鲁09行终258号行政判决书。

[2] 参见白雅丽："政府信息公开案件隐私权问题的实证分析与完善思路"，载《法律适用》2020年第5期。

[3] 江苏省南通市中级人民法院（2015）通中行终字第00272号行政判决书。

[4] 《税收征收管理法》第8条第2款和《纳税人涉税保密信息管理暂行办法》第3条。

开给第三人或其他职能部门，给税务机关带来了法律适用上的困惑，易造成执法风险。[1]对于税务资料、工商登记、婚姻登记等行政机关为了履行职责而收集的个人隐私信息，在使用过程中应当受到行政机关管理职权行使的目的限制，尽管行政机关掌握这些信息，但不能超出履行行政管理职责的需要而对其进行二次利用，不能向其他行政相对人公布。《婚姻登记档案管理办法》规定档案保管部门需要确认申请人目的，申请人应当符合利益相关人的条件，申请获知的内容也不能损害当事人的隐私权。行政机关对于个人隐私权的保护亦不能对抗司法权力运行过程中对相关资料的使用。

6. 公职人员信息的公开

一方面，政府雇用具体行使国家公权力的公职人员之前必须了解其是否能够很好地履行职能；另一方面，政府负有保障公众知情权的义务，公众有权获悉与公权力相关的信息，而公职人员需要受到公众的社会监督，因此其包括财产状况等在内的个人信息都会成为公众关心的内容。政府公职人员因其职位获得了社会尊重以及物质待遇，其个人隐私适用适度克减保护原则，对于与执行职务有密切联系、涉及公共利益的信息应公开，从而防止腐败，具有较高的社会政治和公共利益价值，而其他的信息应当受到保护。

三、政府信息公开中知情权与隐私权的平衡

（一）强制公开个人隐私信息的实体制约

1. 公益和私益的衡量

公共利益是不确定的法律概念，主要由于其内容的不确定与受益对象的不确定。而政府信息公开中，政府通过保障公民的知情权能够促进公共利益，公共利益成为限制隐私权保护的法定依据，但如果不能够很好地保护公民的隐私权，公民难免担心自己的隐私被泄露，会对政府失去信任，不敢提供自己的真实信息，这将不利于政府履行管理职能，最终损害公共利益。因此，当公共利益与个人隐私利益发生冲突时，公共利益不是绝对的，它应当对个人隐私予以一定的尊重。

---

[1] 参见易卫中、万佳倩："试论纳税人信息隐私权保护的风险与防范"，载《税务研究》2021年第8期。

主动公开和依申请公开对于公益和私益的权衡不同，主动公开的事项与公共利益关联程度更高，所以在权衡的时候应当更偏重保护公众知情权和公共利益，而依申请公开则更应侧重保护公众的隐私权，或者对申请人苛以更高的说明义务来证明会对公共利益造成重大影响。个人信息与执法行为的相关性也会影响到公益和私益的权衡。

2. 比例原则和区分原则

比例原则是控制行政自由裁量的重要工具，它为个人公共利益和私人利益之间的权衡提供了一种分析思路。首先，信息公开的目的必须有助于更好地保障公民知情权和公共利益的实现，但并不要求目的和手段必须一一对应；其次，在维护公民知情权所有可供选择的方式中，对于隐私权的保护进行克减是必需的，并且在相同有效地能够达到目标的诸多手段中，要选择对隐私权侵害最小的手段。这其中的难点在于如何判断"最小"，实际上是要在穷尽所有可能性后作出判断，而现实中是没办法穷尽的，我们只能在已知所有可能性中进行判断；最后，侵犯个人隐私权所保护的公共利益远大于个人隐私利益，即使是以公共利益为目的，公权力在行使的过程中也不能给公民带来过重负担。

而区分原则是行政机关处理信息公开申请的重要方法，即运用信息分割技术，将部分涉及第三方个人隐私的信息打"马赛克"，将能够公开的信息予以公开。对于区分原则更多地适用于依申请公开，因为对于主动公开的信息，行政机关仅对涉及隐私的信息有裁量权，其余的信息必须全部公开，依申请公开的情况下，行政机关的裁量权更大，存在全部公开、部分公开和不公开三种情况。

（二）强制公开个人隐私信息的程序制约

虽然《政府信息公开条例》（2019）规定了征求意见和通知程序，但是仍存在一些问题：一是可能出现第三方地址不明或地址变更导致无法送达的情况；二是对于第三方逾期未提出意见的情况没有作出具体规定，实践中行政机关多抱着谨慎的态度推定为不同意；三是《政府信息公开条例》（2019）没有规定在什么情况下行政机关可以不向第三方征询意见，这就导致在实践中出现对于行政机关没有征询意见的情况法院该如何判断其合法性的问题，这也是齐明喜诉上海市松江区人民政府等复议案的争议焦点问题之一；四是在行政实践中，由于行政机关害怕承担公开后可能带来的隐私披露造成的危害，采取十分谨慎的态度，最终形成只要第三人不同意公开则认定不予公开的情况。为了进一步完善征询意见程序，有学者提出："采行拟公开决定后的征询意见程序、确立正式公开决定前的听证程序、确立公开决定的作出与公开决定的执行相分离的制度、明确规定救济期间公开决定中止执行的制度。"[1] 也有学者提出可以从"个人隐私在政府信息公开中所占比例及程度"[2] 进行切入，如果申请公开的信息主体内容或主要部分涉及个人隐私，那么行政机关不征询意见而直接作出决定将不利于保障公民隐私权；或者可以在立法上将征询程序分为强制性征询程序和任意性征询程序，从而对于行政机关的自由裁量权进行合理控制。

（三）司法审查的标准

学者董妍根据例外事项产生的基础和程度不同，将政府信息公开例外规则由高到低划分为三个层次，并且针对不同层次提出了不同的司法审查标准，个人隐私属于第二层次，即关乎第三方利益的例外，审查时主要以利益衡量为基本原则，[3] 司法机关在进行审查时应当在听取双方要求公开或不公开的理由的基础上，分析冲突产生的原因、背景以及各方权利背后的利益价值，穷尽一切可能出现的结果，权衡利弊，最终作出价值判断，但是利益衡量仅局限于个案，具体问题需具体分析。利益衡量虽然本质上是价值判断问题，但仍是一种以法律为依据的考量，对于涉及公共利益具有紧迫性、重大性的情况，法院应当尊重行政机关的自由裁量权。

【后续影响及借鉴意义】

现在已经进入信息社会，政府由于职责所在，其行为关涉公民知情权和隐私权的保障，而"个人隐私""公共利益"等法律概念的不确定性给予了

---

〔1〕 参见杨登峰："政府强制公开第三人信息程序之完善"，载《法学》2015 年第 10 期。

〔2〕 参见白雅丽："政府信息公开案件隐私权问题的实证分析与完善思路"，载《法律适用》2020 年第 5 期。

〔3〕 参见董妍："政府信息公开例外规则的层次及其司法审查"，载《石河子大学学报（哲学社会科学版）》2015 年第 3 期。

行政机关较大的自由裁量余地，可能造成行政机关滥用权力，侵害公民的合法权益。本案为一起典型的知情权和隐私权冲突的案件，法院对行政机关自身的专业技术予以合理尊重，又利用比例原则和区分技术对公民的隐私权和知情权予以保障，从而约束行政权力的行使，不纠结于明确法律不确定概念的内涵，而是通过基本原则和具体程序的共同规范作用，有效协调政府信息公开中知情权与隐私权的冲突关系，这为处理此类案件提供了借鉴意义。

本案中存在的问题也值得我们进一步思考。《政府信息公开条例》（2019年）只规定了行政机关应当在何种情况下向第三方征询意见，但没有规定什么时候行政机关可以不向第三方征询意见，这也造成了本案中争议焦点二，即行政机关未经征询第三方意见而径行作出决定的合法性问题。本案中虽然法院尊重行政机关的自由裁量权，支持了行政机关的决定，但是这种尊重是否合理，我们是否应当对于行政机关不向第三方征询意见的合法性设置一定的标准，如区分个人隐私信息是否属于申请公开内容的主体部分，或者规定强制征询意见程序和任意征询意见程序，这种区分对我国信息公开制度构建具有重大意义。

（指导老师：张冬阳　中国政法大学法学院讲师）

案例八 涉个人隐私政府信息的公开规则与程序

——刘某等诉河南省濮阳县人民政府信息公开案

刘奕彤 *

【案例名称】

刘某等诉河南省濮阳县人民政府信息公开案［最高人民法院（2018）最高法行再 180 号行政判决书］

【关键词】

信息公开　隐私权　知情权　征求第三人意见程序

【基本案情】

濮阳市中级人民法院一审查明：2017 年 1 月 17 日，濮阳县人民政府按照濮阳市中级人民法院（2016）豫 09 行初 190 号行政判决，对刘某等申请公开的"红旗路东延建设项目涉及的濮阳县××镇铁炉村所有村民的土地征收补偿费用发放情况的具体明细""红旗路东延建设项目涉及的濮阳县××镇铁炉村所有村民的土地征收补助费用发放情况的具体明细"等政府信息作出《关于刘某等三人政府信息公开申请的答复》，对涉及刘某等三户的相关政府信息进行了公开，于 2017 年 1 月 20 日送达刘某等。濮阳县人民政府在《关于刘某等三人政府信息公开申请的答复》中称，刘某等申请获取的前两项政府信息系部分公开范围，除刘某等外其他村民房屋拆迁补偿费用发放情况明细的内

* 作者简介：刘奕彤，中国政法大学法学院宪法学与行政法学专业 2021 级硕士研究生。

容系个人隐私或者公开可能导致对个人隐私权造成不当侵害的政府信息。根据《政府信息公开条例》[1] 第 14 条、第 22 条的规定，对该部分信息不予公开。刘某等三户房屋拆迁补偿费用发放情况，将以纸质方式向刘某等提供。刘某等申请获取的"红旗路东延建设项目涉及的濮阳县××镇铁炉村所有村民的土地征收补助费用发放情况的具体明细""红旗路东延建设项目涉及的濮阳县××镇铁炉村所有村民的房屋拆迁补助费用发放情况的具体明细"的政府信息不存在。

刘某等不服，提起诉讼，请求：撤销濮阳县人民政府于 2017 年 1 月 17 日作出的答复；责令濮阳县人民政府对刘某等所申请的前述两项信息依法公开。

河南省濮阳市中级人民法院一审认为，刘某等申请公开其他村民的信息不属于其生产、生活、科研等需要，故县人民政府做法正确。根据《行政诉讼法》第 69 条的规定，作出（2017）豫 09 行初 15 号行政判决，驳回刘某等的诉讼请求。

河南省高级人民法院二审认为：双方争议的主要问题是濮阳县人民政府是否应当向刘某等公开其他村民土地征收补偿费用、房屋拆迁补偿费用发放情况的具体明细。根据《政府信息公开条例》第 13 条的规定，对于除行政机关应主动公开的政府信息外，公民、法人或者其他组织应当基于自身生产、生活、科研等特殊需要向有关行政机关申请获取相关政府信息。本案中，刘某等申请公开的信息，不属于其生产、生活、科研等需要，不符合法律规定，上诉理由不能成立。据此判决驳回上诉，维持原判。

刘某等向最高人民法院申请再审称：根据《政府信息公开条例》第 11 条第 3 项的规定，征收或者征用土地、房屋拆迁及其补偿、补助费用的发放、使用情况属于再审被申请人必须公开的范围，即使再审申请人不申请，其也应当主动公开。再审申请人申请政府信息公开是为了解拆迁补偿标准是否在已搬迁的村民那里得到落实，被申请人在涉案征收补偿工作中是否做到公平、公正、公开、透明，可以认为与其生活息息相关。二审法院认为涉案政府信息不属于再审申请人生产、生活、科研等需要，无法律依据。再审被申请人

---

[1] 本案历审裁判文书中援引的《政府信息公开条例》均为 2007 年公布版本；2019 年公开的版本，本文简称为《政府信息公开条例》（2019）。

不予公开涉案政府信息适用法律错误、违反法定程序。根据《政府信息公开条例》第 14 条第 4 项的规定，涉案政府信息即便涉及个人隐私，再审被申请人也应当依法征询权利人的意见，但其在未征询其他相关村民是否同意公开的情况下，径行决定不公开，严重违反法定程序。综上，请求撤销二审判决，支持再审申请人的一审诉讼请求。

【裁判要旨】

行政机关认为申请人申请的政府信息涉及个人隐私的，应当向个人隐私权人书面征求该信息是否属于个人隐私以及是否愿意公开的意见，不得未经征询径行以涉及个人隐私不公开，否则便违反信息公开的法定程序。而信息最终是否应当公开，并不单纯取决于第三方是否同意，更要看是否确实涉及个人隐私以及是否因为公共利益的考虑而使个人隐私权进行必要的让渡。

【裁判理由与论证】

最高人民法院综合考虑一审和二审裁判理由以及再审申请人的再审理由后，决定启动再审。最高人民法院的再审判决撤销了河南省高级人民法院（2017）豫行终 2075 号行政判决和河南省濮阳市中级人民法院（2017）豫 09 行初 15 号行政判决，一并撤销了河南省濮阳县人民政府于 2017 年 1 月 17 日作出的《关于刘某等三人政府信息公开申请的答复》第一项、第二项，责令河南省濮阳县人民政府在本判决生效之日起 15 个工作日内向刘某等三人提供其所申请公开的政府信息。

在判决理由部分，最高人民法院总结了本案的核心争议，即"再审被申请人濮阳县人民政府是否应当向再审申请人公开铁炉村除再审申请人之外其他所有村民的土地征收补偿费用、房屋拆迁补偿费用发放情况的具体明细"。并对此间涉及"三需要"的判断、个人隐私的界定以及征求第三方意见程序如何进行等法律问题进行了论证。

一、"三需要"问题

"三需要"问题一直是一个争论不断、令人纠结的问题。《政府信息公开条例》虽然在第 13 条提到了"自身生产、生活、科研等特殊需要"，但其主要意旨在于规定除行政机关主动公开信息之外，公民、法人或者其他组织还可以通过申请获取政府信息，所谓"三需要"，并非对申请人资格的一种限制。另外考虑到"三需要"是一个内涵、外延都不特定的法律概念，非常容易被滥用或者误用。因此《最高人民法院关于审理政府信息公开行政案件若干问题的规定》规定了比较严格的适用条件和范围，根据第 5 条第 6 款的规定，只有当"被告以政府信息与申请人自身生产、生活、科研等特殊需要无关为由不予提供的"情况下，人民法院才"可以要求原告对特殊需要事由作出说明"。根据第 12 条第 6 项的规定，只有同时具备以下三个条件的，人民法院才可以判决驳回原告的诉讼请求：第一，原告"不能合理说明申请获取政府信息系根据自身生产、生活、科研等特殊需要"；第二，"被告据此不予提供"；第三，"被告已经履行法定告知或者说明理由义务"。除此之外，人民法院通常不宜主动审查"三需要"问题，更不能主动以不符合"三需要"为理由判决原告败诉。而且，对于"三需要"的"合理说明"，并不是一种证明责任，无须要求原告提供相关证明材料。在本案中，行政机关是以"属于个人隐私或者公开可能导致对个人隐私权造成不当侵害"为由不予公开政府信息，一审和二审法院直接以再审申请人申请公开的政府信息"不属于其生产、生活、科研等需要"为由判决驳回其诉讼请求，不符合前述司法解释的规定。

二、个人隐私与征求第三方意见

《政府信息公开条例》第 14 条第 4 款规定："行政机关不得公开涉及国家秘密、商业秘密、个人隐私的政府信息。但是，经权利人同意公开或者行政机关认为不公开可能对公共利益造成重大影响的涉及商业秘密、个人隐私的政府信息，可以予以公开。"

最高人民法院认为："再审被申请人认为再审申请人申请公开的政府信息涉及个人隐私，却并未举证证明其已履行书面征求第三方意见的程序，在此情况下径行以此为由决定不予公开，不符合法规的规定。"最高人民法院还认为，"不得公开涉及个人隐私的政府信息是一种非强制性例外"，并从两点对此观点加以论证："第一，权利人对涉及其个人隐私的政府信息拥有决定是否公开的权利，如果权利人同意公开，则公开就不成为问题；第二，个人隐私权存在可克减性，也就是说，如果与隐私权相对的公共利益足够重要，则允许隐私权为公共利益让步。"也正是基于这种利益衡量，才有了《政府信息公开条例》第14条第4款但书所述的信息不公开豁免情形。

三、个人隐私权的让渡

《政府信息公开条例》第23条规定："行政机关认为申请公开的政府信息涉及商业秘密、个人隐私，公开后可能损害第三方合法权益的，应当书面征求第三方的意见；第三方不同意公开的，不得公开。但是，行政机关认为不公开可能对公共利益造成重大影响的，应当予以公开，并将决定公开的政府信息内容和理由书面通知第三方。"

最高人民法院认为："在涉及第三方的情况下，政府信息是否公开，并不单纯取决于第三方是否同意，更要看是否确实涉及个人隐私以及是否因为公共利益的考虑而使个人隐私权进行必要的让渡。"最高人民法院还结合本案案情对第三方的权利让渡进行了具体的论证，"再审申请人申请公开的信息是红旗路东延建设项目涉及的濮阳县××镇铁炉村所有村民补偿、补助费用发放情况的明细。分户补偿情况尽管一定程度涉及其他户的个人隐私，但为了保证征收补偿的公开和公平，消除被征收人不公平补偿的疑虑和担心，法律对这类个人隐私进行了一定的让渡"。例如，《国有土地上房屋征收与补偿条例》第29条第1款规定，"房屋征收部门应当依法建立房屋征收补偿档案，并将分户补偿情况在房屋征收范围内向被征收人公布"。

综上，最高人民法院认为，"本案涉及的虽然是集体土地征收，但对于分户补偿情况是否应予公开，集体土地与国有土地上房屋征收不应有所差别，可以参照适用。再审申请人作为土地征收范围内的村民，有权知道分户补偿情况，再审被申请人应当向再审申请人公开这些政府信息"，并作出了撤销一审、二审判决，撤销《刘某等三人政府信息公开申请的答复》第一项、第二项，责令河南省濮阳县人民政府在判决生效的15个工作日内向申请人提供所申请公开的信息，并由被申请人负担一审、二审受理费的终审决定。

【涉及的重要理论问题】

一、信息公开案件中的"个人隐私"

隐私是隐私权概念的核心。《民法典》第 1032 条第 2 款对于隐私的定义为："隐私是自然人的私人生活安宁和不愿为他人知晓的私密空间、私密活动、私密信息。"隐私权这一概念最早出现在美国学者沃伦和布兰代斯的著作《论隐私权》中，其将隐私的概念界定为"免受外界干扰的、独处的"权利。

（一）隐私权界分理论学说

对隐私权的界分主要是对隐私与个人信息两个概念边界的研究。但遗憾的是，无论是大陆法系还是英美法系都没有清晰地完成这项界分工作。综合目前学界的研究，以下几个学说是在对两个概念的大致区分中较有说服力的。

1. 根据敏感性程度区分

隐私相比于个人信息来说，与人格尊严的联系更为密切。公民对隐私的敏感性程度要更甚于个人信息。

首先，从文字解释角度来看，隐私的概念本身就包含了较强的敏感性。无论是"隐"还是"私"都包含了"不愿为他人知晓"的主观要件。[1]隐私更强调的是一种不被打扰、享受安宁的主观感受。而个人信息是一种个人数据的电子记录，更像一种客观的陈述。虽然一般情况下信息主体对其信息也有保护意识，即也存在"不愿为他人知晓"的主观情绪，但是这种情绪达不到对隐私保护那样强烈的程度。很多个人信息本身也具有一种外漏属性，即在某种环境下不用深度挖掘就是显而易见的。比如，在公司或者学校内一个人的姓名、性别、联系方式，都是被大多数人所知晓的，但往往信息主体对这类信息的公开并不带有明显的排斥情绪。

其次，隐私的敏感性程度更高也体现在对隐私侵权的敏感。主要是，侵权行为与当事人的人格尊严受到影响这一结果之间的必然性程度有关。"不为他人所知晓"的秘密一旦被暴露于公众之中往往给当事人引来非议，导致当

---

[1] 王利民："和而不同：隐私权与个人信息的规则界分和适用"，载《法学评论》2021 年第 2 期。

事人处于一种人格尊严被侵犯的屈辱羞愤情绪之中。正如上一段中的例子，个人姓名、性别等这些信息的泄露可能在某些特殊情况下会给当事人带来困扰，比如"人肉搜索"所导致的网络暴力，但这种联系不是总具有必然性。

2. 根据保护方式区分

王利民教授认为，隐私权是一种被动性人格权或消极性防御权。对隐私权制度的重心在于防范个人的秘密不被披露，而不在于保护这种秘密的控制和利用，因此隐私权人通常只有在隐私遭受侵害的情况下才能主张其权利。[1]其主要的保护方式是停止侵害和排除妨碍，或者基于侵权责任而请求赔偿。但对个人信息权益的保护除上述之外还包括更新、更正等救济方式。这其实不仅暗含了两者概念中的包含与被包含关系，即个人信息中会包含个人隐私。同时，个人信息本身具有能够被利用的财产价值，而隐私是排斥利用强调保护的。

另外，保护启动的方式也不同。对于隐私权的保护不需要证明损害的必然发生，只要确定有非法刺探生活秘密、跟踪等行为的发生就可以构成对隐私权的侵犯，从而权利人得以请求保护。但怎样才构成对个人信息的侵犯，是一个较难判断的问题，因为个人信息本身是不排除利用的。通常认为，受害人应当证明实际损害的发生，无论是财产的损害还是精神的损害，都应该伴随着有损害发生的证明。[2]

（二）信息公开案件中个人隐私判断标准

判断一项信息是否属于个人隐私，是司法适用中的难点。大致上，人民法院在判决中还是形成了以下标准：一是不向公众公开的、不愿公众知悉；二是公开后是否会对权利人生产、生活造成明显不当影响。[3]

在本案中濮阳县人民政府作为行政机关对是否涉及个人隐私进行了初步判断："除申请人之外其他人的房屋拆迁补偿费用明细属于个人隐私或者公开可能会导致对个人隐私造成不当侵害的政府信息。"一审、二审均未对是否涉

---

[1] 王利民："和而不同：隐私权与个人信息的规则界分和适用"，载《法学评论》2021年第2期。

[2] 王利民："和而不同：隐私权与个人信息的规则界分和适用"，载《法学评论》2021年第2期。

[3] 余凌云："政府信息公开的若干问题——基于315起案件的分析"，载《中外法学》2014年第4期。

及个人隐私这一争议问题作出回应，最高人民法院的再审判决明确回应了申请人的主张，认为"分户补偿情况一定程度上涉及其他户的个人隐私"，此判断也等于承认了濮阳县人民政府先前所做的判断。

目前，涉及"个人隐私"的案例在司法环节中纠错数量较高。笔者认为，还是应当以对信息主体的敏感性程度和公开损害后果来判断是否属于个人隐私，不宜过于武断地判断。

二、个人隐私不公开的例外

政府信息公开例外的规则是信息公开制度的重要内容，但例外的例外则是更为特殊的规定。《政府信息公开条例》（2019）第 15 条列举了因损害第三人合法权益而不公开的情形："涉及商业秘密、个人隐私等公开会对第三方合法权益造成损害的政府信息，行政机关不得公开。但是，第三方同意公开或者行政机关认为不公开会对公共利益造成重大影响的，予以公开。"在学理上，这种不公开属于"待决豁免事由"，最高人民法院的再审判决中称这是一种"非强制的不公开"。

（一）权利人的同意

信息不公开的豁免在本案中被最高人民法院称为"隐私权人的权利让渡"。这种让渡有主动与被动两种。首先，隐私权人同意则是一种权利主体的主动让渡。个人隐私豁免公开的理由是保护特定的私人利益，但如果权利人同意公开，则不存在侵权的风险。[1]在逻辑上，信息公开会造成第三方利益的受损，但如果隐私权人作为"受害人"自愿承担隐私公开对其带来的不利后果，并将此种权利让渡于申请人的知情权，那么无论是行政机关还是司法机关都不再具有坚决反对和阻止的必要。此种情况下，权利冲突问题自然将会因为权利人对自身权利的克制而化解。

其次，目前《政府信息公开条例》（2019）第 15 条所要求的"同意"为明示的同意，即若相对人没有作出答复则视为不同意。在司法实践中，明示同意的规则也得到了贯彻。例如，在"李某某与丽水市住房公积金管理中心

---

[1] 孔繁华："政府信息公开中的个人隐私保护"，载《行政法学研究》2020 年第 1 期。

缙云分中心不履行政府信息公开法定职责纠纷案"中，人民法院就支持了被告的主张，认为："申请公开的信息涉及第三人麻某的隐私，需要征得其同意，但麻某因下落不明而无法取得其同意且不涉及重大公共利益，行政机关拒绝公开行为并无不当。"[1]

（二）公共利益需要

为公共利益而让渡，应该属于一种由法律或者行政机关作出权衡的被动让渡。"公共利益"在法律概念的分类中系"不确定的法律概念"，对于这类词语可以由法律适用者根据实际情况来斟酌决定或者阐释其内容。无论是行政机关还是人民法院，在利益权衡中都有赖于对"公共利益"的解释。

最高人民法院认为，"在涉及第三方的情况下，政府信息是否公开，并不单纯取决于第三方是否同意，更要看是否确实涉及个人隐私以及是否因为公共利益的考虑而使个人隐私权进行必要的让渡。在本案中，再审申请人申请公开的信息是红旗路东延建设项目涉及的濮阳县××镇铁炉村所有村民补偿、补助费用发放情况的明细。分户补偿情况尽管一定程度涉及其他户的个人隐私，但为了保证征收补偿的公开和公平，消除被征收人不公平补偿的疑虑和担心，法律对这类个人隐私进行了一定的让渡"。

本案中的公共利益就是消除被征收人的疑虑与担心，且之所以政府能够代替公民作出利益权衡的判断，是因为公民基于对政府社会管理能力的信任而让渡了权利。卢梭在《社会契约论》中对权利让渡理论做了系统性阐释："人们要找到一种结合的形式，使这种联合体能够充分发挥共同的力量，以保护其每个成员的人身及财富。"值得一提的是，公民为实现公益的权利让渡不是无限度的，公共利益的范围也不宜被过度扩张性解释而总是凌驾于个人利益之上，这其中存在一个利益衡量的过程。

三、公开个人隐私的程序构建

（一）程序的现行规定

涉及第三人隐私信息公开的程序集中于《政府信息公开条例》（2019）

---

[1] 浙江省丽水市中级人民法院（2016）浙11行终字第118号判决书。

第 32 条："依申请公开的政府信息公开会损害第三方合法权益的，行政机关应当书面征求第三方的意见。第三方应当自收到征求意见书之日起 15 个工作日内提出意见。第三方逾期未提出意见的，由行政机关依照本条例的规定决定是否公开。第三方不同意公开且有合理理由的，行政机关不予公开。行政机关认为不公开可能对公共利益造成重大影响的，可以决定予以公开，并将决定公开的政府信息内容和理由书面告知第三方。"

从中我们可以提炼出几个关键的程序要素。第一，征求第三人同意是一个前置程序，行政机关不能跳过该程序径行决定公开与否。第二，行政机关掌握着两个关键的权力，决定是否启动征求第三人意见程序和最终决定信息是否公开，也即判断被申请信息是否属于涉及第三人隐私的信息和权衡第三人隐私与公共利益谁更值得在个案中被保护。第三，在程序中充分保障第三人的知情权，这体现在征求第三人同意和最后决定公开时书面告知第三人两个方面。

（二）程序存在的问题

涉案第三人的意见对于行政机关最终进行公共利益与隐私权裁量的正当性和科学性有着关键的意义。但从前文分析来看，征求第三人意见程序较为笼统、不够细致，且这些问题是最高人民法院再审判决中也仍没有解决的。

首先，在行政机关进行是否涉及"个人隐私"的裁量阶段，第三人是否能够主动提起异议。从《政府信息公开条例》（2019）第 32 条可知，判断被申请信息是否涉及个人隐私的决定权在行政机关手中而不属于第三人。但是如果行政机关因判断错误而没有启动征求意见程序，第三人也根本不会具有表达意见的机会，只能寄希望于在被公开后以救济的方式解决。

其次，如果法律规定一类信息虽涉及个人隐私但仍应当公开，此时行政机关是否还需要启动征求第三人的意见程序？笔者认为本案最高人民法院的再审判决中，既指出了行政机关"认为再审申请人申请公开的政府信息涉及个人隐私，却并未举证证明其已履行书面征求第三方意见的程序"这一程序上的错误，也援引了法律的特殊规定："《国有土地上房屋征收与补偿条例》第 29 条第 1 款规定：'房屋征收部门应当依法建立房屋征收补偿档案，并将分户补偿情况在房屋征收范围内向被征收人公布。'本案涉及的虽然是集体土地征收，但对于分户补偿情况是否应予公开，集体土地与国有土地上房屋征收不应有所差别，可以参照适用。"最高人民法院用这两点共同论证濮阳县人民政府的不公开决定错误和一审、二审判决错误。此时就会产生问题，如果法律已经规定了此类信息属于必须公开的情形，最高人民法院再在判决中纠正濮阳县人民政府的不履行征求程序行为是否还有意义？

（三）征求意见程序的规范化

一项程序走向规范的过程就是对其中细节的不断规范与完善。针对上述问题，可以提出以下完善建议。

首先，是能否提起"预防性诉讼"的问题。有的学者用"预防性权利保护原理"来论证第三人提前起诉的适法性，"不能绝对排除在征求意见阶段提起诉讼，如果起诉人有较充分的证据证明政府信息即将被公开，即可满足启动事前救济的要件"。[1]但此种主张可能因举证责任过重和不符合行政行为生效的原理而缺乏现实性。因为在裁量阶段，行政机关判断其涉及第三人隐私前不会告知第三人，第三人此时无从知晓其隐私有被公开的可能，更不必提及救济。另有学者主张，"在政府信息公开的申请提出时或行政机关征询利害关系人时便可提起诉讼，更突出预防性诉讼的特点"。[2]在启动征求意见程序后，如果第三人在作出了不同意答复后直接提起诉讼也是不适时的，因为其不能直接推导出行政机关在公共利益衡量阶段必然作出与其相反的决定。余凌云教授认为，此处更适宜将起诉期限后移，将其变成一个"附期限的行政行为"，即在决定公开和真正送达申请人之间隔一段时间留给相对人提出异议或提起诉讼。[3]由于个人隐私公开的后果是不可逆的，对于行政机关错误公开后端救济的保护效果远不如事先预防其发生。故而，在行政机关决定公开到信息送达申请人手中前间隔出一段时间留给涉及的第三人寻求救济这一建议是可取的。

〔1〕 李广宇：《政府信息公开司法解释读本》，法律出版社 2011 年版。

〔2〕 陈伏发："预防性行政诉讼的构建与规范——以政府信息公开诉讼为视角"，载万鄂湘主编：《审判权运行与行政法适用问题研究 全国法院第 22 届学术讨论会论文集》，人民法院出版社 2011 年版，第 764-769 页。

〔3〕 余凌云："政府信息公开的若干问题——基于 315 起案件的分析"，载《中外法学》2014 年第 4 期。

其次，是规范的特殊适用与征求程序启动重合的问题。笔者认为本案中最高人民法院并没有注意到这一问题，即《政府信息公开条例》规定必须公开的信息虽涉第三人隐私，也无须再征求第三人同意。本案中濮阳县人民政府的关键错误是法律适用的遗漏，而不仅是没有征求第三人意见这一程序问题。因为如果濮阳县人民政府注意到了《政府信息公开条例》第11条"设区的市级人民政府、县级人民政府及其部门重点公开的政府信息还应当包括下列内容：（一）城乡建设和管理的重大事项；（二）社会公益事业建设情况；（三）征收或者征用土地、房屋拆迁及其补偿、补助费用的发放、使用情况；（四）抢险救灾、优抚、救济、社会捐助等款物的管理、使用和分配情况"，就可以得知土地征收类的信息即使涉及第三人隐私也属于必须公开的信息，在此情况下征求第三人意见也就没有了意义。因为征求意见程序仅适用于行政机关裁量决定是否公开的案件中，如果法律规范明确规定特定信息应公开，立法已经进行了利益衡量，不需要再征询第三人的意见。[1]

四、信息公开中个人隐私公开的考量因素

由不确定法律概念所导致的权利的冲突也很难通过立法的初始配置来实现，[2]而只能是在一件件信息公开案件的利益权衡中实现个案正义。在本案中，主要涉及的是申请人知情权与第三人隐私权、公共利益与第三人隐私权两对利益平衡关系。

（一）申请人知情权与第三人隐私权的协调

包含个人隐私的政府信息向第三方公开会侵犯私人权益，从而引起公众知情权与个人隐私权之间的矛盾。[3]将第三方同意作为信息不公开的豁免，其背后的法理是知情权与隐私权的冲突与平衡。

化解权利冲突的第一步就是确定权利的价值位阶。虽然《政府信息公开条例》（2019）第5条规定："行政机关公开政府信息，应当坚持以公开为常态、不公开为例外，遵循公正、公平、合法、便民的原则。"但隐私权直接关

---

〔1〕孔繁华："政府信息公开中的个人隐私保护"，载《行政法学研究》2020年第1期。

〔2〕马特："隐私权制度中的权利冲突"，载《法学论坛》2006年第1期。

〔3〕孔繁华："政府信息公开中的个人隐私保护"，载《行政法学研究》2020年第1期。

乎人格尊严，具有很高的价值，知情权原则上不能侵害隐私权，除非基于公共利益。

这意味着，信息公开通常性不能推导出必然性。故而，第二步就是要进行个案的价值衡量。具体需要考虑到申请公开的信息对申请人的重要性，只有此信息是必须的、关键的和重要的，申请人的知情权才能在与第三人的隐私权的博弈中胜出。在本案中，最高人民法院认为："分户补偿情况尽管一定程度涉及其他户的个人隐私，但为了保证征收补偿的公开和公平，消除被征收人不公平补偿的疑虑和担心，法律对这类个人隐私进行了一定的让渡。"可以看出其在利益衡量中，所依据的理由有两个。首先，分户补偿情况对申请人的重要性在于"消除被征收人不公平补偿的疑虑和担心"。如果此表述尚不能凸显该信息的重要性，我们不妨再延伸一步，本案在两审终审制度下已经走向了终结，但此时原告的怨怼情绪仍没有消除，且对补偿情况公平的要求已然成为原告心中的"执念"，可见该信息对于原告个人的重要性，且是否公开分户补偿情况也成为能否实质性解决纠纷的关键。其次，笔者认为最高人民法院能够作出这种衡量最重要的依据还是《国有土地上房屋征收与补偿条例》，其29条第1款规定，"房屋征收部门应当依法建立房屋征收补偿档案，并将分户补偿情况在房屋征收范围内向被征收人公布"，这说明客观法已经对此种利益衡量作出了判断。

（二）公共利益与第三人隐私权的协调

在申请政府信息公开时，对公共利益的解释和事实认定会直接影响公开的范围。在此类案件中，涉及对公共利益进行解释的主体有被申请信息公开的行政机关和受理行政诉讼的人民法院。我国行政机关和法院更倾向"要件裁量"理论，即允许执法者在具体适用过程中进行衡量选择，并由司法机关在诉讼环节检视这种裁量的正确性。[1]

本案中最高人民法院既纠正了濮阳县人民政府的不当行政行为，也纠正了其对"不确定法律概念"的解释。濮阳县人民政府和一审、二审人民法院对于利益平衡的考虑都主要集中在知情权与隐私权保护上，没有提及公共利

---

[1] 于立深："行政事实认定中不确定法律概念的解释"，载《法制与社会发展》2016年第6期。

益，直至最高人民法院的再审判决中才首次提及了公共利益与隐私权的权衡问题。抽象的"公共利益"在本案中被具象化为"征收的公平与公开"。虽然被征收土地的刘某等人的利益看起来还与"公共利益"相隔甚远，但本案中最高人民法院将刘某等人看作一个群体的代表。农村土地征收补偿问题本就是具有较大社会影响力的问题，这类问题若不能妥善解决影响的是行政行为的公信力与政府形象。如果最高人民法院支持了濮阳县人民政府不公开的主张，其带来的影响将会波及一大批农村土地被征收者，从而形成一个社会问题。从这种角度来看，这无疑是具有公共利益的。

【后续影响及借鉴意义】

本案的再审判决系最高人民法院作出，对后续各级法院审理涉及第三人利益的信息公开案件具有重要借鉴意义。

在农村土地征收中，被征收土地的补偿、补助发放信息的公开是保证土地征收程序公平、公正的关键因素。最高人民法院在本案中就重申了这一规则，对于申请人请求公开土地征收范围内村民的补偿、补助情况发放明细等信息，即使它们涉及第三人隐私，但为了保证征收的公开和消解被征收人的疑虑，也必须公开。此举不仅对于消减农村土地征收矛盾有着重要意义，它也是在提示行政机关重视《政府信息公开条例》（2019）第21条的规定。最高人民法院充分表达了保障公民的知情权之立场，并希望以此督促行政机关积极落实"以公开为原则，不公开为例外"的政府信息公开宗旨，凡是遇到可能不公开的情况都要审慎地判断，避免武断决定和懈怠裁量。

对第三人征求的意见的程序规范亦是本案的重点，并对未来此程序的完善有着积极的推动作用。虽然最高人民法院隐晦地提出"先判断是否涉及第三人隐私，再判断第三人隐私是否有为公共利益让步的必要"这一步骤的顺序，但这似乎还是远远不足的。后续学者认为："我国立法虽然规定了必要的征求意见和通知程序，但强制公开涉及个人隐私政府信息的程序在公开决定与正式公开之间缺乏缓冲期，程序步骤和时限设置上仍有进一步完善之必要。"[1]

---

〔1〕 孔繁华："政府信息公开中的个人隐私保护"，载《行政法学研究》2020年第1期。

最后值得一提的是，虽然本案中最高人民法院否定了濮阳县人民政府对于"公共利益"和"涉及个人隐私"的判断。但这一判断标准是"因案而异"的，并未传达知情权和公共利益在任何时候都优位于个人隐私这一价值标注，只是在本案中知情权展现出了更甚于第三人隐私权的价值，这一价值衡量不能在后续案件中被僵化适用。

（指导老师：胡斌　中国政法大学法学院讲师）

案例九 "敏感信息"的界定标准

——李清林诉安阳市人民政府信息公开案

李卓儒 *

【案例名称】

李清林诉安阳市人民政府信息公开案［最高人民法院（2017）最高法行申 4750 号行政裁定书］

【关键词】

敏感信息　内部管理信息　过程性信息

【基本案情】

2016 年 4 月 11 日，李清林向安阳市人民政府提出政府信息公开申请，申请公开事项为：安阳市食品药品监督管理局（以下简称安阳市食药局）关于李清林举报反映认定生产制售假药大案向市委、市政府督查室调查汇报材料四份，领导批示、会议纪要，处理意见、结论。2016 年 4 月 29 日，安阳市人民政府对李清林作出《政府信息公开告知书》，对李清林申请公开事项逐一作出答复。李清林不服，诉至河南省濮阳市中级人民法院，请求判决确认安阳市人民政府作出的《政府信息公开告知书》违法，判决安阳市人民政府依照其申请公开相关信息。

河南省濮阳市中级人民法院一审认为安阳市人民政府对李清林作出的

---

* 作者简介：李卓儒，中国政法大学法学院宪法学与行政法学专业 2021 级硕士研究生。

《政府信息公开告知书》适用法律正确、程序合法，李清林请求撤销该告知书的理由不能成立，对李清林的诉讼请求不予支持。根据《行政诉讼法》第69条的规定，[1]作出（2016）豫09行初33号行政判决，驳回李清林的诉讼请求。

李清林不服，提起上诉。河南省高级人民法院二审认为一审法院判决正确，应予维持。据此作出（2016）豫行终2370号行政判决，驳回上诉，维持原判。

李清林向最高人民法院申请再审称：其原是平原制药厂药品销售员，因销售的一批药品系假冒药品，给其造成重大经济损失。其向安阳市食药局打假办投诉举报，但结果却杳无音信。此后得知，原来安阳市食药局是向安阳市人民政府汇报、报请、批准同意后对此"假药大案"撤案的。依法公开行政处罚案件信息，是建设现代政府，提高政府公信力和保障公众知情权、参与权、监督权的重要举措，安阳市人民政府具有对"假药大案"查证处理结果意见反馈信息的义务。因此，请求最高人民法院依法撤销一审和二审判决；依法改判确认安阳市人民政府信息公开行为违法并责令其公开政府信息；一审、二审和再审诉讼费由安阳市人民政府承担。最高人民法院认为原审法院判决驳回其诉讼请求并无不妥，再审申请人的再审理由依法不能成立，裁定驳回再审申请人李清林的再审申请。

【裁判要旨】

具体行政执法活动中有关执法调查方法、机密信息来源、内部研究意见等敏感信息，通常不应公开，否则将有可能妨碍行政执法活动的正常进行。《政府信息公开条例》[2]在修订前虽然没有明确将行政执法中的敏感信息规定为可以不予公开的情形，但这类信息一般都具有"内部性"或"非终极性"的特点，如果行政机关援引《国务院办公厅关于做好政府信息依申请公开工作的意见》（以下简称《意见》）第2条关于"行政机关在日常工作中

---

〔1〕《行政诉讼法》第69条规定：行政行为证据确凿，适用法律、法规正确，符合法定程序的，或者原告申请被告履行法定职责或者给付义务理由不成立的，人民法院判决驳回原告的诉讼请求。

〔2〕本案历审裁判文书中援引的《政府信息公开条例》均为2007年公布版本，本文简称为《政府信息公开条例》；对2019年修订的《政府信息公开条例》，本文简称为《政府信息公开条例》（2019）。

制作或者获取的内部管理信息以及处于讨论、研究或者审查中的过程性信息，一般不属于《政府信息公开条例》所指应公开的政府信息"的规定不予公开，人民法院经权衡认为不公开更有利于保证行政执法活动（包括今后的行政执法活动）正常进行的，应当予以支持。

【裁判理由与论证】

针对本案李清林申请公开的政府信息事项，争议焦点可以归纳为：（1）安阳市食药局关于李清林举报反映认定生产制售假药大案向市委督查室调查汇报材料是否属于政府信息；（2）安阳市食药局关于李清林举报反映认定生产制售假药大案向市政府督查室调查汇报材料是否属于安阳市人民政府公开的政府信息；（3）会议纪要、领导批示是否属于政府信息公开范围；（4）处理意见是否存在。裁判理由与论证如下：

一、安阳市食药局关于李清林举报反映认定生产制售假药大案向市委督查室调查汇报材料是否属于政府信息

《政府信息公开条例》第2条规定："本条例所称政府信息，是指行政机关在履行职责过程中制作或者获取的，以一定形式记录、保存的信息。"河南省濮阳市中级人民法院认为："关于李清林申请的安阳市委督查室相关信息，安阳市委办公室属于党委机关，其制作或保存的信息不属于《政府信息公开条例》规定的政府信息。"河南省高级人民法院二审也认为："李清林申请公开的市委相关信息，申请对象为市委，不是行政机关，该项申请不属于政府信息。"

二、安阳市食药局关于李清林举报反映认定生产制售假药大案向市政府督查室调查汇报材料是否属于安阳市人民政府公开的政府信息

《政府信息公开条例》第17条规定："行政机关制作的政府信息，由制作该政府信息的行政机关负责公开；行政机关从公民、法人或者其他组织获取的政府信息，由保存该政府信息的行政机关负责公开。"安阳市人民政府对李清林作出的《政府信息公开告知书》第一项答复称："李清林申请公开的调查报告不是由安阳市人民政府制作，建议其向制作机关安阳市食药局申请，该项申请依法不属于安阳市人民政府公开的政府信息。"河南省濮阳市中级人民法院一审认为："该项答复对安阳市人民政府是否获取或保存了李清林申请公开的调查报告没有作出明确告知，该项答复内容不全面，但安阳市人民政府诉讼中明确其不掌握该项信息，故该项答复虽存在瑕疵，但并未实际侵害到李清林的知情权，不足以撤销安阳市人民政府作出的《政府信息公开告知书》。"

三、会议纪要、领导批示是否属于政府信息公开范围

河南省濮阳市中级人民法院一审认为："李清林申请公开的关于其反映的假药案的会议纪要、领导批示等信息，属于安阳市人民政府的内部管理信息。安阳市人民政府根据《意见》第2条'行政机关在日常工作中制作或者获取的内部管理信息以及处于讨论、研究或者审查中的过程性信息，一般不属于《政府信息公开条例》所指应公开的政府信息'的规定，告知李清林会议纪要、领导批示等信息不属于安阳市人民政府办公室信息公开范围并无不当。"

最高人民法院认为："按照国务院办公厅印发的《推行行政执法公示制度执法全过程记录制度重大执法决定法制审核制度试点工作方案》的规定，应当向社会公开的行政执法信息，主要包括：行政执法主体、人员、职责、权限、随机抽查事项清单、依据、程序、监督方式和救济渠道等一般性执法信息，对于个案来讲，只要求在事中出示能够证明执法资格的执法证件和有关执法文书，在事后公开行政执法决定。具体行政执法活动中有关执法调查方法、机密信息来源、内部研究意见等敏感信息，通常不应公开，否则将有可能妨碍行政执法活动的正常进行。《政府信息公开条例》虽然没有明确将行政执法中的敏感信息规定为可以不予公开的情形，但这类信息一般都具有'内部性'或'非终极性'的特点，如果行政机关援引《意见》第2条关于'行政机关在日常工作中制作或者获取的内部管理信息以及处于讨论、研究或者审查中的过程性信息，一般不属于《政府信息公开条例》所指应公开的政府信息'的规定不予公开，人民法院经权衡认为不公开更有利于保证行政执法活动（包括今后的行政执法活动）正常进行的，应当予以支持。本案中，李清林已经获知案件的处理结论，其所申请公开的领导批示、会议纪要，处理意见等，属于行政机关内部或者行政机关之间对于案件处理的意见交换，安阳市人民政府不予提供并无不当。"

四、处理意见是否存在

关于李清林反映的假药案的处理意见信息，河南省濮阳市中级人民法院一审认为："李清林诉讼中提交的证据不能证明安阳市人民政府制作或获取保存过该信息。安阳市人民政府告知李清林未制作过相关信息，其申请的政府信息不存在符合法律规定。"

根据《最高人民法院关于审理政府信息公开行政案件若干问题的规定》第 12 条第 1 项之规定，不属于政府信息、政府信息不存在、依法属于不予公开范围或者依法不属于被告公开的情形，被告已经履行法定告知或说明理由义务的，人民法院应当判决驳回原告的诉讼请求。因此，河南省濮阳市中级人民法院一审判决驳回李清林的诉讼请求，河南省高级人民法院二审判决驳回上诉，维持原判，最高人民法院裁定驳回再审申请人李清林的再审申请。

【涉及的重要理论问题】

本案中，被告安阳市人民政府分别以不属于政府信息、政府信息依法属于不予公开范围以及政府信息不存在为由拒绝提供原告申请公开的安阳市委督查室相关信息，会议纪要、领导批示以及处理意见，重要理论问题对应如下：（1）与党委有关的信息是否属于政府信息；（2）如何认定"政府信息不存在"；（3）如何认定过程性信息与内部管理信息。

一、与党委有关的信息是否属于政府信息

本案中，原告李清林申请的安阳市食药局关于李清林举报反映认定生产制售假药大案向市委督查室调查汇报材料，被一审法院称为"安阳市委督查室相关信息"。一审法院认为，既然该项信息与党委机关有关，由党委机关制作或保存，就不属于政府信息。按照该观点，某一信息只能具有单一属性，如果属于政府信息，就不能由党委机关制作或保存，只要党委机关制作或保存，与党委机关有关，就不属于政府信息。[1]但是，党和国家机构改革推进

---

〔1〕 参见张力："党政联合发文的信息公开困境与规则重塑：基于司法裁判的分析"，载《中国法学》2020 年第 1 期。

职责相近的党政机关合并设立或合署办公，党政机关共同制作信息等情形将屡见不鲜，如果仅根据信息由党委机关制作或保存就否定其政府信息属性，会严重缩小政府信息范围，难以发挥政府信息公开应有的作用。因此，政府信息可以具有双重属性，与党委有关，并不影响政府信息的认定。在形式上，人民法院应当审查信息是否由行政机关制作或者获取，只要行政机关参与了制作，就符合形式标准。在实质上，人民法院应当审查信息是否于行政机关履行行政管理职能的过程中产生。按照原告李清林的表述，其所申请的安阳市食药局关于李清林举报反映认定生产制售假药大案向市委督查室调查汇报材料，由安阳市食药局制作，并且于安阳市食药局履行行政管理职能的过程中产生，无疑属于政府信息，即使安阳市委督查室制作或保存也不应当否定其政府信息的属性。被告安阳市人民政府以不属于政府信息为由拒绝提供，其理由并不成立。

二、如何认定"政府信息不存在"

政府信息是否存在属于事实问题。"事实问题的正确裁定，需要专门知识和经验，这是行政机关的特长。法院对于事实问题一般尊重行政机关的裁定，不能用法院的意见代替行政机关的意见"，[1]这是美国司法审查的传统原则。但是以德国、日本为代表的大陆法系行政法均否定行政机关在事实认定阶段享有裁量权，因此行政机关的事实认定是否正确当然成为法院审查行政行为合法性所关注的问题之一。

本案中，一审法院认为李清林诉讼中提交的证据不能证明安阳市人民政府制作或获取保存过该信息，安阳市人民政府告知李清林未制作过相关信息，其申请的政府信息不存在符合法律规定，这与《行政诉讼法》第 34 条要求被告行政机关承担行为合法性的举证责任的规定背道而驰。但是，法律不强人所难，只要行政机关提供证据证明其进行了合理搜索而没有发现信息，并且已经履行告知义务，就可以证明政府信息不存在的事实认定结论以及程序合法。"法院要综合考虑检索载体的完整性、检索方法的适当性以及检索人员的

---

〔1〕　王名扬：《美国行政法》，北京大学出版社 2016 年版，第 503 页。

工作态度，综合评价行政机关进行的搜索是否合理。"〔1〕

三、如何认定过程性信息与内部管理信息

《政府信息公开条例》第23条规定："行政机关认为申请公开的政府信息涉及商业秘密、个人隐私，公开后可能损害第三方合法权益的，应当书面征求第三方的意见；第三方不同意公开的，不得公开。但是，行政机关认为不公开可能对公共利益造成重大影响的，应当予以公开，并将决定公开的政府信息内容和理由书面通知第三方。"该条所保护对象为个人敏感信息，个人敏感信息"一旦泄露或滥用，极易危及人身、财产安全或导致人格尊严受到损害、歧视性待遇"，〔2〕因此行政机关应当以书面征求意见、书面告知理由的方式保护个人敏感信息。

除个人敏感信息以外，可以不予公开的还有本案中最高人民法院认为一般都具有"内部性"或"非终极性"特点的行政执法中的敏感信息，即行政机关在日常工作中制作或者获取的内部管理信息以及处于讨论、研究或者审查中的过程性信息。《政府信息公开条例》虽然并未就内部管理信息与过程性信息可以不予公开作出规定，但是按照《意见》的规定，内部管理信息以及过程性信息"一般不属于《政府信息公开条例》所指应公开的政府信息"，因此在实践中大量政府信息被行政机关纳入内部管理信息以及过程性信息的范围，从而得以援引《意见》的规定不予公开。

有观点认为，《意见》本身并非部门规章，不具有行政法律效力，不能作为司法审查的依据。〔3〕也有观点认为，《意见》事实上具有很高的权威性，其效力亦得到司法的认可。〔4〕即使将《意见》作为司法审查的依据，也存在如下理论问题需要进一步解决：一方面，《意见》所规定的内部管理信息与过程性信息缺乏明确、统一的认定标准，并且难以区分，"作为一个不确定法律概

---

〔1〕 陈振宇："政府信息不存在情形下的举证责任分配"，载《人民司法》2010年第24期。

〔2〕 胡文涛："我国个人敏感信息界定之构想"，载《中国法学》2018年第5期。

〔3〕 参见顾建兵、刘羽梅："过程性信息的认定及不予公开的范围"，载《人民司法》2016年第14期。

〔4〕 参见杨伟东："内部事务信息的确立、运用和发展——兼论与过程性信息的界分"，载《中外法学》2021年第1期。

念，要想判断其应否公开，前提条件是通过解释赋予其相对确定的内涵与外延"。〔1〕另一方面，按照《意见》的规定，内部管理信息以及过程性信息"一般"不属于《政府信息公开条例》所指应公开的政府信息，并非一律不予公开，行政机关就是否公开内部事务管理信息以及过程性信息享有裁量权，因此需要确定授权行政机关不予公开内部事务信息以及过程性信息的理由，从而防止裁量权滥用。

河南省濮阳市中级人民法院一审认为会议纪要、领导批示属于内部管理信息，最高人民法院则并未指明本案中的会议纪要、领导批示属于内部管理信息还是过程性信息，对二者并未加以区分。在介绍全国法院政府信息公开十大案例之"姚新金、刘天水诉福建省永泰县国土资源局案"典型意义时，最高人民法院认为："过程性信息一般是指行政决定作出前行政机关内部或行政机关之间形成的研究、讨论、请示、汇报等信息，此类信息一律公开或过早公开，可能会妨害决策过程的完整性，妨害行政事务的有效处理。但过程性信息不应是绝对的例外，当决策、决定完成后，此前处于调查、讨论、处理中的信息即不再是过程性信息，如果公开的需要大于不公开的需要，就应当公开。"〔2〕在介绍全国法院政府信息公开十大案例之"张宏军诉江苏省如皋市物价局案"时，最高人民法院认为："所谓内部信息，就是对外部不产生直接约束力的普遍政策阐述或对个案的非终极性意见。之所以要免除公开内部信息，目的是保护机构内部或不同机构之间的交流，从而使官员能够畅所欲言，毫无顾忌地表达自己的真实想法。"〔3〕比较可以发现，即使由最高人民法院认定的典型案例所确立的标准，依然存在高度交叉，难以把内部管理信息与过程性信息清晰、准确切割。〔4〕因此，需要进一步调整过程性信息、内部管理信息的认定标准，说明其不予公开的理由。

（一）过程性信息的认定

过程性信息如何认定，存在如下两种不同的观点：（1）以杨小军教授为

---

〔1〕 赵剑文："政府信息公开中'敏感信息'的界定——基于相关裁判事例的考察"，载《太原理工大学学报（社会科学版）》2021年第5期。

〔2〕 "全国法院政府信息公开十大案例"，载《人民法院报》2014年9月13日，第3版。

〔3〕 "全国法院政府信息公开十大案例"，载《人民法院报》2014年9月13日，第3版。

〔4〕 参见杨伟东："内部事务信息的确立、运用和发展——兼论与过程性信息的界分"，载《中外法学》2021年第1期。

代表的学者认为，"从行政机关行为形成过程的角度分析，过程性信息处在行为启动之后到正式作出行为之前这个过程阶段。没有过程，就没有过程性信息。这个过程，不是指信息的形成过程，而是指信息所服务的行为的形成过程"。[1]（2）以杨登峰教授为代表的学者认为，"将行政决策或行政决定作出过程中形成的各种政府信息全部界定为过程性信息是不妥的。对过程性信息的界定应当仅着眼于信息本身的形成状态，取决于其自身是否仍处于处理过程中"。[2]以本案的会议纪要、领导批示为例，按照杨小军教授的观点，由于会议纪要、领导批示形成于行政机关作出决定、结论之前的讨论、研究或者审查过程中，因而属于过程性信息。但是，按照杨登峰教授的观点，只要会议纪要、领导批示本身的制作程序或者获取程序已经完成，已经通过正式的形式完整地记录或者保存了下来，就不再属于过程性信息，与最终的行政决策或行政决定程序是否终结无关。

行政法学界大多数学者对过程性信息的认识与杨小军教授一致，杨登峰教授自己也认为，"过程性"这一概念并未反映自身仍处于处理过程中的信息的本质，应以"未制成"代之，因此可以将自身仍处于处理过程中的信息称为"未制成信息"，认定"未制成信息"的基本标准应当是非正式、不完整，不公开的理由在于不具有使用价值，[3]从而与过程性信息相区别。

基于学界逐渐达成的共识，可以将"决定作出前形成"作为认定过程性信息的形式标准。而按照美国法院判例以及我国行政法学界的观点，过程性信息不公开的理由在于：（1）鼓励行政机关在作决定以前尽量交换意见，听取各种观点。如果行政机关把讨论中的意见公开，参与讨论程序的官员恐惧自己的意见受到外界批评，不敢畅所欲言。（2）避免过早公开引起误解，和对程序可能产生的妨碍。因为过早公开讨论中的观点，可能引起公众的某种期望。如果最后的决定和讨论中的意见不同，可能会引起外界的猜测和误解，对行政机关不利。有时过早地公开讨论中的文件，会限制行政机关以后的决

---

〔1〕 杨小军："过程性政府信息的公开与不公开"，载《国家检察官学院学报》2012年第2期。

〔2〕 杨登峰："论过程性信息的本质——以上海市系列政府信息公开案为例"，载《法学家》2013年第3期。

〔3〕 参见杨登峰："论过程性信息的本质——以上海市系列政府信息公开案为例"，载《法学家》2013年第3期。

定、妨碍决定程序的进展。[1]只有既符合形式认定标准，又有可能妨碍行政执法活动正常进行，具备不公开理由的过程性信息才可以不予公开。

按照信息内容所反映的是主观价值判断还是客观事实，可以将过程性信息进一步分为意见性信息与事实性信息。由于事实性信息不会妨碍行政机关工作人员之间自由、坦诚地发表意见、交流观点，也不会导致公众产生期待从而不利于后续决定的作出与实施，因此事实性信息并不具备不公开的理由。意见性信息按照来源可以进一步分为行政机关内部工作人员的意见以及外部专家的意见。由于行政的专业性、技术性与日俱增，专家在行政程序中发挥着举足轻重的作用，专家意见已经成为行政机关决策的重要参考。但是，行政机关内部工作人员的意见与外部专家的意见存在明显区别，"对于专家意见公开与否更应尊重专家对个人意见的自决权，由其决定是否以不公开为提供意见的前提条件"，[2]因此专家意见应当由专家决定是否公开，不应当由行政机关裁量决定。通过上述分析，只有行政机关工作人员的意见具备不予公开的理由，而事实性信息、专家意见并不具备不公开的理由，应当予以公开。

按照行政过程是否完结，又可以将过程性信息分为过程中的过程性信息与过程已完结的过程性信息。"过程信息不公开的理由，不能再适用到过程结束、取消之后。因为公众有权了解行政决策的过程"，[3]"每个行政决策的客观情况并不相同，行政机关必然依据每次行政决策的客观情况提出不同的见解和意见，因此，来自外界的压力并不会直接影响行政机关行使职权"。[4]因此，有观点认为，"一旦行为正式作出，行为过程一经结束，过程性信息亦不再继续是过程性信息"。[5]上述观点遭到其他学者的批判，反对的观点认为，"信息的'过程性'并不会因为行政决策的最终作出而丧失其作为过程性信息的特征"，[6]"以过程性政府信息因过程的结束而丧失保密的理由而否定信息的

〔1〕 参见王名扬：《美国行政法》，北京大学出版社 2016 年版，第 740 页。

〔2〕 王敬波："过程性信息公开的判定规则"，载《行政法学研究》2019 年第 4 期。

〔3〕 杨小军："过程性政府信息的公开与不公开"，载《国家检察官学院学报》2012 年第 2 期。

〔4〕 王敬波："过程性信息公开的判定规则"，载《行政法学研究》2019 年第 4 期。

〔5〕 顾建兵、刘羽梅："过程性信息的认定及不予公开的范围"，载《人民司法》2016 年第 14 期。

〔6〕 王敬波："过程性信息公开的判定规则"，载《行政法学研究》2019 年第 4 期。

过程性，混淆了过程性政府信息与过程性政府信息公开两个相近的问题"。[1]但是，过程已完结的过程性信息即使仍属于过程性信息，由于不能再适用不公开的理由，也就应当予以公开，与其他政府信息并无二致，讨论其是否仍具有"过程性"没有意义。按照《德国信息自由法》的规定，只要可能危及行政机关的内部意见表达，无论行政程序是否结束，内部讨论信息均免于公开，[2]因此过程已完结的过程性信息不仅仍具有"过程性"，而且也具备不予公开的理由。

综上，"决定作出前形成"是认定过程性信息的形式标准，"有可能妨碍行政执法活动的正常进行"是过程性信息不予公开的理由，既符合形式标准又具备不予公开理由的行政机关及其工作人员的意见性信息才可以不予公开，其他仅符合形式标准的过程性信息则应当予以公开。

（二）内部管理信息的认定

通过判决梳理，有学者总结出行政机关或人民法院对内部管理信息的认定存在以下标准：（1）在日常工作中制作或获取；（2）属于内部机构制作或获取；（3）有关行政内部工作；（4）在行使内部管理职权过程中制作或获取；（5）不对外直接发生效力，不对申请人的权利义务产生影响。[3]其中，"效力标准是法院判定内部管理信息的主要考察因素"，[4]从而导致内部管理信息难以与过程性信息相区分。

信息效力指的是所依托的行为的效力，不对外直接发生效力的行为称为内部行为，内部行为有如下两种类型：（1）以"行政机关对行政机关工作人员的奖惩、任免等决定"为代表的，过去基于特别权力关系理论不受司法审查的内部管理行为。内部管理行为与外部相对人的权利义务无关，从而不对外发生效力。（2）以会议纪要为代表的、在最终的行政决定作出之前的过程性行为。过程性行为不对外"直接"发生效力，但是满足涉权性，具体、确

---

[1] 孔繁华："过程性政府信息及其豁免公开之适用"，载《法商研究》2015年第5期。

[2] 参见龙非："德国《信息自由法》中的'过程性信息'保护"，载《行政法学研究》2013年第3期。

[3] 杨登峰："内部管理信息的认定"，载《法商研究》2015年第4期。

[4] 梁艺："政府信息公开中'内部管理信息'的判定"，载《行政法学研究》2015年第1期。

定与直接性，相对人知悉三要素，可以完成"外部化"，向对外直接发生效力的行政行为转变。[1]由于内部管理行为与过程性行为一般都不对外直接发生效力，因此以是否对外直接发生效力为标准，将难以区分内部管理信息与过程性信息。

"内部事务信息是国际上较少使用的概念和独立存在的免除公开事项，主要是美国在运用，并经历了范围的重大变迁，值得我们借鉴和反思。"[2]美国1946年《行政程序法》规定行政机关内部管理文件不在公开范围之内，1966年制定《情报自由法》时，认为内部管理一词范围太广，改为内部人员的规则和习惯。参议院在立法报告中认为内部的人员规则和习惯是指无关紧要的人员规则，如车库的使用、食堂规则、病假政策等琐碎事项。众议院有不同的理解，认为内部人员规则和习惯是指仅仅指导机关人员的事项，包括机关的活动规则、指导方针和调查程序手册等。美国下级法院大部分采取参议院的解释，最高人民法院在1976年的空军部诉罗斯案件的判决中认为参议院的意见更正确地反映了立法的意图，但是也没有完全否认众议院的观点。[3]结合美国参议院、众议院以及法院的观点，内部管理信息可以分为无关紧要的人员规则以及指导机关人员的事项。

无关紧要的人员规则与过程性信息的区别在于，前者仅与内部相对人的权利义务有关，后者则与外部相对人的权利义务有关，因此应当根据内容对二者加以区分。指导机关人员的事项与过程性信息的区别在于，前者能反复适用，与特定相对人的权利义务无关，但是后者则产生于具体案件，不能反复适用。无关紧要的人员规则不公开的理由在于"对这类轻微事项，公众没有知道的利益，要求得到这类文件，只是增加行政机关的工作，无助于公共利益"。[4]但是，如果申请人具有获取内部管理信息的利益，即申请公开的内部管理信息符合"与公众生产、生活、科研等需要有关"，"可以在诉讼或行政程序中作为书证使用"，"对申请人权利义务产生影响"或"公开信息对行

---

[1] 参见刘飞、谭达宗："内部行为的外部化及其判断标准"，载《行政法学研究》2017年第2期。

[2] 杨伟东："内部事务信息的确立、运用和发展——兼论与过程性信息的界分"，载《中外法学》2021年第1期。

[3] 王名扬：《美国行政法》，北京大学出版社2016年版，第731-732页。

[4] 王名扬：《美国行政法》，北京大学出版社2016年版，第731-732页。

政机关履行重要外部职能没有影响"任意情形之一的，行政机关应该将其公开。〔1〕机关的活动规则、指导方针和调查程序手册不公开的理由则在于如果公开可能帮助逃避政府的控制和执法，对机关重要职能的进行会产生极大的妨碍。〔2〕如果不具备上述理由，机关的活动规则、指导方针和调查程序手册当然也应当公开。

因此，本案中的会议纪要、领导批示并非一审法院所认为的内部管理信息，而是过程性信息。会议纪要、领导批示可以不予公开的理由是保护机构内部或不同机构之间的交流，从而使官员能够畅所欲言，毫无顾忌地表达自己的真实想法。行政机关如果不予公开会议纪要、领导批示，应当说明不予公开的理由，即会议纪要、领导批示所保护的行政执法中的利益与申请人获取会议纪要的利益相比更为重要，而非仅简单援引《意见》第 2 条的规定。如果行政机关将《意见》第 2 条的规定视为强制性规定，一律不予公开内部管理信息以及过程性信息，构成裁量懈怠，人民法院应当认定其违法并且予以撤销，而非驳回原告李清林的诉讼请求。

【后续影响及借鉴意义】

本案中，被告安阳市人民政府分别以不属于政府信息、政府信息不存在、依法属于不予公开范围或者依法不属于被告公开为由逐项拒绝了原告李清林的申请。人民法院虽然对上述理由是否成立逐项进行了审查，但是裁判理由与论证都存在一定的瑕疵。其中，最高人民法院并未指明会议纪要、领导批示属于内部管理信息还是过程性信息，而是将《意见》第 2 条规定的内部管理信息以及过程性信息统称为敏感信息，体现了最高人民法院自身对内部管理信息与过程性信息缺乏清晰的区分，导致司法实践中二者混同的现象屡见不鲜。

《政府信息公开条例》（2019）第 16 条吸收了《意见》第 2 条，明确规定："行政机关的内部事务信息，包括人事管理、后勤管理、内部工作流程等方面的信息，可以不予公开。行政机关在履行行政管理职能过程中形成的讨

---

〔1〕 参见杨晓萌："政府内部管理信息公开问题探析"，载《中国行政管理》2018 年第 2 期。
〔2〕 参见王名扬：《美国行政法》，北京大学出版社 2016 年版，第 732 页。

论记录、过程稿、磋商信函、请示报告等过程性信息以及行政执法案卷信息，可以不予公开。"与《意见》相比，《政府信息公开条例》（2019）毋庸置疑可以作为行政机关的行为依据以及人民法院的审查依据，其明确将人事管理、后勤管理、内部工作流程纳入内部事务信息，将讨论记录、过程稿、磋商信函、请示报告纳入过程性信息，并且明确授予了行政机关决定是否公开内部事务信息与过程性信息的裁量权，为司法实践提供了更为明确的指导。

在上海市高级人民法院发布"某塑料技术公司诉上海市浦东新区人民政府信息公开案"中，上海市第三中级人民法院二审认为，《政府信息公开条例》（2019）所指的内部事务信息是指行政机关在日常工作的过程中，行使内部事务管理职权时产生的信息。从内容上来说，其仅涉及行政机关的日常内部管理事项，与公共利益无关。从效力上来说，对外不直接发生约束力，不会对机关外部人员的权利义务产生直接影响。因内部事务信息与公共利益无关，不予公开是为了避免给行政机关增加不必要的负担。行政机关基于公共利益需要，履行行政管理职能，在作出房屋征收决定前，对相关稳定事项进行风险评估而产生的信息，不属于《政府信息公开条例》（2019）第 16 条第 1 款所指的内部事务信息。[1]上海市第三中级人民法院不仅从效力上，而且从内容上确立了内部事务信息的认定标准，从而避免内部事务信息与过程性信息相混淆；不仅说明了内部事务信息的认定标准，还说明了内部事务信息不予公开的理由，体现了司法实践在《政府信息公开条例》修订后的进步与发展。

有学者认为可将内部事务信息限缩并更名为"纯行政内部信息"，主要指技术性、细节性信息，不公开的理由在于这些信息是琐碎的，与真正的、重要的公共利益无涉，可以预期公众对此不感兴趣，不公开可以将行政机关从收集和提供这些信息的负担中解脱出来，或者公开会增加不必要的行政成本、降低行政效率，有损行政有效运行。过程性信息更名为"机关及其人员的评价性信息"，包括决定作出前意见、建议、观点等信息，不公开的理由在于公

---

〔1〕 参见"上海市高级人民法院发布 10 起 2020 年行政审判典型案例"，载 https://www. pku-law.com/pfnl/95b2ca8d4055fce1023e4fa59bd220ce3383ec54c07fa5cabdfb.html，最后访问日期：2022 年 5 月 4 日。

开将有损于公务员有效交流和决定的质量。[1]上述观点反映了《政府信息公开条例》修订后学界就内部事务信息与过程性信息逐渐达成的共识，与司法实践的发展相一致。

（指导老师：张冬阳　中国政法大学法学院讲师）

---

[1]　参见杨伟东："内部事务信息的确立、运用和发展——兼论与过程性信息的界分"，载《中外法学》2021 年第 1 期。

案例十 内部管理信息的界定与不予公开的司法审查

——宋让仲等诉陕西省咸阳市秦都区人民政府信息公开案

雷晓琳 *

【案例名称】

宋让仲等诉陕西省咸阳市秦都区人民政府信息公开案 [陕西省高级人民法院（2017）陕行终 661 号行政判决书、最高人民法院（2018）最高法行申 265 号行政裁定书]

【关键词】

政府信息公开 内部管理信息 过程性信息

【基本案情】

宋让仲、曹养峰因本村土地征收之事，分别向陕西省咸阳市秦都区人民政府（以下简称秦都区人民政府）邮寄申请，请求公开陕西省西咸新区沣西新城管委会（以下简称沣西新城管委会）与秦都区人民政府签订的委托征地协议。

秦都区人民政府于 2017 年 2 月 21 日与 3 月 11 日收到申请后，于 2017 年 3 月 23 日分别作出《申请政府信息公开答复函》（以下简称被诉答复）称，宋让仲、曹养峰要求公开的委托征地协议与其生产、生活、科研等特殊需要无关，且属于内部管理信息，该机关不予提供。而宋让仲、曹养峰认为，本

---

* 作者简介：雷晓琳，中国政法大学法学院宪法学与行政法学专业 2021 级硕士研究生。

次征收的土地包括他们的承包地，与其生产、生活及切身利益相关，秦都区人民政府应当公开该信息，因此向陕西省咸阳市中级人民法院提起行政诉讼。他们的诉讼请求为：确认秦都区人民政府作出的被诉答复违法并予撤销，责令秦都区人民政府在 15 日内公开沣西新城管委会与秦都区人民政府签订的委托征地协议。

陕西省咸阳市中级人民法院受理了该案，一审法院审理后认为，宋让仲、曹养峰申请公开的秦都区人民政府与沣西新城管委会签订的委托征地协议是两单位在征地过程中形成的内部管理信息，该协议不对外发生法律效力，故宋让仲、曹养峰申请公开的委托征地协议不属于政府信息，且宋让仲、曹养峰不能合理说明申请获取该协议系自身生产、生活、科研等特殊需要，秦都区人民政府所作答复正确，判决驳回宋让仲、曹养峰的诉讼请求。

宋让仲、曹养峰不服，提起上诉，[1]当事人对一审查明的事实部分无异议，对此陕西省高级人民法院予以确认。二审法院认为，根据《政府信息公开条例》[2]第 13 条以及《最高人民法院关于审理政府信息公开行政案件若干问题的规定》第 5 条第 6 项、第 12 条第 6 项，被告已经履行法定告知或者说明理由义务的，人民法院应当判决驳回原告的诉讼请求。本案中，宋让仲、曹养峰要求公开的委托征地协议由沣西新城管委会与秦都区人民政府签订，该征地协议虽然涉及二人所在村的土地，也包括二人的承包土地，但是，与宋让仲、曹养峰有关的土地被征收所产生的安置、补偿等由《土地管理法》等法律法规调整，该协议对协议双方之外的公民、法人或者其他组织没有约束力。即使该协议未约定被征收人应享有的权利，宋让仲、曹养峰作为被征收人依法享有法律法规规定的权利和待遇也不因该协议而受影响。秦都区人民政府以宋让仲、曹养峰申请公开该协议与其生产、生活、科研等特殊需要无关为由不予公开，符合上述规定。二审法院判决驳回上诉人的上诉请求。

宋让仲、曹养峰不服二审判决，向最高人民法院申请再审。最高人民法院受理了该案并对该案进行了审查。最高人民法院认为，一、二审法院认定涉案协议属于内部管理信息和过程性信息且与申请人生产、生活和科研无关

---

〔1〕 陕西省高级人民法院（2017）陕行终 661 号行政判决书。

〔2〕 本案历审裁判文书中援引的《政府信息公开条例》均为 2007 年公布版本，本文简称为《政府信息公开条例》；对 2019 年修订的《政府信息公开条例》，本文简称为《政府信息公开条例》（2019）。

的裁判属于适用法律错误，申请人的再审申请符合《行政诉讼法》第 91 条第 4 项的规定，裁定陕西省高级人民法院再审此案。

本案涉及的法律规范条文有：

《国务院办公厅关于做好政府信息依申请公开工作的意见》（国办发〔2010〕5 号）第 2 条第 2 款："……行政机关在日常工作中制作或者获取的内部管理信息以及处于讨论、研究或者审查中的过程性信息，一般不属于《条例》所指应公开的政府信息。"

《政府信息公开条例》第 13 条："除本条例第九条、第十条、第十一条、第十二条规定的行政机关主动公开的政府信息外，公民、法人或者其他组织还可以根据自身生产、生活、科研等特殊需要，向国务院部门、地方各级人民政府及县级以上地方人民政府部门申请获取相关政府信息。"

《政府信息公开条例》第 16 条第 1 款："行政机关的内部事务信息，包括人事管理、后勤管理、内部工作流程等方面的信息，可以不予公开。"

【裁判要旨】

内部管理信息是与公共利益无关的纯粹的行政机关内部的事务信息，如行政机关内部的工作流程、人事管理、后勤管理等有关行政机关内部事务的信息。判断是否属于内部管理信息，不能仅在形式上以该信息系行政机关内部工作安排、仅在内部流转不向外部送达为由就将其认定为内部管理信息。不公开此类内部管理信息，主要是因为该类信息对行政机关的决策、决定不产生实际影响，不公开不影响公民对行政权的监督，公开后对公民的生产、生活和科研等活动无利用价值。

【裁判理由与论证】

最高人民法院确认了二审法院查明的事实，但认为二审法院适用法律错误，指令陕西省高级人民法院再审此案。

在判决理由部分，根据《国务院办公厅关于做好政府信息依申请公开工作的意见》（以下简称《意见》）第 2 条第 2 款、《政府信息公开条例》第 13 条的规定，最高人民法院围绕涉案委托征地协议是否属于内部管理信息或者过程性信息，以及申请人是否对涉案委托征地协议具有生产、生活、科研等特殊需要这两个焦点问题进行了论证。[1]

针对涉案委托征地协议是否属于内部管理信息或过程性信息的问题，最高人民法院分别从涉案委托征地协议是否属于内部管理信息与是否属于过程性信息两个方面进行了论证。

一、涉案委托征地协议是否属于内部管理信息？

《意见》第2条第2款对内部管理信息进行了初步界定，认为内部管理信息是在日常工作中制作或者获取的信息。最高人民法院在本案裁判中对内部管理信息的含义进行了解释，认为内部管理信息是与公共利益无关的、纯粹的行政机关内部的事务信息。从这一解释中可以识别出内部管理信息的两个特点，即与公共利益无关且属于行政机关内部事务信息。

最高人民法院还对内部管理信息的种类进行了列举："一般认为，行政机关内部的工作流程、人事管理、后勤管理等有关行政机关内部事务的信息，可不予公开。"这一列举与《政府信息公开条例》（2019）第16条列举的内部事务信息的类型相一致。[2]在解释内部管理信息含义的基础上，最高人民法院还就此类信息不予公开的原因进行了说明，即该类信息对行政机关的决策、决定不产生实际影响，不公开也并不影响公民对行政权的监督，公开后对公民的生产、生活和科研等活动无利用价值。这一理由阐述与最高人民法院对内部管理信息的界定相互印证，因为如果申请公开的信息是行政机关的内部信息，就意味着该信息不会产生对外效力，不公开此类信息并不损害公民的知情权也不会影响公民对行政机关的监督，同时判断信息是否具有对外效力也能够帮助法院界定内部管理信息。

与此同时最高人民法院还在裁判中明确："不能仅以信息为行政机关内部工作安排，仅在内部流转，不向外部送达就认定为内部管理信息。"在具体涵

---

[1] 2019年修订的《政府信息公开条例》删去了《政府信息公开条例》（2007）第13条规定的关于公民、法人或者其他组织申请获取相关政府信息需"根据自身生产、生活、科研等特殊需要"的条件，故对本案的第二个焦点问题不再进行阐述。

[2] 2019年修订的《政府信息公开条例》中采用了"内部事务信息"的表述，在该条例修订前，《意见》与实务中都采用的是"内部管理信息"的表述，故本文在论述中沿用"内部管理信息"这一表述，如果涉及对2019年修订的《政府信息公开条例》的引用与阐述，则使用"内部事务信息"的表述。

摄过程中，最高人民法院指出，涉案征地协议是制定村民社保方案的依据，虽然该协议由秦都区人民政府与沣西新城管委会签订，但是该协议是秦都区人民政府为征地而签，协议内容涉及土地及地上附着物的补偿问题以及被征地农民社保方案的制定。这表明该委托征地协议对申请人的权利产生了实际影响，因此最高人民法院认定涉案委托征地协议并非行政机关内部管理信息。

二、涉案委托征地协议是否属于过程性信息？

《意见》第2条第2款还对过程性信息进行了界定，认为过程性信息是处于讨论、研究或者审查中的信息。最高人民法院对此进行了解释，认为过程性信息是行政机关在作出决定前的准备过程中形成的，是处于讨论、研究或者审查过程中的信息。从中可以发现与内部管理信息所突出的"内部性"特点不同，过程性信息的特点在于"阶段性"，也就是过程性信息是尚处于形成阶段的信息。本案中最高人民法院认为涉案委托征地协议不是处于讨论、研究或者审查中的信息，因为该涉案征地协议已经由秦都区人民政府与沣西新城管委会签署完成，并不处于讨论、研究或者审查阶段，甚至该协议已经成为制订村民社保方案的依据，也就是说涉案信息已经制作完成，并非处于形成阶段的过程性信息。

在裁判中最高人民法院也解释了此类信息不公开的原因，即行政行为尚未完成，公开可能会对公共利益或行政机关独立作出行政行为而产生不利影响，同时也是为了保护行政机关内部坦率的意见交换以及意见决定的中立性。从裁判中可知此类信息一般产生于行政机关作出对外产生效力的行政决定前，公开此类信息可能会影响行政机关内部坦诚交换意见，行政机关工作人员可能因公开而不再表达意见，这可能影响行政行为的终局形成；此外，此阶段的信息仍是不成熟的信息，公开此类信息可能会引发公众的误解，同时也可能造成此类信息被特定人不当使用以获取不正当利益。

综上，最高人民法院认定涉案委托征地协议不属于内部管理信息或过程性信息，原审法院认定涉案协议为行政机关内部管理信息和过程性信息属于适用法律法规错误，因此指令陕西省高级人民法院再审此案。

【涉及的重要理论问题】

最高人民法院于 2018 年 12 月对该案作出裁判，其中涉及的理论问题是内部管理信息的识别及其与过程性信息的区别；在此基础上衍生的问题是内部管理信息是否公开的审查问题，包括内部管理信息是应当不公开还是可以不公开，以及司法机关应如何对内部管理信息限制公开进行审查的问题。该案发生于《政府信息公开条例》2019 年修订前，《政府信息公开条例》规定限制公开的事由包括"国家秘密、商业秘密与个人秘密"以及"三安全一稳定"，不包括内部管理信息与过程性信息，所以在涉案信息是否属于内部管理信息或过程性信息的判断上该案是根据《意见》而非《政府信息公开条例》进行裁判的。为贯彻全面推进政务公开的精神，国务院对《政府信息公开条例》进行了修订，《政府信息公开条例》（2019）第 16 条明确规定了内部事务信息与过程性信息可以不予公开。

与《意见》相比，《政府信息公开条例》（2019）在更高层级上对内部管理信息可以不予公开进行了规定，但司法实践中仍然存在将内部管理信息与过程性信息混淆的情况。例如，实践中经常存在将内部管理信息与过程性信息杂糅为"内部过程信息"进行裁判或将内部管理文件认定为过程性信息的情况，[1]这样的裁判可能造成对公民知情权的不当限缩，因此有必要对内部管理信息的含义以及法院对内部管理信息可以不予公开的审查内容进行进一步明确。

一、内部管理信息概念的厘清

在《政府信息公开条例》修订前，行政法规及以上层级的规范中存在"过程性信息"的规定却无"内部管理信息"的相关规定，法院判断争议信息是否属于内部管理信息时主要依据国务院办公厅的文件。《意见》的规定可以被认为是内部管理信息不予公开的起点。该意见实施后环境保护部、人力资源和社会保障部等部门印发的实施办法中开始规定内部管理信息不予公开，

---

[1] 参见郑州铁路运输中级法院（2019）豫 71 行终 256 号行政判决书、广西壮族自治区高级人民法院（2019）桂行申 373 号行政裁定书等。

法院判断争议信息是否属于内部管理信息也主要根据该意见。在该案裁判前，最高人民法院判断内部管理信息时亦主要沿用该意见，且未对内部管理信息的内涵进行界定与解释。该案中，最高人民法院对内部管理信息与过程性信息的含义进行了阐释，从中可以发现内部管理信息与过程性信息的区别。

（一）内部管理信息在规范中的表述

在对内部管理信息进行界定前，需要厘清这一语词的产生与发展，其中的关键是梳理内部管理信息的规范基础。通过梳理能够了解规范为司法自由裁量权的行使所设定的空间大小。[1]

1.《意见》的规定

《意见》的出台使"内部管理信息"这一概念以规范的形式进入公众视野。该意见认为内部管理信息是"行政机关在日常工作中制作或获取的信息"，从中可以抽取出内部管理信息认定的关键要素，即"日常工作"；与之相对应的是《意见》认为过程性信息是"处于讨论、研究或者审查中的信息"，即过程性信息认定的关键在于该信息是在行政机关讨论、研究或者审查的过程中生成的。《意见》对这两类信息的内容进行了概括性的界定，并无更详细的论述，同时也并未提及两类信息的判断标准问题。[2]

此外，《意见》中"内部管理信息一般不属于《政府信息公开条例》所指应公开的政府信息"的规定可能面临规范效力的质疑。国务院办公厅作为国务院日常工作的执行机构，发布的文件并不属于部门规章，因而理论上司法实践中法院可以"引用"，无须"适用"或"参考"；然而事实上检索类似案件可以发现，大量法院在认定内部管理信息不予公开时所援引的依据为该意见。根据最高人民法院印发的《关于审理行政案件适用法律规范问题的座谈会纪要》，最高人民法院认为国务院部门对具体应用法规作出的解释对人民法院不具有法律规范意义上的约束力；但是经审查认为该解释合法、有效并合理、适当的，在认定被诉具体行政行为合法性时应承认其效力。由此可以看

---

[1] 参见张岩："政府信息的认定"，载《中国行政管理》2012年第8期。
[2] 参见张咏："内部管理信息一般不公开的判断框架——基于法条规定的实证分析"，载《公法研究》2016年第2期。

出最高人民法院肯定了行政规定事实上的法源地位。[1]

最高人民法院裁判政府信息公开案件的司法实践，进一步证实了"可以在裁判中援引《意见》"的观点。在张辉、金实诉北京市人民政府信息公开案中，最高人民法院明确指出："国办发5号文这一解释性规定符合国际通例，有利于兼顾公开与效率的平衡。"[2]在此后的周素梅诉武汉市汉阳区人民政府信息公开案中，最高人民法院重申《意见》在性质上属于全国政府信息公开工作主管部门对《政府信息公开条例》的具体应用解释，符合国际通例也有利于兼顾公开与效率的平衡。[3]由此可以看出《意见》事实上具有很高的权威性，在裁判中法院能够援引《意见》进行裁判说理。

2. 《政府信息公开条例》（2019）的规定

《政府信息公开条例》（2019）的修订缓解了对《意见》效力的质疑，其明确规定内部事务信息是"包括人事管理、后勤管理、内部工作流程在内的信息"。从《意见》到《政府信息公开条例》（2019），规定内部管理信息不予公开的规范的效力层级从规范性文件跃迁为行政法规。与此同时，规范对"内部管理信息"的表述也发生了细微变化，即从《意见》中"内部管理信息"的表述变为《政府信息公开条例》中"内部事务信息"的表述。这一用语的微妙变化或与《政府信息公开条例》（2019）中列举的内部事务信息的类型相关，《政府信息公开条例》（2019）所列举的信息除人事管理信息与后勤管理信息外，还包含内部工作流程的信息，根据文义解释，内部工作流程信息是指有关行政机关工作事项流向顺序的信息，这一内容很难为"管理"的概念完全包含，所以《政府信息公开条例》（2019）采用了范围稍广的"内部事务信息"的表述。《政府信息公开条例》（2019）中"等"字的表述也意味着内部事务信息不限于所列的三类信息，这给予了司法机关自由裁量的空间。此外，《政府信息公开条例》（2019）第16条第1款中"可以不予公开"的表述与第16条第2款中规定的"应当公开的，从其规定"都明确了内部事务信息并非绝对不公开的信息，立法机关或行政机关可以制定公开内部事务信

---

〔1〕 陈欧飞："'法规性文件'考"，载《公法研究》2013年第1期。

〔2〕 参见最高人民法院（2016）最高法行申2769号行政裁定书。

〔3〕 参见最高人民法院（2017）最高法行申1310号行政裁定书。

息的规定，这也表明司法机关对判断内部事务信息是否公开享有自由裁量权。

3. 其他文件的规定

在前述两个规范的基础上，地方与国务院部门也对内部管理信息是否公开的问题进行了规定。笔者在北大法宝网站上，分别以"内部管理信息"和"内部事务信息"为全文关键词进行了检索，发现 21 部现行有效的部门规范性文件与 3 部现行有效的部门规章对内部管理信息进行了规定，此外还有 2 部现行有效的地方规范对内部管理信息进行了规定。梳理前述规章文件可以发现，大部分规范仅是简略提及内部管理信息这一概念，其表述与《政府信息公开条例》（2019）并无二致，[1] 并未涉及内部管理信息的界定标准问题。此外，这些规范中的内部管理信息主要指行政机关在日常工作中获得的信息，过程性信息主要指行政机关在调查、讨论之中获取的信息。稍显不同的是《广州市政府信息公开规定》，其将"领导成员廉洁自律情况"划入实行行政机关内部公开的内部管理信息范畴。

综合来看，对内部管理信息加以规定的规范本身的效力层级有所提升。内部管理信息这一概念也呈现清晰化的趋势，《政府信息公开条例》（2019）中"人事管理、后勤管理与内部工作流程"的列举使人们对内部管理信息概念的认知更为具象。且《政府信息公开条例》（2019）中"可以不予公开"的表述也使得对此类信息是绝对不公开还是相对不公开的讨论逐渐平息。然而观察其他文件规定和司法实践可以发现，绝大多数文件并未对内部管理信息的含义有更明确的细化，实践中各类政府信息又是层出不穷，如何更为明确、清晰地界定内部管理信息，以及在完成内部管理信息界定后如何评估是否应予公开等问题都值得我们不断探究。

（二）内部管理信息与过程性信息的辨析

《政府信息公开条例》（2019）将内部管理信息与过程性信息规定在同一法条的不同条款中，这可以表明两者实际上为不同类别的信息；[2] 然而在司

---

〔1〕 如自然资源部颁布的《自然资源部政府信息公开工作规范》、国家税务总局办公厅印发的《税务机关政府信息公开申请办理规范》、住房和城乡建设部印发的《住房和城乡建设部政府信息公开实施办法（修订）》等。

〔2〕 参见杨伟东："内部事务信息的确立、运用和发展——兼论与过程性信息的界分"，载《中外法学》2021 年第 1 期。

法实践中多有混淆过程性信息与内部管理信息的裁判出现，所以需要区别内部管理信息与过程性信息这两个不同的概念。在宋让仲、曹养峰诉秦都区人民政府信息公开案中，虽然法院没有对内部管理信息与过程性信息之间的区别进行直接的阐述说明，但是从法院对内部管理信息与过程性信息的不同界定中，可以分析出内部管理信息与过程性信息的差异。

1. 实质内容不同

与抽象的规范相比，该案中法院对内部管理信息的解读更为精细，其认为内部管理信息是与公共利益无涉的纯粹的行政机关内部的事务信息，而过程性信息则是在行政机关作出决定前的准备过程中形成的信息。从法院对两类信息的不同界定中可以发现，两类信息实质内容的侧重点有所不同。"过程"是"过程性信息"的核心要素，该核心要素以信息自身的发展状态为基准对过程性信息进行界定，本质上此类信息是一种"不成熟"的信息；而"内部"则是"内部管理信息"的核心要素，该核心要素并非以信息自身发展状态为基准界定信息，而是在"已成熟"的信息范围内，从外部与内部的比较中来界定信息，强调信息内容与作用对象的内部性。[1]

2. 调整目的不同

从规范目的角度观察，内部管理信息与过程性信息承载着不同的规范调整目的。过程性信息可以不予公开的原因在于该信息所表现的内容尚处于讨论当中，并不具有确定性；而内部管理信息之所以不予公开则主要是因为内部管理信息并不具有外部性，该信息所表现的内容并不会对公众的权利义务产生直接效果。[2]此外，由于过程性信息本质上是不成熟的信息，出于公开不成熟信息会影响社会公平与稳定以及希望促进行政机关工作人员在决策制定、行为作出等问题上充分发表意见的考量，过程性信息可以不予公开；而内部管理信息由于具有内部性且不会对外产生法律效力，同时此类信息数量庞大，公开成本可能较高，故《政府信息公开条例》（2019）规定内部管理

---

〔1〕 参见张咏："内部管理信息一般不公开的判断框架——基于法条规定的实证分析"，载《公法研究》2016年第2期。

〔2〕 参见万静、刘子阳："司法部负责人就政府信息公开条例修订答记者问"，载《法制日报》2019年4月16日，第2版。

信息可以不予公开。[1]

综上所述，从该案对过程性信息与内部管理信息的不同认定中，可以发现过程性信息与内部管理信息在实质内容、规范调整目的上存在差异，在概念上可以将两类信息进行区分。

（三）区别内部管理信息与过程性信息的意义

首先，区别内部管理信息与过程性信息有利于更好地界定内部管理信息这一概念。一般而言，某一事物的概念往往包含两个部分：一是概念的核心内涵；二是概念的外延部分。内部管理信息与过程性信息发生混淆，主要是这两个概念的外延部分可能存在边界不清的情况，因此区分内部管理信息与过程性信息的过程其实也是厘清内部管理信息概念外延的过程，这一过程有助于内部管理信息概念本身的界定。因此，在语义层面上区别内部管理信息与过程性信息有利于更好地界定内部管理信息这一概念本身。

其次，区分内部管理信息与过程性信息有利于法官在案件裁判过程中更准确地适用《政府信息公开条例》（2019）的规定，从而避免在裁判中笼统援引两个概念造成裁判说理不清。哈特提出了语言的"开放结构"，[2]此种立法语言的开放性往往可能带来语义的冲突、逻辑的混乱以及规范界限的模糊，这些问题可能在立法过程中难以发现，但一旦进入法律适用过程，此种语言失范的现象则很容易发生。[3]具体到本文讨论的问题上，内部管理信息与过程性信息之间所存在的界限上的模糊可能会影响司法机关的裁判。实践中确实存在行政机关以内部管理信息为由拒绝公开，法院缺少详细论证而直接将该信息认定为过程性信息不予公开的情形。[4]因此，在实践层面上区分内部管理信息与过程性信息有利于维护司法的专业性与权威性。

二、内部管理信息豁免公开的实体审查

由于《政府信息公开条例》（2019）规定内部管理信息属于可以不予公

---

〔1〕 参见程曦："内部管理信息和过程性信息能否公开应区别对待"，载《保密工作》2013 年第 5 期。

〔2〕 [英]哈特：《法律的概念》，张文显等译，中国大百科全书出版社 1996 年版，第 127-128 页。

〔3〕 参见张玉洁："哈特'开放结构说'的立法反思与现实回应——以法律文本中模糊语词为例的分析"，载《北方法学》2017 年第 4 期。

〔4〕 参见合肥市中级人民法院（2016）皖 01 行初 60 号行政判决书。

开的信息，"可以"的表述意味着内部管理信息存在公开的空间，这就涉及内部管理信息是否可以公开的司法判断问题。该案虽然裁判于《政府信息公开条例》修订前，但是它可以为内部管理信息是否能够豁免公开的判断问题提供一定借鉴。

（一）内部管理信息的初步识别

首先要对涉案信息进行初步识别以判断该信息是否属于《政府信息公开条例》（2019）第16条第1款所指的内部管理信息。如前所述，该案实际上提供了识别内部管理信息的关键要素即内部性要素，但是仅仅依靠内部性要素识别内部管理信息是不够的，还应当引入《意见》中体现的"日常性"要素来辅助认定内部管理信息。

1. 内部性

如前所述，内部性是识别内部管理信息的关键。分析该案的论述，法院对内部性的判断包含了两个方面的考量，即信息从行政机关内部产生，同时此类信息对外不产生效力。该案并未对这两个方面作进一步分析，但实际上这两大组成部分存在继续细化的空间。

（1）行政机关内部产生。

内部管理信息的特点之一是信息在行政机关内部生成。从行为属性上看，内部管理信息是在行政机关内部管理过程中制作并形成的；从行为内容上看，内部管理信息针对的是行政机关内部的管理事项，多指向行政系统内部各种事项运转、人员管理以及财务管理的事宜，这些管理内容不会涉及公共职能的行使。例如，在实践中行政机关内部人员的考核奖惩规定、办公设备的管理规定等信息往往被认定为内部管理信息。

（2）对外不产生效力。

内部性还体现在此类信息不具有直接的对外效力，也即内部管理信息的接收对象为行政机关内部人员，信息的效力不会影响到行政机关以外的相对人。[1]这一标准是内部性的重要判断标准，因为这意味着此类信息只会对行政机关及其内部人员产生影响，对外不产生直接的法效果，因此不公开并不

―――――――――

〔1〕 参见秦潇："内部管理信息的法律性质界定"，载《重庆与世界（学术版）》2014年第6期。

影响公众的知情权等权利。

2. 日常性

该案中最高人民法院并未提及内部管理信息的日常性特点，但《意见》对内部管理信息进行界定时指出此类信息是在日常工作中制作或者获取的。鉴于该意见的权威性且至今现行有效，该意见中提到的"日常性"也应被视为识别内部管理信息的一个要素。日常性是依据行政机关制作信息的频率来对信息进行界定。根据《辞海》的解释，"日常"二字应当被解释为"平日、平时"，将日常性应用于内部管理信息的界定上，意味着此类信息应当产生于行政机关惯常所为之事上，[1]如行政机关内部日常管理规范或运作流程等。这些信息实际上是行政机关在处理日常事务而非对外履行行政职责中形成的，因而一般无须公开。

综上，当涉案信息满足"内部性"与"日常性"的要件时，可以初步认定该信息属于内部管理信息。

(二) 公开是否影响行政机关履职

1. 考察内容

前述"内部性"与"日常性"是初步判断内部管理信息的两个要素，如果仅依据这两个特点就认定不予公开该信息，可能会不当侵害公民的知情权。虽然宋让仲、曹养峰诉秦都区人民政府信息公开案的裁判于《政府信息公开条例》修订前，但是法院对内部管理信息的界定以及其对内部管理信息不公开原因的说明，能够为《政府信息公开条例》修订后判断内部管理信息是否公开提供启发。该案中法院认为内部管理信息是与公共利益无关的信息，这一判断与美国1976年空军部诉罗斯案中参议院对类似内部管理信息的狭义解释相似，此后1981年克鲁克案对此类信息采广义解释，到2011年米尔纳案再次采取严格文义解释的方法。[2]

是否与公共利益相关的判断背后涉及是否影响行政机关正常履职的判断，因为如果此类信息属于与真正的、重要的公共利益无涉的信息，可以预期公

---

〔1〕 参见张咏："内部管理信息一般不公开的判断框架——基于法条规定的实证分析"，载《公法研究》2016年第2期。

〔2〕 参见梁艺："政府信息公开中'内部管理信息'的判定"，载《行政法学研究》2015年第1期。

众对此不感兴趣，不公开可以将行政机关从提供这部分信息的负担中解脱出来。[1]否则在行政机关可利用资源有限的背景下，公开琐碎且与公共利益无关的信息将耗费大量资源，并妨碍行政机关的正常运作与履职，这有可能损害国家社会集体利益。[2]因此，即便申请公开的信息能够满足"内部性"与"日常性"的要求，如果该信息的公开会影响行政机关的正常履职，针对此类信息法院应该认定不予公开。

2. 考察方法

内部管理信息能否豁免公开涉及多方利益，一方面，如果大量政府信息借内部管理信息的面纱逃避公开，将会损害公民的知情权，继而会损害公民的监督权且无法发挥政府信息的利用价值；另一方面，如果放宽内部管理信息公开的标准，可能会激励公民大量申请此类繁杂琐碎的信息，影响政府正常履职。这意味着在内部管理信息是否公开的问题上存在利益冲突。面对这些利益冲突法院可以引入利益衡量的方法进行分析比较，对处于公开与不公开两端的利益进行解析，在衡量中确定个案中不同利益的位阶，从而根据不同利益的情况确定保护顺序，进而判断该内部管理信息是否需要公开。

在适用该方法时，法官首先要进行利益解构，对案件中涉及的各方利益进行层层分解。一般而言，内部管理信息是否应公开主要涉及政府正常履职的利益与公众的知情权之间的权衡。然后进行相关性分析，也就是把与利益衡量相关的因素列举出来，如在个案中公开某行政机关的内部工作流程可能有利于公民进行监督，但与此同时公众也可能利用该流程来逃避监管；除此之外，政府公开此类琐碎信息还需要耗费财力与人力成本……种种因素都需要法官在个案中加以斟酌。接着，在揭示案所涉各方利益并对相关因素进行考虑后，法官需要对前述分解出的利益进行排序。进而法官需要判断是否存在替代性方法能够既公开信息又避免损害，如根据《政府信息公开条例》（2019）第 37 条的规定，判断"可分割性原则"能否在个案中予以适用。在经过上述步骤后法官需要比较公开可能造成的损害与不公开可获取的公共利

---

[1] 参见杨伟东："内部事务信息的确立、运用和发展——兼论与过程性信息的界分"，载《中外法学》2021 年第 1 期。

[2] 参见杨晓萌："政府内部管理信息公开问题探析"，载《中国行政管理》2018 年第 2 期。

益的大小来进行裁判。[1]

三、内部管理信息豁免公开的程序审查

《政府信息公开条例》（2019）对内部管理信息进行了界定，但是行政工作涉及内容广泛，《政府信息公开条例》（2019）与最高人民法院的释法说理也难以涵盖内部管理信息的全部。行政机关在实践中存在泛化内部管理信息含义，将应公开而不想公开的信息解释为内部管理信息的可能。对司法机关而言一方面需要明确内部管理信息的界定，另一方面即便认定该信息为内部管理信息且属于"可以不予公开"的情形，法院也不应直接认定该内部管理信息可以不予公开，还应当审查行政机关决定不予公开内部管理信息的程序，以防止行政机关逃避信息公开的义务。

根据《政府信息公开条例》（2019）第 36 条第 3 项的规定，行政机关决定不予公开相关信息时应告知申请人并说明理由。具体到内部管理信息豁免公开上，法院在实体判断内部管理信息是否豁免公开时进行的利益衡量实际上是第二次适用利益衡量的方法，行政机关在判断争议信息是否豁免公开的过程中首次应用利益衡量方法。行政机关有必要将首次运用利益衡量方法的过程向申请人展现，以避免内部管理信息不予公开决定作出过程中的"黑箱"出现。与此同时向申请人告知并说明理由的处理方式还应尽可能取得当事人的信服，避免对立，这样有利于降低事后产生争议的可能性；此外，行政机关不予公开理由的积累也有利于内部管理信息的界定，为一般公众提供行为预测。[2]

根据《政府信息公开条例》（2019）第 37 条的规定，如果申请公开的信息能够进行区分处理，行政机关需要提供能够公开的政府信息内容。《美国信息自由法》与《日本独立行政法人信息公开法》中都存在类似规定。这意味着行政机关在受理申请人的申请并将涉案信息认定为内部管理信息后，还应当判断该信息能否被区分处理并且向申请人公布能够公开的部分。这种区分

---

〔1〕　参见王敬波："政府信息公开中的公共利益衡量"，载《中国社会科学》2014 年第 9 期。

〔2〕　参见王万华主编：《知情权与政府信息公开制度研究》，中国政法大学出版社 2013 年版，第 222 页。

处理的方式力求在维护核心利益与兼顾非核心利益之间形成平衡，[1]从而实现对公民知情权最大限度的保护。故行政机关有必要在作出最终处理决定前判断是否能够采用区分处理的方式兼顾各方利益，法院应当审查行政机关是否尝试通过区分处理方式来保障当事人的知情权。

【后续影响及借鉴意义】

2010年国务院办公厅发布的《意见》中首次出现"内部管理信息与过程性信息一般不公开"的规定。此后，《政府信息公开条例》（2019）正式将行政机关内部事务信息纳入可以不予公开的范围中。但是，在司法实践中内部管理信息与过程性信息常常混淆，法院对内部管理信息的界定常存在界定不明、说理不清的问题。本案虽然裁判于《政府信息公开条例》修订前，但裁判文书中对内部管理信息的列举与《政府信息公开条例》（2019）中对内部事务信息的列举不谋而合。同时，该案还对内部管理信息与过程性信息的内涵进行了较为详细的说明，阐明了内部管理信息的内部性以及与公共利益无涉的特点，同时还指出过程性信息的阶段性特点，这使得内部管理信息的内涵与外延都更为明确。此案裁判后部分法院在类似案件的裁判中运用了该案对内部管理信息与过程性信息的解释[2]，该案为后续法院裁判提供了裁判说理的参考。

此外，该案在裁判中还指出："不能仅以该信息系行政机关内部工作安排，仅在内部流转，不向外部送达就认定为内部事务信息。"这为下级法院裁判类似案件提供了可遵循的裁量尺度。但是最高人民法院在指出此种不当做法后并没有从正面阐述内部管理信息的实质判断标准，"系行政机关内部工作安排且在内部流转而不能被认定为内部事务信息"的情形还有待进一步探究与明确。

综上，最高人民法院虽然对内部管理信息的概念进行了界定，但由于行政活动的复杂与规定的模糊，司法中认定内部管理信息还具有较大的裁量空

---

〔1〕 参见王敬波：《政府信息公开国际视野与中国发展》，法律出版社2016年版，第243页。

〔2〕 参见安徽省高级人民法院（2020）皖行申896号行政裁定书、广东省中山市中级人民法院（2020）粤20行终466号行政判决书等。

间。同时内部管理信息与过程性信息之间存在一定的相似之处，这造成了实践中两类信息的混淆，目前已有学者关注到了两者的界分问题。[1]在未来还需要不断细化内部管理信息的界定，通过明确内部管理信息的界限，以防行政机关借内部管理信息之名不当限缩公民的知情权、监督权等权利。

（指导老师：蔡乐渭　中国政法大学法学院副教授）

---

〔1〕 参见杨伟东："内部事务信息的确立、运用和发展——兼论与过程性信息的界分"，载《中外法学》2021 年第 1 期。

案例十一　过程性信息的界定及其豁免公开规则

——张辉等诉北京市人民政府信息公开案

申　耀 *

【案例名称】

张辉等诉北京市人民政府信息公开案［北京市第二中级人民法院（2015）二中行初字第972号行政判决书、北京市高级人民法院（2016）京行终542号行政判决书、最高人民法院（2016）最高法行申2769号行政裁定书］

【关键词】

过程性信息　豁免公开　政府信息公开

【基本案情】

北京市第二中级人民法院一审查明的事实如下：2014年7月27日，张辉等8人以邮寄方式向北京市人民政府（以下简称市政府）提出政府信息公开申请，要求公开"2013年北京市政府对海淀北部地区年度开发建设计划出具的政策批复"。2014年7月28日，市政府向张辉等8人出具登记回执，决定于2014年8月18日前作出书面答复。2014年8月11日，市政府对张辉等8人作出（2014）第164号《答复告知书》（以下简称第164号告知书），告知张辉等8人其所申请获取的信息涉及海淀区北部地区开发工作，北京市领导对相关工作确有批示，但未有正式文件批复。根据国务院办公厅国办发

---

* 作者简介：申耀，中国政法大学法学院宪法学与行政法学专业2021级硕士研究生。

［2010］5 号《关于做好政府信息依申请公开工作的意见》（以下简称国办发5 号文）的相关规定，此类信息不属于《政府信息公开条例》所指应公开的政府信息。张辉等 8 人不服，于 2014 年 9 月 30 日向市政府邮寄行政复议申请书。市政府于 2014 年 10 月 9 日收到该申请，于 2014 年 12 月 9 日作出行政复议决定，维持了第 164 号告知书的决定。张辉等 8 人不服，向一审法院提起行政诉讼。

一审法院审理后认为，政府信息是指行政机关在履行职责过程中制作或者获取的信息，其中履行职责的过程应指履行法定具体职责过程，行政机关在工作中进行研究、讨论、审查、内部管理等活动，虽属于其工作范围，但如果没有明确的具体职责依据，不宜笼统地将行政机关所有工作活动都纳入其履行具体职责的范围之内。同时，参照国办发 5 号文第 2 条的规定，行政机关在日常工作中制作或者获取的内部管理信息以及处于讨论、研究或者审查中的过程性信息，一般不属于《政府信息公开条例》所指应公开的政府信息。据此，张辉等 8 人申请获取的信息并非市政府履行法定具体职责过程中制作或者获取的信息，属于"处于讨论、研究或审查中的过程性信息"，市政府以不属于应公开的政府信息告知张辉等 8 人并履行了说明理由义务，符合法律规定，并无不当。市政府作出的维持第 164 号告知书的行政复议决定，符合法律规定，亦无不当。张辉等 8 人的诉讼请求缺乏依据，依照《行政诉讼法》第 69 条的规定，判决驳回张辉等 8 人的诉讼请求。

张辉等 8 人不服，提起上诉。作为二审法院，北京市高级人民法院认为，市政府在法定期限内出具登记回执并对张辉等 8 人的申请作出第 164 号告知书，告知张辉等 8 人其申请获取的信息，市政府没有制作及获取，同时市政府履行了说明理由的义务。因此，市政府作出的第 164 号告知书具有事实依据，符合相关法律规定，并无不妥。市政府基于上述理由作出的维持第 164 号告知书的行政复议决定，亦符合相关法律规定，亦无不妥。综上，张辉等 8 人的上诉理由和请求缺乏事实和法律依据，依照《行政诉讼法》第 89 条第 1 款第 1 项的规定，判决驳回上诉，维持一审判决。

张辉等 8 人对二审判决不服，向最高人民法院申请再审。

【裁判要旨】

一、政府信息不必须具备正式性、准确性和完整性

《政府信息公开条例》第 2 条规定，政府信息是指行政机关在履行职责过程中制作或者获取的，以一定形式记录、保存的信息。[1]根据这一定义，政府信息包括一切记载信息的载体，并非只有形成正式文件的才构成政府信息。构成政府信息，也未必必须具备正式性、准确性和完整性。

二、过程性信息不属于应公开的政府信息

从世界范围来看，内部信息、过程信息、决策信息通常被列为可以不公开的情形。这些信息普遍具有"内部性"和"非终极性"的特点，属于"意思形成"的信息，一旦过早公开，可能会引起误解和混乱，或者妨害率直的意见交换以及正常的意思形成。

【裁判理由与论证】

最高人民法院在再审裁定中指出，本案的核心问题是市政府对张辉等 8 人作出的第 164 号告知书是否合法。围绕该问题，最高人民法院依次论证"案涉信息属于政府信息、案涉信息属于可以不公开的过程性信息、市政府已履行告知及说明理由义务"，最终得出第 164 号告知书合法的结论。

一、案涉信息属于政府信息

最高人民法院认为，《政府信息公开条例》第 2 条并未对"政府信息"提出正式性、准确性、完整性的要求。一审法院之所以得出案涉信息不属于政府信息的结论，是因其将《政府信息公开条例》第 2 条中的"履行职责过程"限缩解释为"履行法定具体职责的过程"，进而认为产生于研究、讨论、审查、内部管理等非正式活动中的信息不属于政府信息。在最高人民法院看来，

---

[1]　本案历审裁判文书中援引的《政府信息公开条例》均为 2007 年公布版本，本文简称为《政府信息公开条例》；对 2019 年修订的《政府信息公开条例》，本文简称为《政府信息公开条例》(2019)。

一审法院的理解混淆了"政府信息"和"不应公开的政府信息"两个概念，案涉信息属于行政机关在履行职责过程中形成的政府信息。

二、案涉信息属于可以不公开的过程性信息

论证案涉信息属于政府信息后，最高人民法院话锋一转，指出"但是，这也不是说凡行政机关在履行职责过程中形成的政府信息都必须公开。从世界范围来看，内部信息、过程信息、决策信息通常被列为可以不公开的情形。这些信息普遍具有'内部性'和'非终极性'的特点，属于'意思形成'的信息，一旦过早公开，可能会引起误解和混乱，或者妨害率直的意见交换以及正常的意思形成"。

然而，案件审理时《政府信息公开条例》尚未规定过程性信息可以豁免公开，案涉信息可以不公开的实定法依据为何？最高人民法院认为国办发5号文第2条第2款可作为依据，该条款规定"行政机关在日常工作中制作或者获取的内部管理信息以及处于讨论、研究或者审查中的过程性信息，一般不属于《政府信息公开条例》所指应公开的政府信息"。本案争讼的政府信息因具有"内部性"和"非终极性"的特点，属于国办发5号文规定的可以不公开的过程性信息。需要说明的是，国办发5号文作为国务院办公厅发布的规范性文件，不具有创设不公开事项的权限，再审裁定通过将其视为《政府信息公开条例》的"解释性规定"来回避可能的争议。直到《政府信息公开条例》（2019）出台，明确规定过程性信息可以不予公开，这一法律依据问题才最终得到解决。

三、市政府已履行告知及说明理由义务

不同于一审、二审法院，最高人民法院在再审裁定中对市政府已告知并说明理由这一涉及第164号告知书合法性的问题一笔带过，仅指出"再审被申请人在说明理由的基础上不予公开，并无不妥"。市政府须履行告知及说明理由义务的依据在于当时的《政府信息公开条例》第21条，该条第2项规定"对申请公开的政府信息，行政机关根据下列情况分别作出答复：……（二）属于不予公开范围的，应当告知申请人并说明理由；……"[1]

---

[1]《政府信息公开条例》（2019）第36条第3项。

【涉及的重要理论问题】

政府信息公开奉行"公开为原则，不公开为例外"的基本原则，不公开须有明确的法定依据。《政府信息公开条例》（2019）第 16 条第 2 款规定过程性信息、行政执法案卷信息可以不予公开，然而其中的过程性信息如何界定、对过程性信息豁免公开如何进行司法审查仍不清晰。这两项问题不仅构成了本案审理过程的核心理论问题，围绕其展开讨论对统一过程性信息豁免公开规则的司法适用、避免行政机关以过程性信息为屏障逃避信息公开义务亦有重要价值。

一、过程性信息的界定

作为法律概念，过程性信息在内涵和外延上均不够明确，行政和司法因此具有广泛的裁量余地。概念的模糊不仅会导致司法认定中的混乱，更有催生行政机关以过程性信息为屏障逃避信息公开义务的风险。因而，有必要在梳理实证法规范的基础上，结合学理及案例对过程性信息概念加以准确界定。

（一）外延界定：基于实证法的演进分析

1. 混乱界定时期

过程性信息最早见诸实定法是在 2002 年公布的《广州市政府信息公开规定》中，其第 14 条第 4 款将过程性信息界定为"在审议、讨论过程中的政府信息"。该规定颁布后的多部地方政府规章也尝试就过程性信息的范围作出界定，如《上海市政府信息公开规定》（2004）第 10 条规定过程性信息包括"正在调查、讨论、处理过程中的"政府信息，而《南京市政府信息公开规定》（2007）第 10 条认为过程性信息在范围上除涵盖"正处于调查、研究、处理过程之中的"，还包括"管理状况不够稳定的"政府信息。可见，彼时实践对于过程性信息的概念外延尚缺乏统一的认识。

2007 年公布的《政府信息公开条例》未对过程性信息加以规定，也未明确将其列入不予公开的情形，只有在条例出台前的专家意见稿中，提出将过程性信息界定为"政府机关决策过程中，政府机关之间或者政府机关内部的研究、建议、讨论或者审议，一旦公开会影响决策过程或造成公众混乱的信息"，并可以不予公开的建议。[1]对此，李广宇法官认为，《政府信息公开条例》放弃对过程性信息加以规定，造成了法律与现实需要的脱节，使得学术界和实务界只能从《公务员法》中关于"工作秘密"的规定，以及《政府信息公开条例》关于"三安全一稳定"的规定中寻找解决之道，[2]这无疑加剧了过程性信息认定上的混乱。

2. 宽泛界定时期

2010年发布的国办发5号文将过程性信息界定为"行政机关在日常工作中制作或者获取的内部管理信息以及处于讨论、研究或者审查中的过程性信息，一般不属于《政府信息公开条例》所指应公开的政府信息"。就外延而论，国办发5号文对过程性信息的界定极为宽泛，只要是产生于行政过程中的信息都有成为过程性信息进而免于公开的可能，远远超过"工作秘密"及"三安全一稳定"的范畴。也正是在这个意义上，国办发5号文有超出《政府信息公开条例》范围，创设不公开事项的嫌疑。发生于这一时期的本案亦可作为宽泛界定的注脚，本案再审裁定并未对案涉信息的内容、载体、功能等要素展开详细分析，而直接以其具有"内部性"和"非终极性"的特点就将其纳入过程性信息的范畴，足见此时过程性信息在外延上具有高度包容性。

3. 类型化界定时期

《政府信息公开条例》（2019）第16条第2款中将过程性信息界定为"行政机关在履行行政管理职能过程中形成的讨论记录、过程稿、磋商信函、请示报告等过程性信息"。除强调作为核心要素的"过程性"外，新条例对过程性信息界定的一个显著特征在于将其类型化为"讨论记录、过程稿、磋商信函、请示报告"四类信息。权威解读指出四类信息是对过程性信息外延的穷尽式列举，即"除此之外，其他信息一般不属于过程性信息"。[3]

类型化的限缩解释复又得到了规范层面的肯认，《司法部关于审理政府信息公开行政复议案件若干问题的指导意见》第8条第6项规定"被申请人答复政府信息不予公开的，行政复议机关应当重点审查下列事项：……（六）申

---

〔1〕　参见周汉华主编：《政府信息公开条例专家意见稿》，中国法制出版社2003年版，第114页。

〔2〕　参见李广宇：《政府信息公开诉讼：理念、方法与案例》，法律出版社2009年版，第120页。

〔3〕　后向东：《中华人民共和国政府信息公开条例（2019）理解与适用》，中国法制出版社2019年版，第43页。

请公开的政府信息是否属于被申请人在履行行政管理职能过程中形成的讨论记录、过程稿、磋商信函、请示报告四类过程性信息"，明确将过程性信息限定在四类信息的范畴之内。至此，过程性信息获得相对清晰的外延界定。需要说明的是，四类信息应理解为反映四类行政意见的信息而非信息的载体形式。讨论记录、过程稿是指形成于行政决策的意思形成过程中，反映行政机关内部不同意见以及初步结论的信息；磋商信函、请示报告是指形成于行政决策的意见交换过程中，反映向上级机关请示、汇报以及不相隶属机关之间商洽、咨询的信息。从实质、功能角度理解四类信息的意义在于，避免行政机关借四类信息之名，规避信息公开的法定义务。

（二）内涵界定：作为核心要素的"过程性"辨析

过程性是过程性信息概念内涵中的核心要素，然而过程是指信息本身的形成过程还是信息所服务的行政行为的形成过程，也即过程性信息究竟指产生于行政过程中的信息还是尚处于制作过程的信息，在理论及实践中始终存有"过程说"与"状态说"的分歧。

1. 过程说

过程说认为，过程性信息概念中的过程，不是指信息的形成过程，而是指信息所服务的行政决策的形成过程，[1]也即行政决策从开始着手到正式作出前的中间阶段。[2]如采过程说，判断一项政府信息是否属于过程性信息须着眼于申请时行政决策的具体状态，如申请公开时，行政决策尚未正式作出，则服务于决策作出的政府信息具有过程性；如申请时行政决策已经结束，则原来的过程性信息不再继续是过程性信息。这一观点同样是司法实践中的主流观点，频繁出现在裁判文书中。例如，罗庆国案中法院认为"所谓'过程性信息'，系指行政机关在最终行政行为作出前，依照相关程序所制作或搜集的，对最终行政行为的作出产生影响的信息材料。在最终行政行为作出前，过程性信息的效力尚属不确定状态，行政机关对此可以豁免公开；在最终行

---

〔1〕 参见杨小军："过程性政府信息的公开与不公开"，载《国家检察官学院学报》2012 年 4 月第 20 卷第 2 期。

〔2〕 参见孔繁华："过程性政府信息及其豁免公开之适用"，载《法商研究》2015 年第 5 期。

政行为作出后，行政机关对于转化为事实性材料的过程性信息应当予以公开"。[1] 又如肖新华案中，法院认定"（原告）申请内容为办理株洲铜塘湾保税物流中心（B 型）设立审批过程中的验收情况记录，属于验收过程的一个环节，在整个验收过程中起到辅助决策作用，原审法院经审查认为该信息属于审查中的过程性信息并无不当"。[2]

2. 状态说

状态说则认为，过程性信息概念中的过程是指信息本身的形成过程，而非行政决策的过程。[3] 判定是否属于过程性信息，应当立足于政府信息本身，以信息的制作或获取状态作为判定基准，只要信息制作完毕、通过特定形式被记录或保存，从而具有使用价值，信息即不再属于过程性信息。[4] 司法实践中亦有案例支持这一观点，如姚新金案中法院认定"福建省人民政府作出征地批复后，有关'一书四方案'（案涉政府信息）已经过批准并予以实施，不再属于过程性信息及内部材料"。[5] 又如张云祥、谢惠凤案中法院认为"四川省人民政府已作出〔2007〕62 号《关于成都市建设农用地转用和土地征收的批复》，同意成都市政府上报的该城市建设用地请示。故案涉政府信息内容已经确定，并产生实际行政效力，不属于过程性信息"。[6] 上述裁判文书均是着眼于政府信息本身的形成状态及效力，来认定其是否属于过程性信息。

3. 过程性的再检讨

从契合实证法规定及保障豁免公开的功能角度，过程性应被理解为信息产生于行政决策作出的过程。一方面，状态说的提出很大程度上受到过去国办发 5 号文的影响。其在规定过程性信息可以不公开时，首先对可申请公开政府信息的特征加以说明，即"行政机关向申请人提供的政府信息，应当是正式、准确、完整的，申请人可以在生产、生活和科研中正式使用，也可以

---

〔1〕 江苏省南京市中级人民法院（2014）宁行初字第 200 号行政判决书。

〔2〕 最高人民法院（2020）最高法行申 6588 号行政裁定书。

〔3〕 参见杨登峰："论过程性信息的本质——以上海市系列政府信息公开案为例"，载《法学家》2013 年第 3 期。

〔4〕 参见张咏："再问'过程性信息'概念界定：行政过程抑或自身状态"，载《甘肃行政学院学报》2015 年第 4 期。

〔5〕 福建省福州市中级人民法院（2014）榕行终字第 83 号行政判决书。

〔6〕 最高人民法院（2020）最高法行申 11839 号行政裁定书。

在诉讼或行政程序中作为书证使用"。持状态说观点者基于此规定主张，过程性信息不公开的理由在于其不是"正式、准确、完整"的政府信息，不具备使用价值。因而判断过程性，也应该立足于政府信息的本身状态。《政府信息公开条例》（2019）对过程性信息明确加以"在履行行政管理职能过程中形成"的限定，此外从作为外延的四类信息中提取共性也可得出"过程性"意指信息产生于行政过程之中，状态说的解释难与实定法规定相契合。

另一方面，过程性信息豁免公开旨在保障行政决策的顺利作出，即通过限制过程性信息被提前公开来保证行政机关及其工作人员在行政决策过程中坦率地发表观点、意见，同时也避免公众因与最终结论有所差异的过程性信息产生对行政决策的误解。也是基于此考虑，比较法上对过程性的认知趋近于过程说，如《美国信息自由法》5U.S.C§552（b）（5）规定的豁免情形，即"机关在诉讼活动中依法无须向诉讼相对方提供机关内部或者与其他机关之间的备忘录或信件"（以下简称豁免5），强调行政机关的"审议过程特权"而非信息本身的状态。[1]又如，《德国信息自由法》第3条第3款b项规定，行政机关会商过程中产生的信息"如果会对行政机关之间的沟通产生损害，则申请人无权获得该信息"，第4条第1款规定，行政决议的准备性信息在"提前公开上述信息会对最终决定的效果或者之前行政机关已经采取的措施造成破坏性影响时"不予公开，就豁免公开的范围和功能而言均指向过程说。[2]状态说认为政府信息制作完毕、具有使用价值即应公开，否则不能有效保障行政过程的坦率与秩序，与过程性信息豁免公开的制度功能相悖。

二、豁免公开的司法审查基准

本案再审裁定指出，政府信息的性质及其是否属于公开例外的判定，是一个法律问题，人民法院能够依职权作出认定。随之而来的问题是，法院审查过程性信息可否豁免公开，应遵循何种基准才能对行政机关的公开裁量权施以有效监督。本文主张结合区分规则、阶段性规则、利益衡量规则对过程性信息豁免公开的司法审查基准加以建构。

---

〔1〕 参见后向东：《美国联邦信息公开制度研究》，中国法制出版社 2014 年版，第 100 页。
〔2〕 参见龙非："德国《信息自由法》中的'过程性信息'保护"，载《行政法学研究》2013 年第 3 期。

（一）区分规则

法院审查过程性信息可否豁免公开，首先应对事实性信息与意见性信息加以区分，事实性信息原则上不受豁免公开规则的保护。事实性信息是指行政机关在行政决策过程中调查、收集的反映客观事实的信息，不包含行政机关及工作人员的主观判断。因为事实是客观存在的，一般不像意见一样充满变化，事实性信息的提前公开不会导致行政机关内部的坦诚沟通受到损害，更不会阻碍行政决策的顺利作出；同时，客观事实的公开是参与和讨论得以进行的前提，事实性信息的充分公开有利于保障决策的科学性。

区分规则最早产生于美国行政法判例之中，并随着判例的丰富逐渐发展成熟。环保部诉明克案中，[1]最高法院首次明确过程性信息豁免公开应以保障决策的有效作出为限，事实性信息并不反映行政机关工作人员的主观意见，公开也不会损害行政机关内部的坦诚沟通。因此，除非事实性信息与意见性信息难以区分，否则应予区分公开。此后，法院认识到事实性信息并非绝对应予公开，其在特定情形中其亦受到豁免公开规则的保护，这些情形主要包括：（1）事实性信息具有反映行政机关决策过程的可能性；[2]（2）事实性信息因产生过程中伴有行政机关工作人员的判断和筛选而具有意见性；[3]（3）事实性信息与意见性信息高度融合、难以区分。[4]

国家安全档案馆诉联邦调查局一案中，[5]哥伦比亚特区联邦地区法院将事实性信息可以例外不公开的情形总结为三类：一是作为建议载体的建议报告虽然作为事实存在但仍可免于公开，因为豁免5并不强调形式高于实质；二是如果事实性信息可以被用于发现行政机关决策的心理过程，则可免于公开；三是如果公开可能会阻止行政机关寻求有价值的信息，则事实性信息可免于公开。有论者指出，上述例外情形的存在反映了美国法院开始将"信息功能标准"作为区分规则的补充，即不局限于某一份文件材料本身的性质，而是通过考察信息在行政机关决策过程中发挥的作用来判断其是否具有审议

---

〔1〕　See Environmental Protection Agency v. Mink, 410 U. S. 73 (1973).

〔2〕　See Wolfe v. Department of Health and Human Services, 839 F. 2d 768 (D. C. Cir. 1988).

〔3〕　See Mapother v. Department of Justice, 3 F. 3d 1533 (D. C. Cir 1993).

〔4〕　See Rabbitt v. Department of the Air Force, 383 F. Supp. 1065 (S. D. N. Y. 1974).

〔5〕　See National Sec. Archive v. FBI, 759 F. Supp. 872 (D. D. C. 1991) .

性，进而明确其是否受豁免公开规则的保护。[1]

我国《政府信息公开条例》（2019）第 37 条规定"申请公开的信息中含有不应当公开或者不属于政府信息的内容，但是能够作区分处理的，行政机关应当向申请人提供可以公开的政府信息内容，并对不予公开的内容说明理由"，为过程性信息豁免公开审查中引入区分规则提供了规范上的支持。实践中也有法院尝试在判决中引入区分规则，如谢勇案中，法院指出"在行政许可完成后，申请人提交的材料，系行政许可的事实性材料，应当予以公开"。[2]但面对原告"事实性信息"不受豁免公开原则保护的主张，不少法院还是采取了回避的态度，径直以案涉信息属于过程性信息为由支持行政机关不公开的决定。[3]笔者认为，审查过程性信息应否公开时，应以区分规则为前提，事实性信息原则上不受豁免公开原则的保护。同时，事实性信息并非绝对应予公开，对于事实性信息例外可以不公开的认定，除可参考美国法上的信息功能标准，允许具有审议功能的事实性信息豁免公开外，还应注意如果信息不完整以至于披露会导致公众产生不必要的误解，或者公开会损害部门优先发布信息的特权时，事实性信息也可免于公开。[4]

（二）阶段性规则

行政决策过程结束后，过程性信息是否还受豁免公开规则的保护？对此问题美国法上通常认为，过程性信息的属性不随行政决策过程的结束而改变，过程结束后的公开同样可能损害行政机关工作人员后续参与决策的坦率。但这并不意味着行政过程的结束对过程性信息豁免公开毫无影响，国家劳动关系委员会诉西尔斯公司案中，最高法院提出豁免 5 不适用于最终意见，如果过程性信息经由行政机关的明确选择或引用为最终意见所吸收，则其不再受

---

〔1〕 参见梁艺："美国信息自由法上过程性信息的豁免公开———基于判例视角的反思与借鉴"，载《法治研究》2014 年第 10 期。

〔2〕 江苏省南京市中级人民法院（2012）宁行初字第 26 号行政判决书。

〔3〕 参见浙江省温州市中级人民法院（2020）浙 03 行终 761 号行政判决书、江苏省南通市经济技术开发区人民法院（2020）苏 0691 行初 7 号行政判决书、上海铁路运输法院（2019）沪 7101 行初 692 号行政裁定书。

〔4〕 参见王敬波："过程性信息公开的判定规则"，载《行政法学研究》2019 年第 4 期。

豁免 5 的保护。[1]或许是意识到豁免 5 对过程性信息的过度保护,2016 年,时任美国总统奥巴马签署《信息自由法》改革法案,规定受豁免 5 保护的信息从制作之日起超过 25 年的,不再豁免。[2]简言之,美国法上对过程结束后的过程性信息,以豁免公开为原则,但施以明确采纳排除和最长保护年限的限制。

我国司法实践对该问题尚缺乏统一的认识。有法院主张"过程性信息"不会因行政决策的作出而自动地改变其"过程"性质,[3]亦有法院提出过程性信息不应是绝对的例外,当决策、决定完成后,此前处于调查、讨论、处理中的信息即不再是过程性信息。[4]笔者认为从豁免公开的保护目的考虑,正式决定作出后对决策过程中的信息予以公开不会造成误解和混乱,反而有助于公众了解决策作出的实际过程。同时,由于行政决策作出的客观情形并不相同,行政机关工作人员提出建议的依据、内容、立场也各不相同,出于担忧过程性信息公开对于行政机关工作人员后续表达坦率的影响,就为其设置没有期限的豁免保护并不合理。[5]因而,法院在审查过程性信息豁免公开时,应以申请时行政决策过程的状态为依据,决策完成后过程性信息不受豁免规则的保护。当然,基于行政活动的复杂性,法院在判断何谓"行政决策过程结束"时,要结合行政机关的意见及行政行为对相对人权利义务所造成的实际影响加以界定。

(三)利益衡量规则

筛除事实性信息、行政过程已结束的信息,不意味着其他过程性信息可以一概豁免公开,法院此时还需要对公开所保护的法益和不公开所保护的法益进行利益权衡。[6]利益权衡规则的建构须依次回答哪些利益需要衡量以及如何衡量两个问题。

过程性信息豁免公开的审查过程中,需衡量的利益主要有以下三类:

---

〔1〕 See NLRB v. Sears, Roebuck & Co., 421 U. S. 132 (1975).

〔2〕 参见后向东:"美国 2016 年《信息自由法》改革法案述评",载《电子政务》2016 年第 10 期。

〔3〕 参见重庆市北碚区人民法院(2013)碚法行初字第 28 号行政判决书。

〔4〕 参见福建省高级人民法院(2014)闽行终字第 12 号行政判决书。

〔5〕 参见王敬波:"过程性信息公开的判定规则",载《行政法学研究》2019 年第 4 期。

〔6〕 参见胡萧力:"会议纪要应否公开的判定逻辑及规则",载《中国行政管理》2018 年第 3 期。

（1）行政机关的利益。保障行政决策中意见交流的率直与不被误解的秩序是法院认可过程性信息不公开的通常理由，张辉案再审裁定即体现了对该理由的考虑。（2）相对人的利益。相对人就信息公开的利益应宽泛理解为相对人的知情权，而非案涉信息对于相对人的价值，避免被取消的"三需要"规定死灰复燃。实践中有法院认为"过程性信息是指，仅凭其本身尚不能增减相对人的义务或权利，需要借助其他行政行为的外化，才能对相对人的权利义务产生实质性影响的信息"，[1]将过程性信息公开与否的判断与相对人权利义务绑定，严重限制了相对人的知情权，应得到纠正。（3）公共利益。与同属豁免公开的"涉及商业秘密、个人隐私等公开会对第三方合法权益造成损害的政府信息"不同，《政府信息公开条例》（2019）并未规定过程性信息对公共利益产生重大影响时公开的例外条款。可能的原因在于，在行政决策过程中，行政机关是公共利益的代表者，其对过程性信息公开与否的判断本身就蕴含着公共利益的考量。然而，这并不意味着法院对于该问题全然退让，实践中法院也会考虑公开对公共利益的影响。例如，红胜民族网络科技公司案二审法院认为，"若符合如下条件时，过程性信息则可以公开：……其四，公开后不影响行政管理目的的实现，不影响国家利益和公共利益"。[2]

上述各种利益的重要程度不仅会因行政决策的不同发生变化，甚至在一个决策过程中的不同阶段也不相同，难以提出一劳永逸的利益位阶。那么应该采取何种标准和程序在个案中进行利益衡量呢？笔者认为，美国法上的"可预期的损害标准"可作为参考的样本。2009年，美国总检察长公布关于《信息自由法》的专题备忘录，将司法部对不予公开决定的辩护标准提高为"该机关合理预见到公开将损害豁免条款所保护的法定利益"，并最终被2016年奥巴马《信息自由法》改革法案所吸收。该标准究其实质是要求行政机关不能仅以不违法为由拒绝公开，而要在能够合理预见到公开将对法律所保护的利益造成伤害的情况下才能拒绝公开。[3]新闻自由委员会诉联邦调查局案中，法院将可预期的损害标准具体化为：一是行政机关必须明确公开对行政决策过程带来的损害为何，而不能以不确定、抽象的恐惧或害怕尴尬为由拒

---

〔1〕　江苏省高级人民法院（2020）苏行终768号行政判决书。

〔2〕　吉林省长春市中级人民法院（2019）吉01行终359号行政判决书。

〔3〕　参见后向东：《美国联邦信息公开制度研究》，中国法制出版社2014年版，第354-356页。

绝公开；二是行政机关必须具体阐述不公开的理由，不能以"笼统的断言"作为理由。[1]

笔者认为，应以《政府信息公开条例》（2019）第 36 条第 3 款规定的行政机关拒绝公开须说明理由为切入点，构建我国过程性信息豁免公开审查中的利益衡量原则。首先，行政机关以过程性信息为由拒绝公开时，需向相对人说明案涉信息公开将对行政决策过程造成可预期的损害，如有证据表明公开会影响到决策制定的质量、决策的有效执行等。其次，法院在审查过程性信息应否公开时，应结合行政机关拒绝公开的理由，审查其中行政机关不公开的利益是否真实存在并检测公开对行政过程将产生何种程度的影响。最后，即使过程性信息公开会对行政过程造成可预期的损害，此时仍需对不公开利益与公共利益加以衡量。具体而言，当过程性信息的公开会损害公共利益时，不公开利益与公共利益同向，不予公开具备合理性基础。但是，当不公开会损害公共利益时，法院如何确立衡量的标准呢？就此问题存在"简单超越"和"优势超越"两种程度不同的审查标准，"印度、日本等国家规定公共利益衡量的标准达到简单超越即可，即公开的公共利益大于例外保护的利益，就可以公开信息。而南非、加拿大等国家法律中要求公共利益超越例外条款保护的利益必须达到优势的程度"。[2]法院可以结合行政决策的类型、公共利益的重要程度等要素在个案中具体选择审查强度。

【后续影响及借鉴意义】

张辉案发生在《政府信息公开条例》（2019）修订之前，最高人民法院在审查依据和审查标准均不明确的情况下，尝试提出过程性信息的界定及豁免公开的规则，体现了司法实践不回避现实问题，通过解释、论证对法律规范进行澄清、续造的努力与智慧。当然，本案存在的问题也是明显的。一方面，最高人民法院仅根据案涉信息具有"内部性"和"非终极性"特征，就将其纳入过程性信息的范畴，存在过程性信息概念泛化的风险。另一方面，最高人民法院在认定案涉信息属于过程性信息后未加以细致的审查衡量，就

---

〔1〕　See Reporters Comm. for Freedom of the Press v. FBI, 3 F. 4th 350, 369 (D. C. Cir. 2021).

〔2〕　王敬波："政府信息公开中的公共利益衡量"，载《中国社会科学》2014 年第 9 期。

径直得出豁免公开的结论，未实现对行政机关信息公开裁量的有效监督。

本案审理后不久，在学界与实务界的共同呼吁下，修订后的《政府信息公开条例》（2019）明确要求将过程性信息限缩于四类意见信息之中，能够有效避免过程性信息在类型上的溢出。然而，《政府信息公开条例》（2019）未能进一步明确过程性信息豁免公开应以行政决策过程结束为限，实践中仍存在会议纪要、请示批复在行政决策作出后被豁免公开的做法。过程性信息类型上的收缩甚至诱发了行政机关转向强调"无期限的保护"，来回避本应承担的信息公开义务。环视政府信息公开领域，过程性信息公开仍然是一片"阳光下的阴影"。

基于前述经验与问题，法院后续在界定过程性信息时，应严格遵循实定法以四类信息为限的要求，结合作为核心要素的"过程性"特征加以判断；审查过程性信息可否不公开时，应依次区分事实性信息和意见性信息，判断申请提出时行政过程是否结束，围绕不公开展开利益衡量。同时，为完善过程性信息豁免公开的司法审查框架，后续还应探索：一是通过案例的积累与发掘，细化审查规则，提炼更为准确、具体的辅助判断规则；二是在理论上研究构建一套利益衡量的分析方法，强化审查过程的科学性。

（指导老师：张力　中国政法大学法学院副教授）

案例十二　政府信息公开豁免事项的界定

——郑某诉杭州市拱墅区人民政府其他城乡建设信息公开复议纠纷再审案

李佳瑶 *

【案例名称】

郑某诉杭州市拱墅区人民政府其他城乡建设信息公开复议纠纷再审案 [浙江省杭州市中级人民法院（2017）浙 01 行初 69 号行政判决书、浙江省高级人民法院（2017）浙行终 1251 号行政判决书、最高人民法院（2018）最高法行申 2928 号行政裁定书]

【关键词】

政府信息公开　裁量豁免事项　知情权

【基本案情】

2016 年 9 月 23 日，郑某向拱墅区人民政府邮寄政府信息公开申请表，"申请公开贵机关对我户位于拱墅区半山街道金星村××号房屋实施强行腾空的行政批准手续、风险评估以及参与实施强行腾空我户房屋的各行政执法机关名称和各行政执法人员的名单及行政执法证，并提供全程录音、录像全部资料（提供复印件加盖印章）"。2016 年 11 月 9 日，拱墅区人民政府作出拱政信公复 2016 第 34 号《拱墅区人民政府信息公开申请答复书》（以下简称 34 号答复书），答复称："1. 关于申请公开'实施强行腾空的行政批准手续'，

---

* 作者简介：李佳瑶，中国政法大学法学院宪法学与行政法学专业 2021 级硕士研究生。

××号房屋系杭州市拱墅区人民法院裁定，由拱墅区政府组织对申请人（户）实施强制搬迁。故我机关认为行政批准手续指向的是（2015）杭拱行审字第4号行政裁定书，依据《浙江省政府信息公开暂行办法》第二十一条的规定，您要求公开的事项属于'应当依照有关法律、法规规定查阅的案卷材料'，请您向杭州市拱墅区人民法院申请查阅。2.关于申请公开'实施强行腾空的风险评估以及参与实施强行腾空我户房屋的各行政执法机关名称和各行政执法人员的名单及行政执法证，并提供全程录音、录像全部资料（提供复印件加盖印章）'的信息与《中华人民共和国政府信息公开条例》[1]第十三条中所述的生产、生活、科研等特殊需要无关，故根据《政府信息公开条例》第二十一条第二项规定，不予公开。3.关于申请公开的'全程录音、录像全部资料'，我机关认为指向的是公证书（附财物登记清单、光盘），故我机关决定予以公开，现将公证书（附财物登记清单、光盘）通过快递、电子邮件的方式提供给您，请收阅、获取。"郑某不服拱墅区人民政府作出的政府信息公开答复，以拱墅区人民政府为被申请人，向杭州市人民政府提出行政复议申请。2017年1月24日，杭州市人民政府作出杭政复〔2016〕611号行政复议决定，维持了拱墅区人民政府作出的34号答复书第2项。郑某不服，向浙江省杭州市中级人民法院提起行政诉讼，请求责令拱墅区人民政府公开2015年12月11日对郑某户房屋实施强拆的"风险评估以及参与实施强拆的执法机关名称和执法人员的名单及执法证，并提供全程录音录像全部资料"。

浙江省杭州市中级人民法院一审判决认为，郑某向拱墅区人民政府提出的政府信息公开申请中，含多个指向。在行政机关向人民法院申请强制执行拆迁争议裁决的案件中，"风险评估"系行政机关单方作出的内部行为，与强制执行的被申请人生产、生活、科研等特殊需要无关。人民法院的准予执行裁定中指定了组织实施的机关，该机关是否组织其他单位、其他人员参与实施，与被执行人的生产、生活、科研等特殊需要无关。以上内容答复不予以公开，符合法律规定。对郑某要求公开"全程录音、录像全部资料"的申请，因拱墅区人民政府已自认未保存与郑某户强制执行过程有关的其他录音录像

---

〔1〕 本案历审裁判文书中援引的《政府信息公开条例》均为2007年公布版本，本文简称为《政府信息公开条例》；对2019年修订的《政府信息公开条例》，简称为《政府信息公开条例》（2019）。

资料，郑某亦未提供证据或线索指向拱墅区人民政府尚保存有其他录音录像资料而未公开，故法院认为被告有关政府信息不存在的主张并无不当。郑某提出的录像资料未拍摄强制执行全程的理由，不属于政府信息公开案件的审查范围。拱墅区人民政府作出政府信息公开答复的程序合法。杭州市人民政府的行政复议程序合法。因此，一审法院判决驳回郑某的诉讼请求。

郑某不服提起上诉，浙江省高级人民法院二审判决驳回上诉，维持一审判决。郑某向最高人民法院申请再审。

【裁判要旨】

一、政府信息以公开为原则，以不公开为例外。

行政机关所制作或保存的政府信息应当尽可能地主动公开或者依申请公开，以最大程度地保障社会公众的知情权，以此监督行政权力运行。只有明确豁免公开信息的内容和范围，才能明确公开信息的内容和范围。

二、是否全部或者部分公开裁量豁免的信息，信息公开义务主体可以依法审查并决定。

豁免公开的政府信息，既包括涉及国家安全等需要绝对豁免公开的信息，也包括可以由信息公开义务主体利益衡量后裁量免予公开的信息，还包括可以与第三方协商确立的豁免信息等。属于裁量豁免范围内的信息，信息公开义务主体应根据情况决定是否豁免。

【裁判理由与论证】

本案中再审申请人郑某的诉讼请求可以分为四个部分：（1）申请公开实施强行腾空的行政批准手续；（2）风险评估报告；（3）各行政执法机关名称和各行政执法人员的名单及行政执法证；（4）全程录音、录像全部资料（提供复印件加盖印章）。故争议焦点在于以上信息是否能够予以公开，需要分别进行审查。

一、实施拆迁的行政批准手续

由于本案中行政机关实施强制执行拆迁所依据的是法院作出的裁定，故行政批准手续指向的是行政裁定书。"属于'应当依照有关法律、法规规定查阅的案卷材料'"，是司法信息而非政府信息，没有必要讨论是否应当公开。再审中，申请人也未就此再次提出公开申请。

二、风险评估报告

一、二审法院认为："'风险评估'系行政机关单方作出的内部行为，旨在预测和评估行政机关自身的风险，强制执行的被申请人并不承担行政机关的风险，也不具有参与、质疑这一风险评估的权利，因此与强制执行被申请人的生产、生活、科研等特殊需要无关。"将其界定为内部信息，因与相对人的"三需要"无关而不予公开。最高人民法院则认为："'风险评估报告'是行政机关在作出决策前据以研究、讨论使用的内部信息，也属于过程性信息，属于信息公开义务主体可以根据情况决定是否豁免的范围。而且，此类社会稳定风险评估本身即包含部分敏感信息，其中有关风险隐患的认定、分析与防范，一旦公开既可能侵犯相关个人隐私，也可能造成风险防范措施的失效；且一旦公开，就存在在一定范围内将影响公共安全和社会稳定的可能性，信息公开义务主体可以依法决定不予公开。"所以，最高人民法院认定风险评估报告虽属内部信息、过程性信息，但并非当然不予公开，而是由信息公开义务主体进行裁量。本案中，由于包含敏感信息，出于保护个人隐私、维护社会稳定、保证行政执法活动正常进行等考量，行政机关可以决定不予公开。

三、执法人员名单及执法证

对于执法人员名单和执法证，一、二审法院依然秉持"三需要"要件进行排除。而最高人民法院则根据"行政机关依申请公开信息，只是提供行政机关以一定形式记录、保存的已经存在的信息"，认定本项信息属于需要加工、汇总的信息，同样是可以不公开的事项。同时，"有关执法人员名单和执法证，均属于政府机关内部人事管理信息，公开历次参与执法的人员名单和包括个人信息的执法证件，可能影响今后行政执法活动的顺利进行或者威胁相关人员人身安全，且当此类信息公开的重要性显著小于公开可能带来的危害性时，信息公开义务主体可以依法决定不予公开"。通过衡量信息公开的重要性和可能的危害后果，得出不予公开的结论。

四、全程录音录像

对于全程录音录像资料，三级法院的观点基本一致，信息公开义务以公开其实际制作和保存的信息为限。在当事人未提供法律依据、初步的证据和线索的情况下，信息公开义务主体只要尽到合理检索义务并作陈述，即可免除公开义务。

综上所述，本案中最高人民法院对于一、二审法院的审查思路与裁判理由进行了纠正：首先，在《政府信息公开条例》修订之前，行政主体、法院往往将"三需要"作为信息公开的实质性限制要件，二者成正向关系，符合"三需要"是信息公开的前提和基础。但"自身生产、生活、科研等特殊需要"是不确定性概念，其内涵、外延的模糊性使得义务主体可以通过这一要件拒绝各种各样的申请，与《政府信息公开条例》"保障公民信息获取权、监督行政、提供服务"的立法目的相悖。而本案中，取代从正面意义上判断积极建构要件，最高人民法院采取的是将某一类情形、事由排除出信息公开范畴的思路。[1]这也体现了从"知的需要"转向"知的权利"的理念转变。[2]申请公开不再要求信息与申请人之间具有利害关系、申请人须提供信息有用性的理由，而是任何公民都有向政府申请信息公开的权利。[3]

其次，虽然三级法院针对不同事项都进行了分类，但一、二审法院只是做了粗糙的、描述性的分类，而最高人民法院则依据事项性质进行了实质分类，呈现出绝对豁免事项、裁量豁免事项、待决豁免事项、程序豁免事项的层次。这也导致一、二审法院将事项简单归入某一豁免事项后便径直得出不予公开的结论；而最高人民法院则系统判断案涉信息属于何种豁免事项，并都归入裁量豁免事项中。经过利益衡量提供了不能公开的理由，提示了信息公开义务机关的利益衡量和信息分割义务。上述论证体现出最高人民法院在

---

〔1〕　参见王军："信息公开中'社会稳定'的司法认定——基于相关判决事例的分析"，载《行政法学研究》2015 年第 1 期。

〔2〕　参见蒋红珍："从'知的需要'到'知的权利'：政府信息依申请公开制度的困境及其超越"，载《政法论坛》2012 年第 6 期。

〔3〕　参见蒋红珍："从'知的需要'到'知的权利'：政府信息依申请公开制度的困境及其超越"，载《政法论坛》2012 年第 6 期。

裁判文书中所述"以公开为原则、不公开为例外"的基本精神与原则。

最后，在裁量豁免事项的判断上，最高人民法院采取了"形式要件+后果要件"的双重审查，即"公开后可能引发特定不利后果"与"信息本身具备特定形式特征"均作为判断要素。二者中后果要件为重点，表现形式为危及"三安全一稳定"或者影响行政机关正常执法活动。[1]其本质在于满足行政需要，保障行政机关正常运转和行政权正常行使。[2]当信息公开所保障的利益小于带来的可能危害性时，信息公开的申请就不会得到支持。本案中，最高人民法院裁定驳回了郑某的再审申请。

【涉及的重要理论问题】

本案对于政府信息公开豁免事项的认定颇有代表意义，涉及几种豁免事项类型。在"以公开为原则、不公开为例外"的理念下，如何界定豁免事项将对政府信息公开范围产生直接影响。

一、"三需要"：原告资格抑或豁免事项？

《政府信息公开条例》所规定的豁免事项有以下几种：危及国家安全、公共安全、经济安全和社会稳定以及涉及国家秘密、商业秘密、个人隐私的政府信息。但实践中，行政机关和法院往往将不构成"自身生产、生活、科研等特殊需要"和属于内部信息、过程性信息、案卷信息的政府信息等情形均作为豁免事项。"三需要"在提出之初是为了与主动公开相区分，满足特定人或事的需要，具有特殊作用。也正是出于这一原因，在相当长的一段时间里该规定成为限制原告资格的要件，导致政府信息公开诉讼的受理变得困难，失去其"保障人民群众的知情权、参与权和监督权"的应有之义。

2010年12月14日，《最高人民法院关于请求公开与本人生产生活科研等特殊需要无关政府信息的请求人是否具有原告诉讼主体资格问题的批复》中答复："申请人申请公开的政府信息是否与本人生产生活科研等特殊需要有

---

〔1〕 参见赵剑文："政府信息公开中'敏感信息'的界定——基于相关裁判事例的考察"，载《太原理工大学学报（社会科学版）》2021年第5期。

〔2〕 参见赵剑文："政府信息公开中'敏感信息'的界定——基于相关裁判事例的考察"，载《太原理工大学学报（社会科学版）》2021年第5期。

关，属于实体审理的内容，不宜作为原告主体资格的条件。"随后，2011 年《最高人民法院关于审理政府信息公开行政案件若干问题的规定》第 12 条规定，原告不能合理说明申请获取政府信息系根据自身生产、生活、科研等特殊需要，且被告据此不予提供的，法院应当判决驳回原告的诉讼请求。至此，最高人民法院通过批复与司法解释明确了"三需要"不是原告资格的条件，而关系到实体请求权能否得到支持。

《政府信息公开条例》（2019）修订后，由于"三需要"的概念模糊，容易引发争议，为了进一步保障相对人依法获取政府信息的权利以及建设阳光透明法治政府，第 13 条删除了"三需要"的要求，并要求除条例规定的法定不予公开理由所涉及的政府信息外，其他政府信息应当公开。"三需要"从赋予申请人原告资格到限制原告资格，再到不再作为实体中认定不予公开是否合法的依据。[1]这一转变体现出，申请人具有特殊需要、信息具有特殊作用不再是申请政府信息公开的必要条件，凡是不在法定豁免事项范围内的信息，任何人都有权申请公开并得到支持。

二、政府信息公开豁免事项的界定与分类

解决了诉讼受理层面原告资格的问题，接下来应论证实体审理中原告的诉讼请求能否得到证立。

（一）政府信息的界定

有学者将政府信息公开案件中法院的审查思路总结为四步审查法，即"是不是—有没有—给不给—怎么给"。[2]判断申请的信息是否为政府信息是首要问题。《政府信息公开条例》第 2 条给出的定义是："行政机关在履行职责过程中制作或者获取的，以一定形式记录、保存的信息。"2019 年修订后，限定为"履行行政管理职能"。根据这一定义，明显不属于政府信息的，包含行政机关以民事主体身份作为机关法人在从事民商事活动过程中制作和获取

---

〔1〕　参见《坚持"公开为常态、不公开为例外"——司法部负责人就政府信息公开条例修订答记者问》。

〔2〕　程琥："新条例实施后政府信息公开行政诉讼若干问题探讨"，载《行政法学研究》2019 年第 4 期。

的信息；公安等国家机关依据《刑事诉讼法》的明确授权在实施刑事侦查活动过程中制作和获取的信息；司法信息等。[1]本案中行政裁定书就属于司法信息而不属于政府信息。

但这一定义并非为豁免公开提供依据。《政府信息公开条例》中豁免条款不足，第2条概念条款被广泛适用为豁免的兜底条款。[2]但其概念与外延存在模糊性，行政机关若动辄否定所持有的信息系"政府信息"从而免除公开义务，将极大限缩信息公开的范围。所以，对于政府信息的界定应当尽可能宽松，司法实践中法院的审查重点也不在此。

（二）政府信息公开豁免事项的界定与分类

政府信息作为公共产品，人民主权原则之下为全民所有，原则上所有政府信息都应向人民公开，这是信息自由立法的预设前提。[3]不予公开只能是例外，所以需要法律的明确规定。而之所以存在豁免公开的信息，是因为这些信息所保护的利益比公开的利益更重要。[4]例如，最高人民法院在本案裁定中所述：只有明确了豁免公开信息的内容和范围，才能明确公开信息的内容和范围。

信息公开豁免又可称为信息公开例外，是指依据法律规定不应当公开的事项，有广义与狭义之分。狭义的豁免事项，指法定的不予公开理由，主要指实体性事项。广义的豁免事项，则指所有实质未能满足知情权的法定理由，包含程序性事项，即无法提供、不予处理，以及程序性的补正处理。[5]整合

---

〔1〕 耿宝建、周觅："新条例制度环境下政府信息公开诉讼的变化探析"，载《中国行政管理》2020年第2期。

〔2〕 参见陈金涛、任卫宁、吉靳力："信息公开概念条款的实证考察与规则重构——以2019年《政府信息公开条例》实施后109份行政裁判文书为样本"，载刘贵祥主编：《审判体系和审判能力现代化与行政法律适用问题研究（下）——全国法院第32届学术讨论会获奖论文集》，人民法院出版社2021年版，第1780页。

〔3〕 参见王万华："开放政府与修改《政府信息公开条例》的内容定位"，载《北方法学》2016年第6期。

〔4〕 参见孔繁华："美国政府信息公开豁免中的行政特权及其启示"，载《东南法学》2017年第2期。

〔5〕 参见陈金涛、任卫宁、吉靳力："信息公开概念条款的实证考察与规则重构——以2019年《政府信息公开条例》实施后109份行政裁判文书为样本"，载刘贵祥主编：《审判体系和审判能力现代化与行政法律适用问题研究（下）——全国法院第32届学术讨论会获奖论文集》，人民法院出版社2021年版，第1780-1782页。

《政府信息公开条例》（2019）的规定，实体处理决定包括予以公开、部分公开、不予公开、无法提供和不予处理五种类型。根据《国务院办公厅政府信息与政务公开办公室关于印发〈中华人民共和国政府信息公开工作年度报告格式〉的通知》（国办公开办函〔2021〕30号），予以公开包含主动公开和依申请公开；部分公开是一种信息处理方式而非信息类型；不予公开包括八种，具体为属于国家秘密、其他法律行政法规禁止公开、危及"三安全一稳定"、保护第三方合法权益、属于三类内部事务信息、属于四类过程性信息、属于行政执法案卷、属于行政查询事项；无法提供有三种，包括本机关不掌握相关政府信息、没有现成信息需要另行制作、补正后申请内容仍不明确；不予处理则包括五种，信访举报投诉类申请、重复申请、要求提供公开出版物、无正当理由大量反复申请和要求行政机关确认或重新出具已获取信息。[1]

这种分类便于行政机关进行实际操作，可以一一对照申请内容作出答复。但却并不能揭示其中的本质区别，标准上存在混乱，实体事项与程序事项混杂，绝对豁免与裁量豁免混淆，于扩大公开范围无益。所以，根据事项的性质、公开的限度划分，实体性事项可分为：

1. 绝对豁免事项

绝对豁免事项包含国家秘密（第14条）；法律、行政法规禁止公开的信息（第14条）；可能危及"三安全一稳定"的信息（第14条）。

绝对豁免事项在法条中表述为"不予公开""不得公开"，即在任何情况下都不能公开，其所保护的利益优先于公开所保护的利益。但在具体适用上，如何界定"国家秘密"和"三安全一稳定"等不确定概念，行政机关依然具有裁量空间。

2. 裁量豁免事项

裁量豁免事项包含属于人事管理、后勤管理、内部工作流程等方面的内部事务信息（第16条）；属于履行行政管理职能过程中形成的讨论记录、过程稿、磋商信函、请示报告等过程性信息（第16条）；属于行政执法案卷信息（第16条）；需要行政机关对现有政府信息进行加工、分析的信息（第38条）。

---

〔1〕　参见肖卫兵："我国政府信息公开处理决定类型化改革效果评析"，载《理论与改革》2021年第6期。

裁量豁免事项在法条中的表述为"可以不予公开"，是否予以公开要由信息公开义务主体根据具体情况进行裁量，如何裁量也是下文讨论的重点。需要注意的是，2017 年《政府信息公开条例（修订草案征求意见稿）》第 34 条规定，行政机关不得提供重新搜集、制作或者对现有政府信息进行加工、分析的信息，将此类信息列入绝对豁免事由，但正式文本则采用"行政机关可以不予提供"的表述，故仍应属于裁量豁免事项。

3. 待决豁免事项

待决豁免事项主要指的是损害第三方合法权益的信息（第 15 条），涉及商业秘密、个人隐私等公开会对第三方合法权益造成损害的政府信息，行政机关不得公开。但是，第三方同意公开或者行政机关认为不公开会对公共利益造成重大影响的，予以公开。所以，此类信息是否公开，必须经过第三方程序和行政机关确认程序才能予以确认。[1]

除上述实体性事项外，还包括程序性豁免事项，如本机关不掌握相关政府信息（第 36 条第 4 项、第 5 项）、重复申请（第 36 条第 6 项）等事由，这一类事由主要出于行政机关分工或者防止申请人滥诉等考量，而非对信息本身作出的界定。

本案判决之时，《政府信息公开条例》（2019）还没有发布，但最高人民法院已经就豁免事项进行了实质分类。尤其对于裁量豁免事项，强调并非绝对不予公开，需要行政主体根据具体情况进行裁量。《政府信息公开条例》（2019）实施后，行政机关不予公开范围原则上应当仅限于以上明文规定的类型。

三、裁量豁免信息的衡量标准与方法

《公民权利与政治权利国际公约》确立了多数国家在处理公开与例外关系时的"国际标准"：一是对信息权的任何限制只能由法律来规定；二是例外规则必须进行精细的界定；三是例外规则必须是出于优先保护包括隐私权在内的公共利益和私人利益目的。[2]所有豁免事项中，裁量豁免事项的裁量空间

---

[1] 参见蒋红珍："面向'知情权'的主观权利客观化体系建构：解读《政府信息公开条例》修改"，载《行政法学研究》2019 年第 4 期。

[2] 参见李广宇：《政府信息公开司法解释读本》，法律出版社 2015 年版，第 240 页。

最大，也是本案中所主要涉及的类型，界定裁量豁免的范围需要明确衡量的标准与方法。

（一）标准的析清

如上文所述，裁量豁免信息是否予以公开取决于行政机关的裁量。比较法上存在三种判断标准：第一种方式是"信息属性标准"，以信息的属性作为判断标准，属于法律规定类型的不公开。第二种方式是"公开损害标准"，以信息公开可能造成的损害为判断标准，确认公开是否正当以及相应的法益是否平衡。第三种方式是以时间段作为信息不公开的"时间标准"，规定在特定时间段内信息不公开。[1]而就我国而言，实在法上似乎没有形成确定的标准。

2010年，国务院办公厅发布《关于做好政府信息依申请公开工作的意见》中"行政机关在日常工作中制作或者获取的内部管理信息以及处于讨论、研究或者审查中的过程性信息，一般不属于《条例》所指应公开的政府信息"的规定，在规范性文件中首次确认了内部管理信息和过程性信息的公开豁免。

2017年《政府信息公开条例（修订草案征求意见稿）》公布，将实践中的经验和做法上升为法律规定。其中第14条规定，可不予公开的事项包括公开后可能对国家利益产生不利影响的，影响重大经济金融政策的有效实施、信息安全或者造成经济金融市场异常波动的信息；经地方同级人民政府确认，公开后可能在一定范围内危害公共安全、社会稳定的信息，或者涉及民族、宗教等事项公开后可能造成不利影响的信息。第17条规定，行政机关内部的工作流程、人事管理、后勤管理等有关行政机关内部事务的信息，可不予公开。行政机关在行政决策过程中形成的内部讨论记录、过程稿，以及行政机关之间的磋商信函、请示报告等过程信息，公开后可能会影响公正决策或者行政行为正常进行的，可不予公开。就裁量豁免事项，几乎全部采用"影响""造成""危害"等语词。

但是在2019年公布的正式版本却将以上语词大幅删除。其背后的考量在于：行政机关内部事务信息不具有外部性，对公众的权利义务不产生直接影响，过程性信息不具有确定性，行政执法案卷信息与当事人、利害关系人之

---

[1] 参见王敬波："什么不能公开？——信息公开例外事项的国际比较"，载《行政法学研究》2016年第3期。

外的其他主体没有直接利害关系，且通常涉及相关主体的商业秘密和个人隐私。[1] 由此可见，"没有直接利害关系""不具有直接影响"成为裁量不予公开的标准。但不具有"实际影响"是 2018 年《最高人民法院关于适用〈中华人民共和国行政诉讼法〉的解释》第 1 条第 10 项规定的排除受案范围的事由，在此却被引用为判断信息是否能够公开的实体审理标准，不仅存在适用阶段的错位，还有取代"三需要"成为另一实体限制条件的嫌疑。

从信息属性的形式标准到损害结果的实质标准，又出现了错误的实际影响标准，立法机关在标准的选定上出现了反复与混淆，对于裁量标准的选取有待实践中进行释清。

《政府信息公开条例》（2019）以第 14 条、第 16 条为主的豁免事项仍采取信息属性标准，对不予公开的信息类型进行了明确规定。但应当明确，信息属性标准存在很大局限性。首先，其内涵存在模糊性，所包含的"国家秘密""个人隐私""商业秘密"等不确定性概念较多，在实践中产生了较大争议，无法成为明确的标准。其次，属性仅在形式上对信息进行初步的认定，并不能当然得出是否予以公开的结论，必须结合损害结果标准进行认定。损害结果标准在我国规范中也有迹可循：2011 年《最高人民法院关于审理政府信息公开行政案件若干问题的规定》第 5 条第 2 款规定，因公共利益决定公开涉及商业秘密、个人隐私政府信息的，被告应当对认定公共利益以及不公开可能对公共利益造成重大影响的理由进行举证和说明。《政府信息公开条例》（2019）也能推导出可预见损害标准，"可能危及国家安全、公共安全、经济安全、社会稳定""不公开会对公共利益造成重大影响的"等表述，都体现出后果导向，即损害结果将影响信息公开的范围。

本案中，行政机关和一、二审法院都采取的是"形式要件+三需要限制要件"的标准。而最高人民法院则采取了"形式要件+后果要件"的标准，在后果要件中已经形成了完整的论证思路：（1）判断事项是否属于裁量豁免事项；（2）公开信息可能造成的损害；（3）公开信息所造成的损害是否大于公开所维护的利益。在公布风险评估报告后，所包含敏感信息可能损害个人隐私、

---

[1] 参见《坚持"公开为常态、不公开为例外"——司法部负责人就政府信息公开条例修订答记者问》。

社会稳定、行政执法活动正常进行；在公布执法人员名单和执法证后，可能损害行政执法活动的顺利进行或者威胁相关人员人身安全。最高人民法院认为以上利益相较于公开所保护的公民知情权更为重要，从而不予公开，共同适用了信息属性标准和损害结果标准。

（二）利益的衡量

2014年9月13日，最高人民法院公布全国法院政府信息公开十大案例，其中多个案例涉及裁量豁免事项的认定。最高人民法院反复强调，即使属于内部信息或过程性信息，也不应是绝对的例外，不能简单以内部信息为由不予公开。如果公开的需要大于不公开的需要，就应当公开，否则构成对知情权的不当阻却。当隐私权直接与他人的知情权、监督权发生冲突时，应根据比例原则，以让渡部分个人信息的方式优先保护较大利益的知情权、监督权。[1]

这一思路并非毫无根据，是否公开信息的背后是公开与不公开各自维护的利益的衡量。《政府信息公开条例》（2019）修改的总体思路也在于平衡各方利益诉求，既要保障社会公众依法获取政府信息的权利，也要保护国家秘密、商业秘密和个人隐私，同时要防止影响政府信息公开工作的正常开展。[2]

支持公开这一端的主要利益是知情权。作为一项公民的基本权利，其具有客观法秩序和主观公权利的双重面向。从客观法秩序而言，其内涵接近信息公开的价值，包括但不限于以下具体目标：公民参与重要公共事务的讨论；提高行政决策的科学性；监督公共机构履行职能；确保或者提高公务人员的责任性；揭露违法犯罪行为；保护公共健康和公共安全、环境保护；发挥政府信息的服务作用。[3]就其主观公权利性质而言，信息公开的法律后果表现为公民个人知情权的恢复。[4]对知情权进行限制，应当适用法律保留原则，

---

〔1〕　最高人民法院政府信息公开十大案例之"余穗珠诉海南省三亚市国土环境资源局案""姚新金、刘天水诉福建省永泰县国土资源局案""杨政权诉山东省肥城市房产管理局案"。

〔2〕　参见《坚持"公开为常态、不公开为例外"——司法部负责人就政府信息公开条例修订答记者问》。

〔3〕　参见王敬波："政府信息公开中的公共利益衡量"，载《中国社会科学》2014年第9期。

〔4〕　参见后向东：《信息公开法基础理论》，中国法制出版社2017年版，第81页。

并具备宪法上的正当性。但目前位阶最高的规范依然是行政法规，而非法律，这也可能是因为信息公开诉讼标的是政府信息，具有较强的行政属性。其他权利还包含公民的监督权、参与权等。

不支持公开这一端则源于表达自由的限制，其内涵接近信息公开的危害，其外延限于法律明确规定的范围，指向合法的、必须以保密方式保护的公共利益和个体利益。[1]表现形式包括国家安全、社会稳定、个人隐私、行政需要等。具体到目前规定的裁量豁免事项：纯粹内部管理信息与公共利益无关，出于效率与成本的考量可以不予公开；过程性信息公开可能会影响人员坦诚表达意见；案卷信息公开可能会影响行政执法；[2]政府信息公开针对的是已形成的政府信息，而无须行政机关进行创制、评判。

利益衡量必须在个案中进行具体分析，在衡量的方法上运用以下原则：首先，"公益优先"是第一顺位的原则，"公开优先"是第二顺位的原则，在公共利益之间的竞争中，支持公开的公共利益获得优先考虑。[3]其次，比例原则要求根据损害可能性和损害后果严重性程度对信息予以差异化保护。[4]需要分割处置"事实信息"与"意见信息"，并删除保密敏感信息后，向相对人最大限度地公开事实信息，以保障其知情权。[5]最后，如果必须进行利益衡量，可以从平行关系、种属关系、关联关系、衍生关系等角度，针对公开可能获得的公共利益和公开可能造成的损害之间"比大小"。从公共利益超越豁免条款保护的利益是否必须达到优势的程度看，比较法上可以分为简单超越和优势超越两种情况。同时，造成的损害也应当是可以预见的，具有现实性或者必然性，而非主观臆断的。[6]

综上所述，对于信息公开的申请，首先审查所申请的信息是否属于法定豁免事项。如不属于，则应当公开；如属于，则需要引入信息属性标准、损害结果标准进行利益衡量，运用信息可分割性原则、比例原则等进行裁量和

〔1〕 参见王敬波："政府信息公开中的公共利益衡量"，载《中国社会科学》2014年第9期。
〔2〕 参见王敬波："政府信息公开中的公共利益衡量"，载《中国社会科学》2014年第9期。
〔3〕 参见王敬波："政府信息公开中的公共利益衡量"，载《中国社会科学》2014年第9期。
〔4〕 参见肖卫兵："论我国政府信息公开例外体系构建完善"，载《交大法学》2018年第1期。
〔5〕 参见姚坚："政府信息公开原则与公开限制"，载《广东社会科学》2017年第6期。
〔6〕 参见王敬波："政府信息公开中的公共利益衡量"，载《中国社会科学》2014年第9期。

处理后，尽可能向申请人提供。[1] 当然，这种标准是否能够渗透到绝对豁免事项范围中，使得整个公开豁免体系都可以归结为公开与不公开的利益衡量仍有待研究，但可能不失为一种发展趋势。毕竟，豁免公开是相对的，而知情权才是绝对、永恒的主题。[2]

实践中，对于裁量豁免事项，行政机关不予利益衡量的现象仍非常普遍。有学者统计了 2019 年到 2020 年全国层面不予公开决定各类型的总占比，三类裁量豁免事项的占比仍然高达 41.53%，让人不免认为大量存在将"可以不予公开"等同于"应当不予公开"处理的情形。[3] 裁量豁免类型仍有待通过司法实践来拓展利益衡量，从而倒逼行政机关合理行使裁量权。

【后续影响及借鉴意义】

本案的积极影响主要体现在对"以公开为原则、不公开为例外"的重申，不予采用"三需要"的实体限制条件。将豁免事项进行实质性分类，并确立了裁量豁免事项中"信息属性标准+可预见性标准"的审查思路，拓展了利益衡量的展开，强调了信息公开诉讼领域主管部门纠纷解决的体制优势。《政府信息公开条例》（2019）修订对此作出了回应：一是"以公开为原则"成为第 5 条原则性规定；二是第 13 条删除了"三需要"的要求；三是第 14 条将绝对豁免事项整合，第 15 条将待决豁免事项单列，第 16 条吸收了实践中较为普遍的内部事务信息、过程性信息、行政案卷执法信息并规定为裁量豁免事项，从而形成了信息公开豁免事项的体系化结构。

同时，本案中也存在一些尚未解决的问题。首先，行政机关负有行使裁量权并说明拒绝公开的充分理由的义务。法院应审查不予公开裁量理由的合理性，判断行政机关是否滥用了裁量权。本案中最高人民法院代替行政机关给出了裁量理由，没有采用也没有评价行政机关的裁量理由。行政机关在政府信息公开的行政裁量上具有专业优势，如果裁量理由合理且充分，法院应

---

[1] 参见姚坚："政府信息公开原则与公开限制"，载《广东社会科学》2017 年第 6 期。

[2] 参见孔繁华："美国政府信息公开豁免中的行政特权及其启示"，载《东南法学》2017 年第 2 期。

[3] 参见肖卫兵："我国政府信息公开处理决定类型化改革效果评析"，载《理论与改革》2021 年第 6 期。

当尊重行政机关的决定。但尽管结论可能是正确的，裁量理由的明显不合理、裁量权的滥用也将导致不予公开行为的违法性。其次，判断行政机关是否尽到合理检索义务，司法实践中存在两种认定标准：第一种是行政机关没有提交证据材料，只是在庭审中予以说明；第二种是需要行政机关提供工作记录、查询记录、检索记录等证据材料。[1]本案所采取的是宽松标准，使行政机关无须负担自身尽到合理检索义务的举证责任，很可能利用"信息不存在"作出不予公开的决定。所以，法院应当采取第二种标准进行审查。

上述问题的解决将更好地贯彻基本原则，形成立法预先分配利益、司法监督行政衡量利益的格局，从而使信息公开制度充分发挥满足个人公开请求权的功能和服务于民主政治的公共职能，这也是政府信息公开诉讼兼具主观诉讼和客观诉讼属性所带来的天然优势。

（指导老师：赵宏　中国政法大学法学院教授）

---

[1] 参见程琥："新条例实施后政府信息公开行政诉讼若干问题探讨"，载《行政法学研究》2019 年第 4 期。

案例十三　信息公开可能危及"三安全一稳定"的理解和审查

——刘某等诉辽宁省大连市人民政府信息公开案

闫治宇 *

【案例名称】

刘某等诉辽宁省大连市人民政府信息公开案 [辽宁省高级人民法院（2017）辽行终 733 号行政判决书、最高人民法院（2018）最高法行申 9801 号行政裁定书]

【关键词】

政府信息公开　三安全一稳定　豁免公开

【基本案情】

大连市中级人民法院一审查明：刘某等 4 人系大连市甘井子区红凌路头道沟棚户区的居民，因该棚户区改造回迁安置问题，于 2016 年 9 月 5 日共同向大连市人民政府申请公开 2010 年 45 期《会议纪要》。大连市人民政府办公厅收到刘某等 4 人的政府信息公开申请后，及时与中共大连市委　大连市人民政府信访局、大连市国土资源和房屋局、大连市甘井子区人民政府等相关部门协调会商，均认为该会议纪要如公开可能会引发类似信访问题连锁反映，影响社会稳定。大连市人民政府办公厅于 2016 年 9 月 22 日作出《政府信息公开延期答复告知书》（大政办公开 [2016] 049 号），告知该机关正在征求

* 作者简介：闫治宇，中国政法大学法学院宪法学与行政法学专业 2022 级硕士研究生。

相关部门意见，无法按期答复，经该机关政府信息公开工作机构负责人同意，将延期至 2016 年 10 月 20 日前作出答复。2016 年 10 月 18 日大连市人民政府办公厅作出大政办公开〔2016〕097 号《政府信息不予公开告知书》，并于 2016 年 10 月 20 日进行送达。刘某等 4 人不服，向一审法院提起诉讼。

大连市中级人民法院一审判决认为：本案的主要争议是案涉的会议纪要是否属于政府信息公开的范围。《政府信息公开条例》[1]第 8 条规定，行政机关公开政府信息，不得危及国家安全、公共安全、经济安全和社会稳定。国务院办公厅《关于施行〈中华人民共和国政府信息公开条例〉若干问题的意见》第 5 条第 14 项规定，对申请人申请的政府信息，如公开可能危及国家安全、公共安全、经济安全和社会稳定，按规定不予提供，可告知申请人不属于政府信息公开的范围。本案中，刘某等 4 人申请公开的《会议纪要》是否涉及影响社会稳定，大连市人民政府办公厅经与中共大连市委　大连市人民政府信访局、大连市城乡建设委员会、大连市甘井子区人民政府等相关部门协调会商，认为该会议纪要内容涉及敏感信息，如公开可能会引发群体信访事件，影响社会稳定。因此，大连市人民政府办公厅依据《政府信息公开条例》第 8 条和国务院办公厅《关于施行〈中华人民共和国政府信息公开条例〉若干问题的意见》第 5 条第 14 项的规定，告知刘某等 4 人其申请获取的《会议纪要》，依法不属于政府信息公开的范围，决定不予公开，符合法律规定。依照《行政诉讼法》第 69 条、《最高人民法院关于审理政府信息公开行政案件若干问题的规定》第 12 条第 1 项之规定，判决驳回刘某等 4 人的诉讼请求。

刘某等 4 人不服，向辽宁省高级人民法院提起上诉。辽宁省高级人民法院二审判决认为：大连市人民政府办公厅在收到上诉人的信息公开申请后，在法定期间对其作出了回复，并告知其该信息不予公开的理由。大连市人民政府办公厅已履行法定职责。根据《党政机关公文处理工作条例》第 8 条第 15 项的规定，《会议纪要》是适用于记载会议主要情况和议定事项的一种公文类型，因此《会议纪要》属于行政机关内部公文，具有过程性和决策性的特点。内部信息、过程信息、决策信息普遍具有"内部性"和"非终极性"

---

〔1〕　本案历审裁判文书中援引的《政府信息公开条例》均为 2007 年版本，本文简称为《政府信息公开条例》，对 2019 年修订的《政府信息公开条例》，本文简称为《政府信息公开条例》（2019）。

的特点，属于"意思形成"的信息，这类信息免于公开，目的是保护政府决策过程的完整性，并防止在决定作出以前不成熟地予以公布。本案中，大连市人民政府办公厅经与中共大连市委　大连市人民政府信访局、大连市城乡建设委员会、大连市甘井子区人民政府等相关部门协调会商，认为该会议纪要内容涉及敏感信息，依据《政府信息公开条例》第 8 条和国务院办公厅《关于施行〈中华人民共和国政府信息公开条例〉若干问题的意见》第 5 条第 14 项的规定，决定不予公开，并无不当。依照《行政诉讼法》第 89 条第 1 款第 1 项的规定，判决驳回上诉，维持一审判决。

刘某等 4 人对二审判决不服，向最高人民法院申请再审。

【裁判要旨】[1]

（1）相关行政部门经过协调会商，对政府信息公开后是否可能引发社会不稳定的问题作出具体认定，法院原则上应对该认定予以认同。

（2）行政机关应在法定期限内对申请人作出答复，并说明不予公开的理由。

【裁判理由与论证】

最高人民法院在本案裁判中的说理并不多，仅有寥寥数语。其首先肯定行政机关的决定，认为案涉政府信息公开后可能危及社会稳定，因此属于免于公开的情形；后又在程序上肯定行政机关已履行了答复和告知义务。最终最高人民法院认定行政机关已履行法定职责，并根据《最高人民法院关于审理政府信息公开行政案件若干问题的规定》第 12 条第 1 款第 1 项的规定，维持了一、二审判决。

一、案涉信息公开后可能危及社会稳定

最高人民法院首先引用《政府信息公开条例》第 8 条规定："行政机关公开政府信息，不得危及国家安全、公共安全、经济安全和社会稳定。"随后，最高人民法院并未对案涉信息是否会危及社会稳定的问题直接作出分析，而

---

[1] 该案裁判要旨为笔者总结。

是强调行政机关已经过协商程序来对此作出决定，便直接援引了该决定。最高人民法院指出："对于刘某等 4 人申请的信息公开事项，大连市人民政府办公厅经与中共大连市委　大连市人民政府信访局、大连市城乡建设委员会、大连市甘井子区人民政府等相关部门协调会商，认为该会议纪要内容涉及敏感信息，可能会引发社会不稳定。"

二、行政机关已履行法定职责

在认同了行政机关所作决定后，最高人民法院又对答复程序方面进行了审查，指出"大连市人民政府办公厅在法定期间对其作出了回复，并告知其该信息不予公开的理由"。因此，最高人民法院认为"大连市人民政府已履行法定职责"。随后，最高人民法院援引《最高人民法院关于审理政府信息公开行政案件若干问题的规定》第 12 条的规定，"有下列情形之一，被告已经履行法定告知或者说明理由义务的，人民法院应当判决驳回原告的诉讼请求：（一）不属于政府信息、政府信息不存在、依法属于不予公开范围或者依法不属于被告公开的"，因此一、二审法院判决驳回刘某等 4 人的诉讼请求并无不当，最高人民法院予以维持。

最后，最高人民法院认为刘某等 4 人的再审申请不符合《行政诉讼法》第 91 条规定的八种法定情形[1]，根据《最高人民法院关于适用〈中华人民共和国行政诉讼法〉的解释》第 116 条第 2 款的规定："当事人主张的再审事由不成立，或者当事人申请再审超过法定申请再审期限、超出法定再审事由范围等不符合行政诉讼法和本解释规定的申请再审条件的，人民法院应当裁定驳回再审申请"，驳回了刘某等 4 人的再审申请。

【涉及的重要理论问题】

本案法院裁判依据了《政府信息公开条例》第 8 条："行政机关公开政府

---

[1] 《行政诉讼法》第 91 条："当事人的申请符合下列情形之一的，人民法院应当再审：（一）不予立案或者驳回起诉确有错误的；（二）有新的证据，足以推翻原判决、裁定的；（三）原判决、裁定认定事实的主要证据不足、未经质证或者系伪造的；（四）原判决、裁定适用法律、法规确有错误的；（五）违反法律规定的诉讼程序，可能影响公正审判的；（六）原判决、裁定遗漏诉讼请求的；（七）据以作出原判决、裁定的法律文书被撤销或者变更的；（八）审判人员在审理该案件时有贪污受贿、徇私舞弊、枉法裁判行为的。"

信息，不得危及国家安全、公共安全、经济安全和社会稳定。"理论和实践对"三安全一稳定"都较难给出明确的定义，因此该条款是一个较为模糊的规定，而其也为《政府信息公开条例》（2019）所保留了下来，并在位置上发生了变动。虽然本案焦点仅集中在"一稳定"方面，但需要将其和"三安全"结合起来作为整体才能更好观察。

一、"三安全一稳定"条款的理解

（一）条款的性质解读

1. 在《政府信息公开条例》中的规定

《政府信息公开条例》第8条规定了"三安全一稳定"条款，其位于第一章"总则"部分而非第二章"公开的范围"，因此也就产生了一定的争议。有的学者认为，该条款并不是一个可以独立适用的条款，不属于政府信息公开的法定例外情形，而应当是一种要求行政机关在信息公开时保护公共利益的原则。"该条主要是确立了政府信息公开的一项基本原则，即政府信息公开必须要保障公共利益的原则，国家安全、公共安全、经济安全和社会稳定只是'公共利益'具体化的阐释。"〔1〕根据此种观点，行政机关需要将该条款与其他条款共同结合才可适用。例如，最常见的是与第14条规定的"国家秘密"〔2〕结合，这是因为一项政府信息若是达到了公开后会危及"三安全一稳定"的程度，其往往已经构成了"国家秘密"。〔3〕也有的学者认为，该条款应属于一种独立的例外情况，其与"国家秘密"虽然有交叉之处"但并不完全重叠"〔4〕。

实际上，"三安全一稳定"条款究竟是何种性质，官方的态度并不明确。在《政府信息公开条例》出台后不久，国务院办公厅又发布了《关于施行

---

〔1〕 练育强："《政府信息公开条例》第8条的理解与运用——就周某某不服政府信息公开案的法律分析"，载《行政法学研究》2011年第2期。

〔2〕 《政府信息公开条例》第14条第4款规定："行政机关不得公开涉及国家秘密、商业秘密、个人隐私的政府信息。但是，经权利人同意公开或者行政机关认为不公开可能对公共利益造成重大影响的涉及商业秘密、个人隐私的政府信息，可以予以公开。"

〔3〕 黄锴、章剑生主编：《行政法判例研读（Ⅱ）》，法律出版社2018年版，第112页。

〔4〕 余凌云："政府信息公开的若干问题——基于315起案件的分析"，载《中外法学》2014年第4期。

〈中华人民共和国政府信息公开条例〉若干问题的意见》，其第6项规定："凡属国家秘密或者公开后可能危及国家安全、公共安全、经济安全和社会稳定的政府信息，不得公开。"该种说法将"国家秘密"与"三安全一稳定"放在了并列的位置，似乎是将"三安全一稳定"作为了一项独立的例外情况。

最高人民法院对此的态度也并不明确。最高人民法院于2009年发布了《关于审理政府信息公开行政案件若干问题的规定（征求意见稿）》，其中第11条"不予公开"的情形中包括了"三安全一稳定"条款，但是在2011年最终公布的正式版本却将其删除。对此，最高人民法院行政庭负责人回应："在公开征求意见时，多数网民对征求意见稿将'三安全一稳定'解释为例外信息持反对意见，认为'三安全一稳定'并非条例规定的例外信息，司法解释不应枉加限缩。而且，'三安全一稳定'作为不确定法律概念，涵盖的信息范围过于宽泛，且与国家秘密等制度之间存在竞合关系，没必要单独列举。"但是在本案中，最高人民法院却单独援引了"三安全一稳定"条款进行了裁判。

可见，不论是学界还是实务界，对"三安全一稳定"条款的性质并没有一个统一的认定。该问题直到《政府信息公开条例》（2019）的出台才得到解决。

2. 在《政府信息公开条例》（2019）中的规定

笔者认为在《政府信息公开条例》（2019）中，"三安全一稳定"已确定成为一项可以单独援引和适用的条款。[1]从法条位置上分析，"三安全一稳定"已不再属于第一章"总则"部分，而是位于第14条，属于第二章"公开的主体和范围"，其被理解为指导整个政府信息公开工作的原则的条件已不复存在。从条文本身上分析，第14条共包含了三类不予公开的信息，即"国家秘密""法律、行政法规禁止公开"和"三安全一稳定"类信息，这三类信息被立法者在同一条款中分别独立列举，并用"以及"连接，可以看出立法者已将三者设为各自可以独立援引的例外信息。

---

〔1〕《政府信息公开条例》（2019）第14条规定："依法确定为国家秘密的政府信息，法律、行政法规禁止公开的政府信息，以及公开后可能危及国家安全、公共安全、经济安全、社会稳定的政府信息，不予公开。"

（二）概念辨析

对"三安全一稳定"的含义作出明确的界定是较为困难的。[1]因此在本部分，笔者并不希求能够探索出"三安全一稳定"的准确定义，只是提供一些理论和实务中的不同观点供读者参考。

1. 国家安全

传统的"国家安全"主要局限于领土主权、政治安全、军事国防和外交领域。例如，《日本信息公开法》第5条第3项规定："行政机关的首长有相当的理由认为公开可能危害国家安全，损害与其他国家、国际组织的信赖关系或使与其他国家或国际组织的交往受到不利益的信息。"从中可以解读出有关国家安全的信息，"主要包括防卫关系信息和外交关系信息"[2]。

《国家安全法》（2015）第2条规定："国家安全是指国家政权、主权、统一和领土完整、人民福祉、经济社会可持续发展和国家其他重大利益相对处于没有危险和不受内外威胁的状态，以及保障持续安全状态的能力。"该定义是我们理解"国家安全"比较权威的参考，其"突破了传统安全领域，对国家安全的涵盖范围拓展至非传统安全领域"[3]。比如除传统领域之外，还涵盖"人民福祉""经济可持续发展"等内容，而这些重大利益的维护，显然也离不开"公共安全"和"经济安全"。因此笔者认为，"国家安全"的含义其实已经涵盖了其余"两安全"。

由于"国家安全"的含义较为广泛，实践中"国家安全"与"国家秘密"或者其他"两安全一稳定"的概念经常共同适用，几乎不存在单独以危及"国家安全"为由豁免公开的情况。例如，在"崔志惠、吴锡利等与天津市滨海新区规划和国土资源管理局信息公开二审行政案"[4]中，法院经过审查认为上诉人申请公开的信息属于"国家秘密"，但是其并没有依据"国家秘

---

[1] 最高人民法院李广宇法官曾在针对《关于审理政府信息公开行政案件若干问题的规定（征求意见稿）》相关问题答记者问时表示："起草中，我们也试图对这些不确定的法律概念作出具体解释，但结果证明，这是一个世界性的难题。"

[2] 江必新、李广宇："政府信息公开行政诉讼若干问题探讨"，载《政治与法律》2009年第3期。

[3] 肖君拥、谭伟民："《国家安全法》中的'国家安全'概念"，载《河南警察学院学报》2019年第6期。

[4] 天津市第二中级人民法院（2015）二中行终字第182号行政判决书。

密"的豁免条款而是以"三安全一稳定"条款作出裁判。在"周万山诉北京市规划委员会信息公开二审行政案"〔1〕中，上诉人申请公开的项目信息涉及驻京部队，该类信息属于军事类信息，严格说应该属于"国家安全"的范畴，但是法院并没有具体说明归于哪一类"安全"，而是笼统地将"三安全一稳定"共同适用。

2. 公共安全

目前在我国法律规范中并没有关于"公共安全"的定义。有的学者认为，"公共安全是指社会公众享有安全和谐的生活和工作环境以及良好的社会秩序，公众的生命财产、身心健康、民主权利和自我发展有安全的保障，最大限度地避免各种伤害"〔2〕，这其实是一种较为广义的理解。也有的学者从秩序行政的角度定义："公共安全仅仅指治安安全，即社会及公众不受危险或事故威胁，其生命健康和财产安全有保障。"〔3〕

实践中，也几乎没有单独以危及"公共安全"为由豁免公开的案件。例如，在"夏欣与国家卫生和计划生育委员会信息公开二审行政案"〔4〕中，上诉人申请公开的信息为"国家卫计委 2010—2014 年收到的各个重大、特大医疗质量安全事件的完整报告及其统计、汇总等信息"，国家卫计委认为此类信息如果公开"会对居民就医产生误导，影响到居民的医疗救治，从而影响公共安全"，而且容易"加剧医患矛盾，影响社会稳定"，一、二审法院均认同了国家卫计委的观点。在该案中，"居民的医疗救治"被认定为属于"公共安全"的范畴，而且"公共安全"和"社会稳定"被同时适用。

3. 经济安全

法律规范中也不存在对"经济安全"的定义。经济学中对"经济安全"的理解往往是放在国家层面，即"国家经济安全"。有的学者提出，"国家经济安全是指国家的经济发展和经济利益不受内部和外部因素的破坏和威胁的状态"〔5〕，这是一种"状态说"。也有的学者认为，"国家经济安全指一国作

---

〔1〕　北京市第二中级人民法院（2014）二中行终字第 295 号行政判决书。
〔2〕　张燕："公共安全治理与政府责任"，载《行政管理改革》2015 年第 1 期。
〔3〕　刘莘："公共安全与秩序行政法"，载《江苏社会科学》2004 年第 6 期。
〔4〕　北京市高级人民法院（2016）京行终 1269 号行政判决书。
〔5〕　杜旭宇："关于国家经济安全问题研究综述"，载《理论前沿》1999 年第 16 期。

为一个主权独立的经济体的最为根本的经济利益不受伤害"〔1〕，此种观点排除了那些只是一般而非根本经济利益受到内外因素破坏或者威胁的情况。国务院法制办公室原主任曹康泰主编的《中华人民共和国政府信息公开条例读本》中提出："经济安全就是要保障国家的经济稳定、发展和繁荣，包括金融安全、国内产业安全、贸易安全、环境和能源安全、经济信息网络安全等方面的内容。"〔2〕

笔者并未检索到仅以危及"经济安全"为由豁免公开的案例，实践中"经济安全"与"社会稳定"往往并用。在"潘艳立与赤峰市国土资源局红山区分局政府信息公开再审行政案"〔3〕中，行政机关认为被申请的信息属于"已废止的文件信息"，若公开可能会"引发社会不稳定因素"，进而会"危及经济安全和社会稳定"，法院认可了行政机关的观点。

4. 社会稳定

相较于"三安全"，危及"社会稳定"是行政机关更为常用的豁免公开理由。关于社会稳定，法律规范中也没有明确的定义。有学者定义将社会稳定定义为"社会秩序正常、有序运行的状态"〔4〕，但该定义又引出了"社会秩序"这一不确定概念，也很难具体界定。

对于"社会稳定"，最高人民法院在对"周如倩与上海市人力资源和社会保障局政府信息公开二审行政案"〔5〕评述中说明了其应当考虑的因素：第一，应符合《政府信息公开条例》的立法精神，主要为《政府信息公开条例》第1条所呈现；第二，影响应当足够广泛，不能局限于某一行业、领域或者较小

---

〔1〕　雷家骕："关于国家经济安全研究的基本问题"，载《管理评论》2006年第7期。

〔2〕　曹康泰主编：《中华人民共和国政府信息公开条例读本》，人民出版社2007年版，第52页。

〔3〕　内蒙古自治区高级人民法院（2019）内行申752号行政裁定书。

〔4〕　申静：《政府信息公开的例外研究》，法律出版社2016年版，第38页。

〔5〕　上海市第二中级人民法院（2010）沪二中行终字第189号行政判决书。该案的部分案情可以简述为：2008年11月上海市人保局批准组建了新一届上海市高级职称评定委员会专家库，后相关办公室又从该专家库中抽取了一定人员组成2008年度上海市卫生系列执行高评委（简称"执行高评委"），负责评审当年的卫生系列高级专业技术职务任职资格，且该"执行高评委"的专家名单由上海市人保局备案。周如倩在评审工作结束后向上海市人保局申请公开该"执行高评委"的专家名单，但是遭到拒绝，理由是可能影响社会稳定。周如倩不服起诉，一审判决撤销被告的答复，并要求被告重新作出答复。上海市人保局不服上诉，二审判决驳回上诉，维持原判。

地域；第三，足以引发社会动荡；第四，存在较大的危害可能性。[1]有学者将其称为对"社会稳定"的"要件型司法认定"[2]。最高人民法院提出的该四点考虑因素，对指导司法实践具有相当积极的意义，但笔者认为也有不完备之处。首先，"社会稳定"豁免公开条款的存在意义在于平衡申请人的知情权和公共利益，其并不与"充分保障当事人知情权"的立法精神相违背，适用"社会稳定"条款仍然是对立法精神的尊重，以该项立法精神去理解"社会稳定"条款并没有明显的作用。其次，笔者认为如果信息公开的影响范围虽然局限于某一行业，但该行业又非常重要，仍然可能构成危及"社会稳定"。例如在前文的"夏欣与国家卫生和计划生育委员会信息公开二审行政案"中，公开信息可能会"加剧医患矛盾"，对医护人员的人身安全构成较大威胁，而且医疗行业牵涉广大人民的健康，所以该类情况仍然可以构成危及"社会稳定"。

"社会稳定"与过程性信息也存在关联。在我国《政府信息公开条例》专家建议稿中曾有关于过程性信息的定义："政府机关决策过程中，政府机关之间或者政府机关内部的研究、建议、讨论或者审议，一旦公开会影响决策过程或造成公众混乱的信息。"[3]过程性信息由于不具有终局性，与最终的行政决策可能会有出入，如果公开有可能会造成相对人误解，损害公民的信赖利益，严重时可能造成公众混乱，从而危及社会稳定。所以过程性信息和危及"社会稳定"类的信息之间是有部分重叠的。由于《政府信息公开条例》将关于过程性信息的规定删除，在《政府信息公开条例》（2019）修订前，司法实践中存在着将过程性信息"挂靠"在"三安全一稳定"条款上的情况。[4]典型的过程性信息如会议纪要，本案便属于此种情形。在本案中，暂且不论公开案涉《会议纪要》是否会危及"社会稳定"，该会议纪要在性质上是可以被归为过程性信息的，二审法院的论述中也涉及了这一点，只不

---

〔1〕中华人民共和国最高人民法院行政审判庭编：《中国行政审判案例》（第2卷），中国法制出版社2011年版，第222-223页。

〔2〕王军："信息公开中'社会稳定'的司法认定——基于相关判决事例的分析"，载《行政法学研究》2015年第1期。

〔3〕周汉华主编：《政府信息公开条例专家建议稿》，中国法制出版社2003年版，第114页。

〔4〕李广宇：《政府信息公开诉讼：理念、方法与案例》，法律出版社2009年版，第120-121页。

过当时并没有正式的法规范依据，[1]因此法院只能围绕"三安全一稳定"条款进行讨论。

（三）"可能"的理解

有学者指出，《政府信息公开条例》第8条存在着逻辑矛盾。按照正常的逻辑，只有公开后其造成的后果才会出现，才能据此判断是否危害了国家安全、公共安全、经济安全和社会稳定。[2]按照第8条表述的逻辑，行政机关需要在公开之前就对是否会危及"三安全一稳定"作出一个明确的判断，然后据此决定是否公开。笔者认为这是很难做到的，因为是否会危及"三安全一稳定"并没有一个明确的判断标准，行政机关只能根据自己的专业性和经验对其进行预测，既然是预测性决定那就很难做到唯一和确定。所以实践中，往往是行政机关认为信息公开后"可能"危及"三安全一稳定"便不予公开，而非达到"一定会"的程度。法院对这种行政机关采取的"可能"的标准也予以了认可，如本案中最高人民法院便认同了行政机关公开信息"可能会引发社会不稳定"的判断。

在《政府信息公开条例》（2019）第14条的规定中，立法者在"危及"前增加了"可能"二字。这就回应了此前的逻辑争议，使得立法与实践操作达成了一致。笔者认为，法条中增加了"可能"二字，并不会对行政机关的实践操作产生影响，行政机关在条例修订前后都是采取"可能"的判断标准。该修改对于法院的司法审查是否会产生影响，笔者将在下文进行讨论。

二、可能危及"三安全一稳定"的司法审查

（一）审查强度

"三安全一稳定"属于不确定性法律概念，更为准确地说是一种价值性概

---

[1] 当时有《国务院办公厅关于做好政府信息依申请公开工作的意见》规定："行政机关向申请人提供的政府信息，应当是正式、准确、完整的，申请人可以在生产、生活和科研中正式使用，也可以在诉讼或行政程序中作为书证使用。因此，行政机关在日常工作中制作或者获取的内部管理信息以及处于讨论、研究或者审查中的过程性信息，一般不属于《条例》所指应公开的政府信息。"但是该规定在性质上属于行政规范性文件，对法院并不具有当然的约束力。

[2] 王锡锌："信息公开的制度实践及其外部环境——以政府信息公开的制度环境为视角的观察"，载《南开学报（哲学社会科学版）》2011年第2期。

念。对不确定性法律概念的理解，本质上属于法律解释的范畴，而法院作为法律的最终适用者，当然具有解释法律的权力。因此，法院有权对行政机关解释和适用不确定性法律概念进行全面审查，甚至抛弃行政机关的理解而适用自己的理解。但是，法院对某些不确定性法律概念的适用是不能够全面审查的，需要给予行政机关一定的尊重。德国学者毛雷尔根据"判断余地"理论总结了以下免受司法审查的情形："（1）考试决定；（2）教育领域与考试决定类似的决定；（3）公务员法上的考核；（4）独立专家委员会作出的决定；（5）预测性决定和风险评估决定；（6）政策性决定。"[1]笔者认为，"三安全一稳定"接近于第（5）种情形。对于是否适用"三安全一稳定"条款豁免公开政府信息，行政机关往往根据自己的经验和价值认识，综合衡量公开后的不良后果和社会风险，具有预测性和评估行，这非常接近第（5）种情况。因此笔者认为，行政机关运用"三安全一稳定"条款豁免公开政府信息，法院对该决定原则上应当予以尊重，对该类信息和行政决定较大程度地免予实体上的审查。

《政府信息公开条例》（2019）修订后，这些不确定性法律前面增加了"可能"二字。笔者认为，这在某种意义上降低了法院的司法审查强度。修订前，条例要求行政机关对是否危及"三安全一稳定"作出确定的判断，法院就可能以此为由要求行政机关提供具体、全面的判断依据，从而进行较强的司法审查。但是在修订后，"可能"二字给予了行政机关更大的判断和解释空间，行政机关只需向法院提供一定的合理依据便能证明信息公开危及"三安全一稳定"的"可能"，法院的审查强度因此降低。

此外，从"三安全一稳定"条款在《政府信息公开条例》（2019）中的位置上分析，《政府信息公开条例》（2019）第 14 条至第 16 条是三类关于豁免公开的规定，其依次对应着例外规则的三个层次：国家安全与公共利益、第三方利益和行政职能。[2]对这三个层次的信息，司法审查强度应是逐渐提升的。对于第一层次的信息和决定，法院基本采取谦抑的态度，一般仅审查

---

〔1〕［德］哈特穆特·毛雷尔：《行政法学总论》，高家伟译，法律出版社 2000 年版，第 137-138 页。

〔2〕董妍：《政府信息公开例外规则及其司法审查》，经济日报出版社 2015 年版，第 54-58 页。

行政机关是否具有一定的合理依据。[1]"国家秘密""法律和行政法规禁止公开"与"三安全一稳定"类信息均属于第一层次。

综上,法院对行政机关关于"三安全一稳定"的相关决定应当采取较低的审查强度。

(二)审查方法

当行政机关以可能危及"三安全一稳定"为由不予公开时,法院一般不应对其进行实体审查,但这并不意味着法院必须对行政机关的决定完全予以认可。笔者认为法院仍有一定的审查权,其仍然需要审查行政机关的决定是否具有合理的依据,是否提供了相应的证据证明,只不过是在严格程度上有所降低。

1. 程序审查

行政机关以可能危及"三安全一稳定"为由作出不予公开的决定,其在程序上应当符合相关规定,需向法院提供可体现其决策过程并不具有任意性的证明。例如,在本案中,大连市人民政府办公厅在收到刘某等4人的政府信息公开申请后,及时与中共大连市委、大连市人民政府信访局、大连市国土资源和房屋局、大连市甘井子区人民政府等相关部门协调会商,在经过协商程序后才得出"可能危及社会稳定"从而不予公开的决定,可以证明其决策并不具有任意性。

实践中,有些地方法院还会审查行政机关在以危及"社会稳定"为由拒绝公开政府信息前,是否按照该地方的行政规范性文件进行了风险评估。例如在(2011)浙行终字第179号案例中,建德市人民政府以危及"社会稳定"为由拒绝公开相关政府信息,一、二审法院均以其未按上级行政机关的规范性文件《浙江省县级重大事项社会稳定风险评估办法(试行)》及《杭州市重大事项稳定风险评估暂行办法》进行风险评估为由,要求其对被申请人重新作出答复。[2]这对行政机关在程序上提出了更高的要求,法院的这种审查强度其实要比前文论述的要稍稍高一些,但该做法并不会对公共利益带来损害,反而能更好地保障公共利益。

---

〔1〕 董妍:《政府信息公开例外规则及其司法审查》,经济日报出版社2015年版,第152页。

〔2〕 马惟菁、马良骥:"公开政府信息是否危及社会稳定的认定",载《人民司法》2012年第6期。

2. 实体审查

行政机关以可能危及"三安全一稳定"为由作出不予公开的决定，法院一般不对该决定进行实体上的审查，但是行政机关也应当说明一定的理由。在本案中，大连市人民政府办公厅提出了公开可能造成"类似信访问题连锁反映"的问题，该理由虽然并不详尽、具体，但也不会让法院感到很不合理，法院最终予以了支持。这个过程中其实仍然蕴含着法院对该理由的一定程度的实体性审查，但是并不严格。

如果行政机关没有提出任何理由，或者虽然提出了理由但是难以说服法院，法院此时可以将审查强度提高，进行较为严格的实体审查。例如在"蔡炯岚与武汉市武昌区人民政府信息公开一审案"[1]中，原告向被告申请公开某旧城改造项目社会稳定风险评估报告，被告拒绝公开并认为其属于"过程性信息"且"公开后可能危及社会稳定"，但是并没有说明任何理由，法院最终要求其对原告重新作出答复。又如，在前文提到的"周如情与上海市人力资源和社会保障局政府信息公开二审行政案"中，上海市人力资源和社会保障局的理由让法院很难信服，法院便提高了审查强度，最终以自己对"社会稳定"的理解代替了上海市人力资源和社会保障局的理解。

【后续影响及借鉴意义】

本案发生在《政府信息公开条例》（2019）修订之前，是为数不多的最高人民法院适用"三安全一稳定"条款进行裁判的案例。本案体现了最高人民法院对原《政府信息公开条例》第8条"三安全一稳定"条款的适用态度，即该条款可以独立适用，可以将其作为政府信息公开的法定例外情形。同时，最高人民法院并没有对案涉《会议纪要》内容具体分析，只是在说理部分简单重复大连市人民政府办公厅的理由，由此也体现最高人民法院对该类案件的司法审查强度，即应采取一种较弱的审查强度，对行政机关的决定原则上予以尊重，对该类信息和行政决定较大程度地免予实体上的审查。当然，本案也存在着论证说理较为简要的问题。

在《政府信息公开条例》（2019）修订之后，行政机关依然可能适用"三

---

〔1〕 武汉铁路运输中级法院（2019）鄂71行初110号行政判决书。

安全—稳定"豁免公开条款。虽然从理论和对本案的分析上看，法院应当对该类信息和决定采取一种较弱的审查强度，但是这也不免让人担忧实践中是否会出现这种情形：行政机关为了适用"三安全一稳定"条款，恶意利用法院的弱审查强度，提供一些"模棱两可"的理由，而法院对该"模棱两可"的理由予以了认同，最终逃避了本应履行的信息公开的义务。因此，对该类问题仍需要进一步探讨。

（指导老师：张力　中国政法大学法学院副教授）

三 主动公开

案例十四 政府信息移交档案馆后的公开规则
——朱惠珍诉广东省广州市花都区人民政府房屋拆迁
信息公开纠纷再审案

陈　钰 *

【案例名称】

朱惠珍诉广东省广州市花都区人民政府房屋拆迁信息公开纠纷再审案[广东省高级人民法院（2018）粤行终 674 号行政裁定书、最高人民法院（2019）最高法行申 5319 号行政裁定书]

【关键词】

档案信息　政府信息　政府信息移转

【基本案情】

广州铁路运输中级法院一审查明的事实如下：朱惠珍系朱裕才的女儿，朱裕才已去世。2017 年 6 月 19 日，朱惠珍向花都区人民政府提交《政府信息公开申请表》，要求提供东风日产产能扩建指挥部办公室拆迁朱裕才名下集体土地使用证：花府集建字（90）第××1 号房屋的合理合法居住建筑面积。2017 年 7 月 26 日，花都区人民政府作出花公开复（2017）53 号《关于政府信息公开申请的答复》（以下简称 53 号答复），主要内容：朱裕才名下集体土

* 作者简介：陈钰，中国政法大学宪法学与行政法学专业 2021 级硕士研究生。

地使用证：花府集建字（90）第××1号房屋的合理合法居住建筑面积信息在《房屋丈量现场登记表》上已记载；登记表已按规定移交花都区国家档案馆；朱惠珍可持有效身份证件，到花都区国家档案馆按程序查阅。53号答复一并告知花都区国家档案馆地址及联系方式。朱惠珍不服，申请行政复议。2017年9月15日，广州市人民政府作出穗府行复（2017）850号行政复议决定（以下简称850号复议决定），维持53号答复。朱惠珍不服，提起本案行政诉讼，请求撤销53号答复和850号复议决定，判决花都区人民政府限期对申请公开的信息重新作出答复。

一审法院行政裁定认为，花都区人民政府已将××街各村拆迁补偿的开发项目档案移交广州市花都区国家档案馆管理，该文件资料的获取应依照有关档案管理的法律、法规和规定进行，不属于《政府信息公开条例》的适用范围。53号答复和850号复议决定对朱惠珍的合法权益不产生实际影响，朱惠珍以53号答复和850号复议决定违反信息公开条例等法律法规为由提起行政诉讼，不属于行政诉讼受案范围。依照《最高人民法院关于适用〈中华人民共和国行政诉讼法〉的解释》［以下简称《适用解释》（2018）］第69条第1款第1项之规定，裁定驳回朱惠珍的起诉。朱惠珍不服，上诉至广东省高级人民法院。

二审法院行政裁定认为，朱惠珍所需获取的拆迁信息，应依照有关档案管理的法律、法规和规定进行，不属于《政府信息公开条例》的调整范畴。53号答复和850号复议决定对朱惠珍的权利义务不产生实际影响，不属于人民法院的受案范围。依照《行政诉讼法》第89条第1款第1项规定，裁定驳回上诉，维持原裁定。

原告朱惠珍申请再审，认为其提交信息公开申请时，涉案政府信息未达到《机关档案工作条例》第25条规定的10年移交档案期限，花都区人民政府以信息移交档案馆为由，逃避信息公开义务；即使涉案信息已实际移交档案馆，从保障信息公开知情权、方便获取信息角度出发，亦不免除花都区人民政府的信息公开义务。

再审法院认为，朱惠珍申请公开的政府信息材料，已移交花都区国家档案馆，花都区人民政府告知朱惠珍可以按照档案管理有关规定，向花都区国家档案馆查询。53号答复符合法律规定，850号复议决定维持该答复，并无不当。

【裁判要旨】

对已经移交档案馆的政府信息，应当按照档案法的有关规定申请获取，其不属于政府信息公开法律规范调整的范围。对于申请的政府信息资料已经移交档案部门的，告知申请人向档案部门申请，也是一种答复方式，是对申请人政府信息公开申请的实体处理，对申请人的权利义务当然产生实际影响，属于可诉的行政行为。

【裁判理由与论证】

最高人民法院经审查认为，一、二审以 53 号答复、850 号复议决定不属于行政诉讼受案范围为由，裁定驳回朱惠珍的起诉不妥，予以指正。鉴于一、二审在论理部分实质已经对被诉 53 号答复、850 号复议决定的合法性进行审查，且 53 号答复、850 号复议决定符合法律规定，再审该案将驳回朱惠珍的起诉，改判为驳回朱惠珍的诉讼请求，无益于对朱惠珍实体合法权益的保护，徒增诉累，故不予再审。

如前所述，朱惠珍的再审申请理由包含两个层次：首先，涉案政府信息不应移交档案馆；其次，即使涉案信息已实际移交档案馆，也不应免除原机关的信息公开义务。最高人民法院在裁判说理部分首先依据《最高人民法院关于审理政府信息公开行政案件若干问题的规定》（以下简称《信息公开案件司法解释》）和《国务院办公厅关于施行〈中华人民共和国政府信息公开条例〉若干问题的意见》（以下简称《施行意见》）审查 53 号答复及 850 号复议决定的合法性，接着对再审申请人的两点再审申请理由进行一一回应。其中对第二项再审理由的回应，仍是通过适用规范的差异来论证政府不再负有信息公开义务。

一、政府信息移交档案馆后之公开

最高人民法院认为，《信息公开案件司法解释》第 7 条第 2 款、《施行意见》第三部分第（八）条均规定，已经移交档案馆及档案工作机构的政府信息，依照有关档案管理的法律、行政法规和国家有关规定执行。该案中，经审查朱惠珍申请公开的政府信息材料，已移交花都区国家档案馆，花都区人民政府告知朱惠珍可以按照档案管理有关规定，向花都区国家档案馆查询。

53 号答复符合法律规定，850 号复议决定维持该答复，并无不当。

对于朱惠珍"信息移交档案馆亦不免除政府信息公开义务"的主张，最高人民法院认为，归档信息政府已经不掌握，对已经移交档案馆的政府信息，应当按照《档案法》的有关规定，申请获取，不属于政府信息公开法律规范调整的范围。朱惠珍的该项主张，缺乏法律依据，不予支持。

二、移交档案期限规定之适用

再审申请人朱惠珍还主张，在其提交信息公开申请时，涉案政府信息未达到《机关档案工作条例》第 25 条规定的 10 年移交档案期限，花都区人民政府以信息移交档案馆为由，逃避信息公开义务。

对此，最高人民法院认为，《机关档案工作条例》第 25 条规定的目的是引导行政机关加快推进永久、长期保存档案的移交工作，并非强制规定政府信息必须满 10 年才能移交档案部门。而且，《广东省档案事业发展十三五规划》和广东省委、省政府《关于加强和改进新形势下我省档案工作的意见》还规定，要扩大形成满 5 年、属于进馆范围的纸质档案和数字化副本移交进馆及电子档案次年归档移交工作试点。该案中，拆迁合同签订于 2009 年，2014 年花都区人民政府将相关档案材料移交档案部门，不违反《档案法》关于 10 年归档的规定。因此，朱惠珍以此为由申请再审，理由不能成立。

三、"权利义务产生实际影响"之认定

一、二审法院均认为："53 号答复和 850 号复议决定对朱惠珍的合法权益不产生实际影响，朱惠珍以 53 号答复和 850 号复议决定违反信息公开条例等法律法规为由提起行政诉讼，不属于行政诉讼受案范围。"对此，最高人民法院指出："53 号答复对朱惠珍的权利义务已经产生实际影响，属于行政诉讼的受案范围。850 号复议决定维持 53 号答复，当然也是可诉的行政行为。"最高人民法院的说理包含两个层次：首先，对当事人权利义务产生实际影响的政府信息公开行政行为，属于行政诉讼的受案范围；其次，告知申请人向档案部门申请，对申请人的权利义务产生实际影响，属于可诉的行政行为。

（一）政府信息公开申请提起行政诉讼的条件

最高人民法院认为，依据《适用解释》（2018）第 1 条第 2 款第 10 项的

规定，对公民、法人或者其他组织权利义务不产生实际影响的行为，不属于行政诉讼的受案范围。反过来说，凡是对公民、法人或者其他组织权利义务产生实际影响的行政行为，均属于可诉的行政行为。换言之，最高人民法院从现行法律规范中提炼的行政诉讼受案范围核心判准为：行政行为对公民、法人或其他组织权利义务产生实际影响。

最高人民法院进一步论证何种政府信息公开行政行为属于行政诉讼受案范围。也即依据 2008 年施行的《政府信息公开条例》第 33 条第 2 款规定，公民、法人或者其他组织认为行政机关在政府信息公开工作中的具体行政行为侵犯其合法权益的，可以依法申请行政复议、提起行政诉讼。[1]也就是说，对当事人权利义务产生实际影响的政府信息公开行政行为，属于行政复议、行政诉讼的受案范围。

（二）行政机关对政府信息公开申请的处理

最高人民法院认为，申请人申请政府信息公开，行政机关审查后有多种处理方式：经审查符合公开条件的，依法予以公开；不符合公开条件的，不予公开并说明理由；属于其他职能部门公开事项的，告知申请人向相关部门申请公开等，其中对于申请的政府信息资料已经移交档案部门的，告知申请人向档案部门申请，也是一种答复方式。前述处理方式都是对申请人政府信息公开申请的实体处理，对申请人的权利义务当然产生实际影响，均属于可诉的行政行为。

该案中，花都区人民政府作出的 53 号答复，告知朱惠珍，其申请的相关政府信息已经移交花都区国家档案馆，告知朱惠珍到花都区国家档案馆按程序查阅。53 号答复对朱惠珍的权利义务已经产生实际影响，属于行政诉讼的受案范围。850 号复议决定维持 53 号答复，当然也是可诉的行政行为。因此，一、二审以 53 号答复、850 号复议决定不属于行政诉讼受案范围为由，裁定驳回朱惠珍的起诉不妥，予以指正。

---

〔1〕 2008 年施行的《政府信息公开条例》第 33 条第 2 款，现修改为《政府信息公开条例》第 51 条。

【涉及的重要理论问题】

《政府信息公开条例》自 2007 年公布以来，围绕该条例与《档案法》《保守国家秘密法》等其他法律规范如何衔接的讨论就络绎不绝。2008 年出台的《施行意见》第三部分第（八）条规定："已经移交档案馆及档案工作机构的政府信息的管理，依照有关档案管理的法律、行政法规和国家有关规定执行。"由此引发的隐患是，行政机关将不想公开的信息内部转移至单位档案工作机构，以逃避公开义务。对此，2011 年《信息公开案件司法解释》在承继国办规定的基础上补充："政府信息由被告的档案机构或者档案工作人员保管的，适用《中华人民共和国政府信息公开条例》的规定。"司法解释的规定能够防止行政机关内部转移以规避政府信息公开，但因为保存在行政机关时处于公开状态的政府信息移交档案馆后，不能及时向社会开放，容易造成某些行政机关滥用档案归档和档案移交权，进而使得政府信息公开制度落空。[1]

依据《档案法实施办法》第 13 条的规定，机关、团体、企业事业单位和其他组织，应当按照国家档案局关于档案移交的规定，定期向有关的国家档案馆移交档案。据此，政府信息公开所涉及的文件大多数都将成为档案馆封闭保管的档案。[2]更有学者直言"政府信息的最终命运是档案"。[3]本案的实体争议在于政府信息在移交档案馆后能否公开、如何公开，这取决于政府信息和档案信息的关系以及归档后行政机关的政府信息公开义务、公开能力。诉讼程序方面，本案二审法院归纳的争议焦点为原审法院应否受理朱惠珍的起诉，即"告知申请人向档案部门申请"答复的可诉性。

一、政府信息与档案信息的界分

我国关于政府信息和档案的立法有别，准确适用规范的前提在于明确其

---

〔1〕 参见程琥："《政府信息公开条例》的修改"，载《国家检察官学院学报》2016 年第 3 期。

〔2〕 参见卢小宾、高欢："《档案法》规制下的政府信息公开问题探析"，载《档案学通讯》2014 年第 6 期。

〔3〕 刘飞宇："从档案公开看政府信息公开制度的完善——以行政公开第一案为契机"，载《法学评论》2005 年第 3 期。

概念。依据《政府信息公开条例》第2条的规定，政府信息是指行政机关在履行行政管理职能过程中制作或者获取的，以一定形式记录、保存的信息。依据《档案法》第2条的规定，档案是指过去和现在的机关、团体、企业事业单位和其他组织以及个人从事经济、政治、文化、社会、生态文明、军事、外事、科技等方面活动直接形成的对国家和社会具有保存价值的各种文字、图表、声像等不同形式的历史记录。可见，政府信息和档案的内容具有高度相似性，对二者的界分包括形式标准和实质标准。

（一）区分政府信息与档案信息的形式标准

所谓形式标准，即按照文件存放机关这一外观为区分标准。《信息公开案件司法解释》便是以"政府信息移交各级国家档案馆"为界，来区分应当适用什么规范。

本案中各审级法院均援引该司法解释作为说理乃至裁判的依据。就法律适用而言，朱惠珍申请公开的政府信息材料已移交花都区国家档案馆，依据上述国办文件和司法解释的规定，确应依照有关档案管理的规定执行。法院适用法律法规正确。形式标准固然明了易执行，但简单地以移交程序之完成来区分处理方式并没有揭示政府信息和档案信息的本质差别，更没有解释为什么立法者对二者的管理方式采取不同的制度设计。

（二）区分政府信息与档案信息的实质标准

所谓实质标准，应当能够揭示政府信息和档案信息性质上的差别，一定程度上也是在追问上述司法解释规定的合理性。

传统文档理论认为，文件之所以要转化为档案，主要是因为其价值形态的变化。[1]归档程序完成后，文件所承载信息的现实效用价值不断衰减，而历史文化与学术研究价值上升，"政府信息"开始向"档案信息"转变。以动态视角考察政府信息和档案信息的关系，二者的分野在于价值作用的转变。该说法也得到国家档案局政策法规研究司工作人员的佐证。据其介绍，虽然政府信息公开和档案利用都含有提供信息供他人使用的功能，但在我国的法

---

〔1〕 参见刘飞宇："从档案公开看政府信息公开制度的完善——以行政公开第一案为契机"，载《法学评论》2005年第3期。

律体系下，政府信息公开侧重于用"现在的"记录为"当下"服务，而档案利用则侧重于用"过去的"记录为"未来"服务。

政府信息和档案信息功能定位的不同决定了《政府信息公开条例》和《档案法》立法价值及制度设计的差异。《档案法》的首要立法目的在于档案的管理和保护，其次才是档案的利用；[1]而《政府信息公开条例》第 1 条便表明了公民权利保障法的定位。由此导向制度设计的差异，如档案管理设置有封闭期制度以实现档案背景和结构信息的脱敏；而《政府信息公开条例》对不公开的信息进行了明确的列举，背后的逻辑是除法定豁免之外，全部公开。[2]

实质标准解释了立法理念的差异，通过实质标准界定政府信息和档案信息，是适用不同规范的实质依据。故采取实质标准来理解政府信息和档案信息的关系比形式标准更为合理。

二、信息归档后行政机关的公开义务

形式标准与实质标准可能存在错位，因为移交档案馆这一空间上的改变未必与内容信息的价值变化一致。那么对于现实效用尚高而已经移交档案馆的政府信息，是否应当免除行政机关的公开义务？对此可以拆分司法解释规则进行分析：一是"政府信息已经移交各级国家档案馆"是否包含移交期限要求；二是政府信息移交档案馆后"依照有关档案管理的法律、行政法规和国家有关规定执行"是否即排除《政府信息公开条例》的适用。

（一）对移交期限的理解与适用

司法解释规定政府信息移交档案馆后依照有关档案管理的规定执行，却没有限制移交的条件。但是就法律体系适用而言，《档案法实施办法》《机关

---

〔1〕 参见卢小宾、高欢："《档案法》规制下的政府信息公开问题探析"，载《档案学通讯》2014 年第 6 期；黄南凤、蒋卫荣："从《条例》的立法理念看《档案法》修改"，载《档案学通讯》2009 年第 2 期。尽管有学者指出，有效地利用档案是档案立法目的之一，但从《档案法》第 1 条法条的表述顺序看，加强档案管理是首要目的。参见赵海军："《政府信息公开条例》实施后学术界对《档案法》的误读以及《〈档案法〉修订草案》协调努力之浅析"，载《档案学研究》2018 年第 4 期。

〔2〕 参见蒋红珍："面向'知情权'的主观权利客观化体系建构：解读《政府信息公开条例》修改"，载《行政法学研究》2019 年第 4 期。

档案工作条例》等规定了档案移交期限。本案中朱惠珍的再审申请理由便涉及对移交档案期限的理解，即行政机关能否相较于移交档案期限提前移交，以及提前移交能否免除行政机关的政府信息公开义务。

第一种观点认为，移交档案期限要求行政机关应在规定的时间点移交档案，不得提前移交。有学者根据《档案法实施办法》第 13 条第 2 款认为，对于档案移交进馆的时间，是有行政法规规定的，同时该条第 3 款将"可以提前向有关档案馆移交"的情况限于"已撤销单位的档案或者由于保管条件恶劣可能导致不安全或者严重损毁的档案"。[1] 第二种观点认为，移交档案期限旨在为行政机关移交档案设定最长期限。本案中最高人民法院提供的说理便是对规范进行目的解释，认为《机关档案工作条例》第 25 条规定的目的是引导行政机关加快推进永久、长期保存档案的移交工作，并非强制规定政府信息必须满 10 年才能移交档案部门。同时还辅以广东省地方关于加速归档移交工作试点安排，说明移交档案期限是为行政机关加速档案移交设立最长期限而非起始时间。

从档案管理的角度看，立法设定移交档案期限可以被理解为促进行政机关归档、提升档案管理效率。但若将提前移交文件视为行政机关拒不履行政府信息公开义务的正当化事由，将促使档案馆成为政府信息公开的"避风港"，一项本意提高档案管理效率的制度极有可能被恶意利用为公民行使知情权的障碍。本案中最高人民法院援引的《广东省档案事业发展十三五规划》和广东省委、省政府《关于加强和改进新形势下我省档案工作的意见》提出要促进移交归档工作，其是为了"建立健全覆盖全省的档案资源体系""完善推广我省档案管理创新机制"，规划目标也明确提出要努力建立"方便人民群众的档案利用体系"。如果允许行政机关提前移交政府信息而免除公开义务，那么促进归档就成了"鼓励"行政机关规避信息公开，这无疑与建设档案体系的目标南辕北辙。最高人民法院通过目的解释来分析移交期限的规范性质，却忽视了解释可能造成的社会效果。至少在政府信息公开义务的免除问题上，促进档案移交的规定不应被解读为行政机关公开义务的免除事由。司法裁判

---

〔1〕 参见赵海军："《政府信息公开条例》实施后学术界对《档案法》的误读以及《〈档案法〉修订草案》协调努力之浅析"，载《档案学研究》2018 年第 4 期。

者应当能够识别行政机关的行为意图，避免立法漏洞被放大。

　　进一步而言，移交期限或可成为限制行政机关逃避政府信息公开义务的有效工具。如何理解司法解释"政府信息已经移交档案馆的"中的"已经移交"，是存在解释空间的。在"移交档案馆"空间维度的基础上引入"移交期限"这一时间维度后，政府信息的归档可能出现四种形态：移交期限未满且行政机关保管文件、移交期限未满而档案馆保管文件、移交期限届满而行政机关保管文件、移交期限届满且档案馆保管文件。而政府信息与档案信息区别的形式标准可以改造为：政府信息是否经法定条件并经过法定程序移交至国家档案馆。[1] 对于移交期限未满而由档案馆保管的文件可能因不符合法定条件和程序，而仍适用政府信息公开规定。

　　此外，引入"移交期限"条件有利于统合政府信息和档案信息区分的形式标准与实质标准。如前所述，政府信息和档案信息的实质区别在于文件所承载内容信息价值的变化。而价值变化是随时间推演发生的，故相较于空间上的移转，移交期限这一形式外观更有可能揭示政府信息和档案信息的区别，此时再去适用不同规则也更具有正当性。

　　这种观点得到《档案法》2020 年修法印证。该法修订新增第 15 条第 2 款："经档案馆同意，提前将档案交档案馆保管的，在国家规定的移交期限届满前，该档案所涉及政府信息公开事项仍由原制作或者保存政府信息的单位办理。移交期限届满的，涉及政府信息公开事项的档案按照档案利用规定办理。"新法颁布后，提前移交档案的条件为"经档案馆同意"，同时在国家规定的移交期限届满前不免除原行政机关的政府信息公开义务。故现行法规范体系下，即便只从空间移转上狭义理解司法解释所称的"已经移交档案馆"，进而要"依照有关档案管理的法律、行政法规和国家有关规定执行"，也能够依照现行《档案法》第 15 条而要求行政机关履行信息公开义务。

　　（二）《政府信息公开条例》对归档后政府信息的适用空间

　　司法解释以移交档案馆为界区分适用《政府信息公开条例》和有关档案管理的规定，极易造成"同样的内容因为在不同阶段会得到截然不同的处理

---

　　〔1〕　参见朱根民、刘铁丽："已移交至国家档案馆的政府信息是否属于公开范围"，载《中国土地》2021 年第 12 期。

结果"〔1〕的局面。对于提前移交档案馆的文件，引入移交期限条件或直接依据现行《档案法》可以向行政机关主张公开政府信息，移交期限未满且由行政机关保管的文件当然适用《政府信息公开条例》，但移交期限届满的文件是否必然免除行政机关的公开义务？《档案法》第15条"涉及政府信息公开事项的档案按照档案利用规定办理"的规定是否覆盖政府信息的公开？

对此，学界存在不同观点。第一种观点认为，归档后相关文件中的信息从受《政府信息公开条例》的调整转换到受《政府信息公开条例》与《档案法》的双重规制。〔2〕第二种观点认为，一旦完成了政府信息向档案的转化过程，政府信息就不再是《政府信息公开条例》意义上的政府信息，而是《档案法》意义上的档案，法律上应受《档案法》关于档案的查阅利用等相关规定的约束。〔3〕

依据《政府信息公开条例》第2条和《档案法》第2条的对"政府信息"和"档案"的定义，政府信息的本质是"信息"，档案则指向"历史记录"，两部法律的调整对象不同，在适用上不是非此即彼的关系。因为政府信息公开的对象是文件所承载的内容信息，而非文件或档案的物质实体。归档程序的完成并未使相关内容不再符合《政府信息公开条例》第2条的定义，故政府信息本身仍应适用《政府信息公开条例》。只有当政府信息公开与《档案法》保密规定冲突且档案是唯一载体时，才适用档案保密的规定。因为只有在法律和行政法规对同一事项作出相互冲突的规定时，才需要依据上位法优于下位法原则。〔4〕2016年国家档案局公布的《〈中华人民共和国档案法〉修订草案（送审稿）》第45条规定"档案中属于应公开的政府信息应当公开"，制定者表示，"2008年《政府信息公开条例》施行后，建设透明政府、服务型政府的要求，特别是各部门政府信息公开制度的确立对加大档案开放

---

〔1〕 刘飞宇："从档案公开看政府信息公开制度的完善——以行政公开第一案为契机"，载《法学评论》2005年第3期。

〔2〕 参见卢小宾、高欢："《档案法》规制下的政府信息公开问题探析"，载《档案学通讯》2014年第6期。

〔3〕 参见刘飞宇："从档案公开看政府信息公开制度的完善——以行政公开第一案为契机"，载《法学评论》2005年第3期；张建文："公共档案利用中的隐私保护问题——从《政府信息公开条例》看《档案法》的修改"，载《山西档案》2008年第5期。

〔4〕 参见章剑生：《现代行政法总论》，法律出版社2019年版，第79-80页。

力度形成了倒逼态势"〔1〕。按照草案的构想，即使是符合移交条件和程序而移交档案馆的政府信息，也应当公开，但最终修法没有保留此条款。

可能遭遇的质疑是现行《档案法》第15条第2款规定"……移交期限届满的，涉及政府信息公开事项的档案按照档案利用规定办理"，似乎移交期限届满的政府信息便不再适用《政府信息公开条例》。非也。首先，上述规定针对"涉及政府信息公开事项的档案"而非政府信息本身。其次，僵化地以移交期限决定能否公开没有意义，因为同样的信息可能在移交前已经公开。按照拉斯韦尔的传播理论，信息的传播是一个单向的、不可取消的非可逆过程，〔2〕在归档前已经公开的政府信息无法回收，归档后再公开与之并无二致。

综上，司法解释以"一刀切"的表述方式区分归档前后适用不同规则，失之偏颇，混淆了政府信息和档案在法律属性上的差异，在没有冲突的情况下应当同时适用《政府信息公开条例》。而在司法解释客观存在的情况下，我们可以通过解释规则的方式减轻其负面影响。也即从扩大政府信息公开范围的立场出发，将政府信息移交档案馆后"依照有关档案管理的法律、行政法规和国家有关规定执行"这一规则解释为，政府信息归档后需要依照档案管理规定但并不当然排除《政府信息公开条例》的适用，行政机关提前向档案馆移交政府信息不能作为行政机关拒不履行公开义务的抗辩理由。

三、信息归档后行政机关的公开能力

如果行政机关徒有公开义务而没有公开能力，客观上无法公开，那么依据《政府信息公开条例》第36条第4项的规定，申请人获取政府信息的目标仍然无法实现。值得注意的是，本案中最高人民法院在回应第二项再审申请理由时提到，"归档信息政府已经不掌握"，进而指出"对已经移交档案馆的政府信息，应当按照档案法的有关规定，申请获取"。最高人民法院的言外之意是，对已经移交档案馆的政府信息之所以应当按照《档案法》的有关规定申请获取，是因为归档信息政府已经不掌握。"归档信息政府已经不掌握"是

---

〔1〕　"《中华人民共和国档案法》修订草案（送审稿）起草说明"，载《中国档案》2016年第7期。

〔2〕　参见［美］哈罗德·拉斯韦尔：《社会传播的结构与功能》，何道宽译，中国传媒大学出版社2015年版，第35-36页。

转向适用《档案法》规定的补强理由。最高人民法院在过往判决中也进行过相似的说理，"政府信息已经移交各级国家档案馆。行政机关已不再保存该信息，在客观上难以提供相关信息的，应依照有关档案管理的法律、行政法规和国家有关规定执行。"[1]

但是由于信息的移转不会导致信息损耗，政府信息电子化更是为信息的保有提供了便利，"归档信息政府已经不掌握"的情形将越来越少。

（一）移转活动对信息的影响

因为信息可复制、移转不损耗价值等特性，将政府信息移交档案馆的活动不会使信息发生质变。诚如上文所言，政府信息公开的对象是内容信息，而不问其物质载体。《档案法》只是对应该立卷归档的材料做出了移交要求，并不是所有包含政府信息的载体都需要移交归档。由于政府信息的可复制性，故并非由档案馆取得对政府信息的排他式管理。纵使记载政府信息的文件已移交给档案馆，行政机关仍有能力以副本等形式保存信息内容。

我国《宪法》第2条规定："中华人民共和国的一切权力属于人民……人民依照法律规定，通过各种途径和形式，管理国家事务，管理经济和文化事业，管理社会事务。"而知情权是参与民主的前提，[2]国家应当建立便于公民获取政府信息、档案信息的制度。即使政府信息已移交至档案馆，如行政机关保存了该信息的电子档案，本着便民原则，行政机关仍应予以公开。[3]本案朱惠珍从保障信息公开知情权、方便获取信息角度主张花都区人民政府履行政府信息公开职责，但最高人民法院却以该项主张"缺乏法律依据"为由不予支持，恐有僵化适用国办文件和司法解释之嫌。

（二）电子化背景下的政府信息公开

随着电子政务的不断发展，行政机关留存政府信息的形式将更为多样，政府信息电子化使得行政机关更有条件留存政府信息。《档案法》2020年修订后第1条立法目的新增"提高档案信息化建设水平"，在法律层面提出了档

---

〔1〕 最高人民法院（2017）最高法行申821号行政裁定书。

〔2〕 参见彭錞："我国政府信息公开制度的宪法逻辑"，载《法学》2019年第2期。

〔3〕 参见朱根民、刘铁丽："已移交至国家档案馆的政府信息是否属于公开范围"，载《中国土地》2021年第12期。

案信息化建设目标，而在许多领域与之对接的政府信息本身已实现电子化。如果在传统纸质载体时代行政机关还能以不再保有信息的唯一载体为由免除责任，那么在电子时代信息和载体可以分离，上述借口将不复成立。

综上，信息和载体是可以分离的，政府信息的移转活动不会损耗信息本身的价值，行政机关仍然有能力保留政府信息内容，电子化背景下更是如此。行政机关的信息公开能力并不会因文件归档而折损，行政机关更不能以履行困难为由免除归档政府信息的公开义务。

四、"告知向档案部门申请"答复的可诉性

不同于一、二审以 53 号答复、850 号复议决定不属于行政诉讼受案范围为由裁定驳回起诉，最高人民法院指出"告知申请人向档案部门申请"是一种处理方式，属于可诉的行政行为。依据《政府信息公开条例》第 51 条的规定，一般的政府信息公开行政行为属于行政诉讼受案范围并不存在争议。本案的争点在于，"告知向档案部门申请"是否属于《政府信息公开条例》第 51 条所称的"行政机关在政府信息公开工作中侵犯其合法权益的"。

一、二审裁定的逻辑基本一致，都存在一定的跳跃。一、二审法院首先指出申请人申请的信息已移交区档案馆管理，故"应依照有关档案管理的法律、法规和规定进行，不属于《政府信息公开条例》的调整范畴"。二审法院补充，申请人申请的信息内容"是需要加工汇总才能形成的"，根据《政府信息公开条例》第 2 条和《信息公开案件司法解释》第 2 条第 3 项，"朱惠珍所提出的涉案申请实质上亦不属于政府信息公开申请"。[1]紧接着法院便得出结论，"53 号答复和 850 号复议决定对朱惠珍的权利义务不产生实际影响，不属于人民法院的受案范围。"上述说理可能隐藏的逻辑为：因为信息文件已经移交档案馆，不属于《政府信息公开条例》的调整范畴，加之申请的信息内容需要加工汇总才能形成，所以至少不是政府信息公开行政行为。在笔者看来，一、二审法院之所以对答复及复议决定的合法性开展实体审查，是因为判断是否属于政府信息、是否适用《政府信息公开条例》是法院判断受案范围的前提条件。故而受案范围作为程序性要件反而被放在最后讨论。然且不谈实

---

〔1〕　参见广东省高级人民法院（2018）粤行终 674 号行政裁定书。

体上可能存在争议，不属于《政府信息公开条例》定义下的政府信息未必能推导出"答复对权利义务不产生实际影响"。

最高人民法院的论证逻辑则是，"告知向档案部门申请"的答复属于行政机关的处理方式之一，对申请人的权利义务产生实际影响，故属于可诉的行政行为。最高人民法院没有明示的法律依据是《政府信息公开条例》第36条，即对政府信息公开申请，行政机关应当根据不同情况分别作出答复。而对申请人政府信息公开申请的各种答复都会影响申请人知情权的实现，因此对申请人的权利义务产生实际影响。然而，从行为作出结果出发判断是否"实际影响权利义务"从而界定是否属于行政行为的做法本身是值得商榷的。因为这既是循环论证，也容易混淆受案范围与原告资格，正确的逻辑应当是从构成要件出发判断行为属性，"实际影响权利义务"是一个行为属于行政行为之后的当然结果。[1]

笔者认为，回归《政府信息公开条例》第51条便可直接证成"告知向档案部门申请"的答复属于行政诉讼受案范围。《政府信息公开条例》第51条表述的是"在政府信息公开工作中"，答复"告知向档案部门申请"当然属于行政机关在政府信息公开工作中的行为，由此可回避"实际影响权利义务"这一模糊概念的适用，直接依据《政府信息公开条例》第51条结合《行政诉讼法》第12条第2款判定属于行政诉讼受案范围。申请人对于该行政机关告知行为不服的，可以该行政机关为被告向法院提起行政诉讼。[2]

最终最高人民法院在裁判方式的选择上，指正了一、二审的错误，考虑到"改判为驳回朱惠珍的诉讼请求，无益于对朱惠珍实体合法权益的保护，徒增诉累"而裁定不予再审。最高人民法院的裁定在发挥再审监督功能的同时，避免了司法程序的空转。

【后续影响及借鉴意义】

全国法院政府信息公开十大案例之"彭志林诉湖南省长沙县国土资源局案"适用《信息公开案件司法解释》第7条规则，将已经移交国家档案馆的

---

〔1〕 参见黄宇骁："行政诉讼受案范围与原告资格关系之辨"，载《政治与法律》2021年第2期。

〔2〕 程琥："新条例实施后政府信息公开行政诉讼若干问题探讨"，载《行政法学研究》2019年第4期。

信息与存放在行政机关档案机构的信息加以区分处理，防止行政机关以适用档案管理法规为借口规避政府信息的公开。但是现行法律对已经移交档案馆的信息尚无具体规定。最高人民法院在本案中指明，申请人申请政府信息公开，行政机关审查后有多种处理方式，其中对于申请的政府信息资料已经移交档案部门的，告知申请人向档案部门申请，也是对申请人政府信息公开申请的实体处理，属于可诉的行政行为。由此，当行政机关答复信息材料已移交档案馆时，信息公开申请人可以进入行政诉讼寻求司法救济。此外，《政府信息公开条例》第36条对不同情形的答复内容有较详尽的规定，申请人可能以答复不符合规定而主张答复行为违法。

值得反思的是，尽管"告知向档案部门申请"的答复在程序上属于行政诉讼受案范围，但是政府信息移交档案馆后，公民知情权的实体保障不足。现行司法解释的规定只是以形式标准界分政府信息和档案信息，不能充分体现二者的功能价值。在现有规范框架下引入移交期限的规定，或可限制行政机关转移政府信息以逃避公开义务的做法。现行《档案法》只有第15条第2款体现了与政府信息公开制度的衔接，两项制度的衔接问题仍没有得到根本解决。尽管我国《档案法》规定有档案的利用，但缺乏具体的配套制度，实践中申请开放的难度极大。甚至由于封闭期的规定，事实上导致了档案信息的保密效果，使之成为"准国家秘密信息"，大大限制了按《政府信息公开条例》应予公开信息的范围。[1]政府信息作为公众财产，公民知情权的行使不应在移交档案馆后便寸步难行。我们需要努力避免"国家通过《政府信息公开条例》一手给公众知情权，又可能会用另一只手不断地收缩公众知情权的范围"[2]情形的发生。

（指导老师：蔡乐渭　中国政法大学法学院副教授）

---

〔1〕　参见王锡锌："政府信息公开法律问题研究"，载《政治与法律》2009年第3期。

〔2〕　章剑生："知情权及其保障——以《政府信息公开条例》为例"，载《中国法学》2008年第4期。

案例十五　"转瞬即逝"特性载体的政府信息的再行提供原则

——张小平诉洛阳市涧西区人民政府信息公开再审案

许　超 *

【案例名称】

张小平诉洛阳市涧西区人民政府信息公开再审案［最高人民法院（2017）最高法行再93号行政判决书］

【关键词】

"转瞬即逝"信息公开载体　政府信息公开义务　履行判决

【基本案情】

张小平向洛阳市涧西区人民政府提交了两份信息公开申请书，申请公开豫政土〔2014〕997号文涉及小所村的征地补偿方案批准后征用土地各项费用的支付明细和豫政土〔2014〕997号文涉及涧西区小所村征地补偿社会保障资金落实明细。后涧西区人民政府信息公开办公室对张小平的信息公开申请作出了书面答复，称"关于征用土地费用问题，涉及补偿的费用相关清单已经在小所村公开栏公开公示。关于土地补偿社会保障资金，我区已按规定将相关费用上缴涧西区社保中心"。涧西区人民政府将信息公开书面答复邮寄给了张小平。张小平认为涧西区人民政府的书面答复没有按其要求做出，遂提起行政诉讼，要求涧西区人民政府按照其要求以书面形式提供所申请的信

* 作者简介：许超，中国政法大学法学院宪法学与行政法学专业2021级硕士研究生。

息公开内容，并确认涧西区人民政府已作出的信息公开答复违法。

河南省洛阳市中级人民法院一审认为："涧西区人民政府对张小平提出的政府信息公开申请，具有依法作出答复的职责。涧西区人民政府在收到张小平申请后，在法定期限内履行了受理、答复及送达的法定程序，其行政程序合法。张小平主张涧西区人民政府应按照其要求以书面形式向其提供申请的信息公开内容，但张小平申请的信息属于主动公开的政府信息，涧西区人民政府已经在涧西区小所村的公开栏进行了公开公示，涧西区人民政府在对张小平作出的书面答复中已经明确告知了其查询所申请信息的方式和途径，故涧西区人民政府已履行了相应的法定职责。张小平要求涧西区人民政府以书面形式向其提供申请的信息公开内容并确认涧西区人民政府的信息公开答复违法的主张无事实和法律依据，不予支持。依照《最高人民法院关于审理政府信息公开行政案件若干问题的规定》第十二条第二项的规定，作出（2015）洛行初字第 266 号行政判决，驳回张小平的诉讼请求。"

张小平不服，提起上诉。

河南省高级人民法院二审认为："张小平申请公开的豫政土〔2014〕997号文涉及小所村的征地补偿方案批准后征用土地各项费用的支付明细，属于行政机关应当主动公开的政府信息，涧西区人民政府已在涧西区小所村的公开栏张贴，进行了公开公示；张小平申请公开的涉及小所村征地补偿社会保障资金落实明细，涧西区人民政府已告知其获取该政府信息的方式和途径。故涧西区人民政府的信息公开答复并无不当，一审判决认定事实清楚，适用法律正确，应予维持。张小平的上诉理由不能成立，不予支持。据此判决驳回上诉，维持原判。"

张小平对一审和二审裁判并不服，向最高人民法院申请再审。最高人民法院称："再审申请人申请获取的涧西区小所村的征地补偿方案批准后征用土地各项费用的支付明细的政府信息虽然已经在公开栏公示，但是其具有'转瞬即逝'的特点，如果再审申请人确有需要，再审被申请人无妨向其提供一份；再审申请人申请公开的涧西区小所村征地补偿社会保障资金落实明细，既然再审被申请人告知其'已按规定将相关费用上缴涧西区社保中心'，在另有申请渠道的情况下，不妨碍再审申请人实现获取信息的目的，但按照《政府信息公开条例》第 17 条规定的'谁制作谁公开'的原则下，由再审被申请人径行公开，亦不是法外义务。"

【裁判要旨】

当事人申请政府信息公开时，如果申请公开的信息已经在具有"转瞬即逝"特性的载体上进行公开的，那么行政机关应当履行的法定职责不仅包括告知其获取信息的途径，还包括在申请人按照被告知的方式仍未真正获得所需信息的情况下，依照申请再度向申请人提供信息。

【裁判理由与论证】

最高人民法院确认了一审和二审法院查明的事实，但认为一审和二审对"原告张小平申请公开的信息，被告洛阳市涧西区人民政府已告知其获取该政府信息的方式和途径，故涧西区人民政府的信息公开答复并无不当"的判断不当，撤销了一审和二审的判决，并撤销被告洛阳市涧西区人民政府之前对张小平的答复，责令洛阳市涧西区人民政府向张小平提供其所申请公开的政府信息。最高人民法院在本案的生效裁判中归纳了一个争议焦点：属于主动公开范围且行政机关认为已经主动公开的政府信息，在特定的情形下，行政机关是否有义务依申请再行提供。

最高人民法院认为："不向特定申请人提供行政机关已经主动公开的政府信息，仅限于政府信息'确实可见'的情形。"而该案中"再审申请人申请获取的涉及涧西区小所村的征地补偿方案批准后征用土地各项费用的支付明细的政府信息，虽然再审被申请人涧西区人民政府举证证明已经在小所村公开栏公开公示，但是这种公示显然具有'转瞬即逝'的特点，如果申请人确实需要，再审被申请人无妨再向其提供一份；关于再审申请人申请公开的涧西区小所村征地补偿社会保障资金落实明细，既然再审被申请人告知其'已按规定将相关费用上缴涧西区社保中心'，在另有申请渠道的情况下，不妨碍再审申请人实现获取信息的目的，但按照《政府信息公开条例》第17条规定的'谁制作谁公开'的原则，由再审被申请人径行公开，亦不是法外义务。"

2008年施行的《政府信息公开条例》第21条规定："对申请公开的政府信息，行政机关根据下列情况分别作出答复：（一）属于公开范围的，应当告知申请人获取该政府信息的方式和途径……""其包括两种情形：一是申请公开的政府信息已经主动公开的，行政机关应当告知申请人该政府信息主动公开的方式和获取途径，以便于申请人查找；二是申请公开的政府信息虽然属于公开范围，但尚未主动公开的，或者申请人对已经公开的信息有更具体的公开要求的，行政机关应当告知申请人办理获取政府信息手续的时间、地点、形式等程序性事项。据此，无论是属于主动公开的范围且已经主动公开，还是属于依申请公开范围且尚未公开，行政机关的答复都是以保证申请人能够获取为目的。不同的是，对于属于主动公开范围且已经主动公开的，行政机关没有向特定申请人提供该政府信息的义务，只需告知其获取信息的方式和途径。因为一旦允许这种索取量很大的重复申请，不仅会造成不必要的重复劳动，破坏行政机关履行义务的能力，也会增加巨额公共支出，同时，主动公开政府信息的制度价值也会大打折扣。"但《最高人民法院关于审理政府信息公开行政案件若干问题的规定》第 2 条第 2 项规定的"政府公报、报纸、杂志、书籍等公开出版物"，就具备"确实可见"的特性。如果行政机关拒绝提供此类信息，申请人不服提起诉讼的，人民法院不予受理。"另外，《政府信息公开条例》还规定了政府网站、公共查阅室、资料索取点、信息公告栏、电子信息屏以及国家档案馆和公共图书馆等可以发布和查阅政府信息的场所和设施，对于能够通过这些途径获取政府信息的，行政机关应当告知申请人具体的获取方式和途径，但是否认定为行政机关已经履行了法定职责，不应仅以是否告知为标准，还应当看申请人通过行政机关告知的方式和途径是否确实能够获取信息。对于信息公告栏、电子信息屏等具有'转瞬即逝'特性的公开载体而言，简单的一个告知未必会满足申请人真正能够获取他所需要的信息的需求。如果申请人对于这类已经主动公开但事后无法查阅的政府信息确有需要，行政机关可以在收取必要的成本费用之后再行提供。"

【涉及的重要理论问题】

本案涉及的主要问题是对于"转瞬即逝"类型的信息，行政机关在已经公开后是否有再度公开的义务。政府信息公开是满足公民知情权的重要途径，也是实现公民与政府互动的一种方式，其在促进政务公开，让公民更加了解政府，增强对政府的信任度方面有重要作用。而信息公开需要实质性满足公民获取信息的要求，才能实现上述目标，对于该案涉及的"转瞬即逝"的信息，可能不能满足公民了解信息的需求，为此需要进一步明确行政机关的信息公开义务。在分析上首先需要对"转瞬即逝"信息的概念进行准确的界定；其次，在履行诉讼中对行政机关义务的界定中，行政机关不仅要在形式上履行信息公开的义务，还需要实质上让相对人获取政府信息；最后，履行判决中法院对行政裁量的审查程度也是本案中的关键问题。有鉴于此，下文将本案的相关理论问题归纳为"转瞬即逝"信息的含义与类型、履行诉讼中行政机关公开义务的界定以及履行诉讼中法院审查行政裁量的标准，并分别述之。

一、"转瞬即逝"信息的含义与类型

（一）"转瞬即逝"与"确实可见"

"转瞬即逝"指转眼之间就消失，形容消失很快，"确实可见"指的是信息容易被相对人获取，两者是一组相反的概念。《政府信息公开条例》（2019）第 23 条规定："行政机关应当建立健全政府信息发布机制，将主动公开的政府信息通过政府公报、政府网站或者其他互联网政务媒体、新闻发布会以及报刊、广播、电视等途径予以公开。"第 24 条规定："各级人民政府应当加强依托政府门户网站公开政府信息的工作，利用统一的政府信息公开平台集中发布主动公开的政府信息。政府信息公开平台应当具备信息检索、查阅、下载等功能。"《最高人民法院关于审理政府信息公开行政案件若干问题的规定》第 2 条第 2 项规定的政府信息公开的载体有政府公报、报纸、杂志、书籍等公开出版物。目前各地都在进行政府信息的网上平台建设，建设好信息公开的载体，抓好公开信息的动态更新。

本案中再审申请人张小平认为再审被申请人洛阳市涧西区人民政府提供的小所村村民的签名证明、征用土地的各项费用的支付明细从未张贴，虽然再审被申请人向法庭提供了张贴的照片，但"也可以贴上去再撕下来"。最高人民法院认为这属于"转瞬即逝"的信息，如果相对人再次申请，简单的告知未必能满足申请人的需求，行政机关可以在收取必要的成本费用之后再行提供。对于"转瞬即逝"信息的界定决定着法院是否会支持申请人的请求，根据在中国裁判文书网和北大法宝上所检索到的案例情况（截至 2022 年 4

月），在最高人民法院作出该案裁判之后，有数十例类似的案件，法院引用了"转瞬即逝"信息这一概念，并借鉴最高人民法院的判决来进行裁判，如张伟等 21 人诉金华市人民政府房屋征收补偿政府信息公开案[1]等。在这些案件中法院认定"转瞬即逝"信息的标准主要在于信息的载体，其中认定公开栏、信息公告栏、电子信息屏等上的信息属于"转瞬即逝"的信息，但若政府信息记载于政府公报、报纸、书籍等上，则属于"确实可见、可寻"的情形。[2]在秦某与长治市人民政府、长治市潞州区人民政府其他行政行为案中，法院认为对于申请人申请公开的信息，政府已经告知申请人获取该政府信息的方式和途径，而且申请人申请公开的信息为政府的通告、通知等文件，政府让申请人可以去村委会查找，属于明确告知了方式和路径，政府的处理符合规定。[3]由此可以总结出"转瞬即逝"的信息的判断与申请人是否能够实际获得信息密切相关，对于在电子信息屏、公告栏等上的信息，由于其信息的流动性大，电子信息屏可能会不断更新，公告栏上的信息可能被撕下，或者被新的信息所覆盖，申请人不一定能及时看到和获取；而对于像在政府公报、报纸、书籍上或者在申请人可以依据行政机关告知的方式和路径明确查到的信息，则不属于"转瞬即逝"的信息。

（二）信息化建设背景下"转瞬即逝"的信息

当前政府机关都在建设自己的门户网站，很多机关专门设有政务公开专栏，形成统一的政府信息公开平台，这让相关的文件、决策决定能及时上传到网站上，提升了政府的透明度，满足了公民的知情权。但由于互联网上信息流动的快速性和复杂性，很多政府信息公开的网站也存在之前公开的信息，在过了一段时间后就查找不到，或者网页被删除，这类信息也应被纳入"转瞬即逝"信息的范畴。《国务院办公厅关于印发 2021 年政务公开工作要点的通知》中提出："健全政务新媒体监管机制，针对一哄而上、重复建设、'娱乐化'、'空壳'等问题有序开展清理整合。"国务院办公厅也从 2015 年开始就开展了全国政府网站普查工作，对政府网站存在的"不准确，不实用"等

---

[1]　参见浙江省高级人民法院（2019）浙行终 529 号行政判决书。
[2]　参见天津市东丽区人民法院（2020）津 0110 行初 97 号行政判决书。
[3]　参见山西省高级人民法院（2020）晋行终 242 号行政判决书。

问题进行普查和整改，之后全国各级政府，各个政府部门都在推进开展政府网站的普查与抽查工作，到 2020 年全国各地区、各部门对政府网站信息不更新、更新后删除、内容错误、服务不实用等问题进行了很多整改，如今政府网站栏目空白、链接不可用等现象已经大大减少，但是如果涉及政府网站上的信息公布之后无法查到，或者链接出问题等，应适用该案例中确立的"转瞬即逝"的信息可以再次申请政府公开的规则。另外，当前很多政府会在网站上公示部分信息，如人员录用名单、项目审批报告等，其往往有一定的公示期限，在公示期满之后其信息就从网站上被撤下，如果其可以纳入政府信息公开的范围之内，那么在公示期满之后，申请人也可以依据该案中的规则来申请行政机关公开此类信息。

二、履行判决中行政机关公开义务的界定

（一）履行判决的适用规范

该案中最高人民法院的终审裁判为，责令洛阳市涧西区人民政府在本判决生效之日起十五个工作日内向张小平提供其所申请公开的政府信息，这是一个履行判决。《行政诉讼法》第 72 条规定了履行判决："人民法院经过审理，查明再审被申请人不履行法定职责的，判决再审被申请人在一定期限内履行。"《最高人民法院关于适用〈中华人民共和国行政诉讼法〉的解释》第 91 条规定，若原告请求被告履行法定职责的理由成立，那么被告违法拒绝履行或者无正当理由逾期不予答复的，法院也可以适用《行政诉讼法》第 72 条的规定责令被告在一定期限内履行。根据学界通说，履行判决有以下几个适用条件：一是被告对该案事务的履行有法定职责。在该条件下，法院主要审查被告是否有管辖权、是否有处理本案行政事务的行为依据等，即原告请求再审被申请人履行的法规范基础。[1] 二是被告应履行的职责如属依申请的行政行为，相对人依法提出了申请；如若属于依职权行政行为，该职责具有履行的必要性和可行性。[2] 三是被告有履行能力。四是被告不履行法定职责，

---

[1] 参见章剑生：《现代行政法总论》，法律出版社 2019 年版，第 496 页。
[2] 参见姜明安主编：《行政法与行政诉讼法》，北京大学出版社、高等教育出版社 2019 年版，第 532 页。

指的是行政机关以明示或默示的方式否定相对人的申请，或者自身不履行职权职责。五是被告不履行、拖延履行法定职责的理由不成立。六是法院责令被告履行法定职责尚有意义。

（二）政府信息公开义务的实质内涵

对于本案而言，第一，再审申请人所申请的"涧西区小所村的征地补偿社会保障资金落实明细"的信息属于再审被申请人应当公开的信息，由于再审被申请人所称公开的信息为在公告栏上公布的，很容易被覆盖或撕下，是"转瞬即逝"的信息，所以虽然再审被申请人证明自身已经公开了信息，形式上履行了公开义务，但要考虑到《政府信息公开条例》（2019）的立法目的，即第1条："为了保障公民、法人和其他组织依法获取政府信息，提高政府工作的透明度，充分发挥政府信息对人民群众生产、生活和经济社会活动的服务作用，制定本条例。"出于实质上保障相对人知情权的需要，被申请人有再度提供信息的义务和职责，这也是政府信息公开义务的实质内涵。第二，再审申请人向再审被申请人申请的信息属于政府主动公开信息的范围，政府公开该信息有必要性。第三，由于再审申请人所申请的信息属于再审被申请人职责范围内的信息，故再审被申请人具有公开该信息的能力。第四，再审被申请人拒绝再审申请人提出的信息公开的申请，拒绝履行法定职责。第五，再审被申请人以已经公开过该信息为理由，而不予公开，但忽视了该信息的特殊性，需要实质性地满足公民知情权，故其不予公开的理由不能成立。最后，由于再审申请人向再审被申请人申请公开该信息，但一直未果，当前申请人仍然主张该信息的公开，故法院责令被申请人公开该信息仍然有意义。此外，法院在本案的判决中首先撤销了再审被申请人在2015年11月8日对再审申请人作出的信息已经公开、不再公开的答复，再行责令其公开，体现了实质性地化解行政争议的导向。

大数据时代下，可识别性、可用性也越发成为对政府信息公开的要求。例如，日本政府于2013年公布的《电子行政公开数据战略》提出以下四项基本原则：第一，政府应积极公开数据；第二，政府应该以可识别和可辨认的形式公开数据；第三，政府应鼓励对公共数据的利用；第四，政府应将可能要公开的数据尽快纳入公开体系。[1]政府信息公开的程序也越来越形成一个完整的闭环，公开的程序不能仅停留在公开这一环节，更要保障公开信息的质量和可用性，充分发挥公众需求在信息公开中的优先地位。政府信息公开应当符合完整、可识别、可解读、可获取等需求，否则，即使以数据化的行使公开了海量的信息，也会因为其缺乏可识别性而难以得到实质利用，[2]其中的很多信息可能会成为"转瞬即逝"的信息，让公众无法能够实质性获取信息。因此一方面需要增强信息的可用性，另一方面也要在个案中遇到"转瞬即逝"信息的情形时，适用该案的规则。

但任何权利都不得被滥用，在保障公民遇到"转瞬即逝"信息的情况下，能够再度获取信息的同时，也需要对其进行一定的限制。行政机关在再度提供信息的时候可以收取必要的成本费用，以避免不合理申请的泛化，不给行政机关带来过重的信息公开的负担。通过体系解释的方法，可以联系《政府信息公开条例》（2019）第35条和第42条，如果申请人申请的数量和频次超过合理范围的，行政机关可以要求申请人说明理由，根据理由是否合理决定是否对其答复。如果申请公开的数量、频次明显超过合理范围的，行政机关可以收取一定的信息处理费。

（三）避免出现"形式上作为而实质上不作为"

判断行政机关不作为，首先是看行政机关是否具有法定职责，其次是行政机关是否具有履职能力，最后是行政机关是否履行其相应的职责，其中重点关注行政机关是否有在法定的期限内有履行职责的举动。在政府信息公开领域，有一种情形是行政机关在知晓申请人的申请后，按照法定的程序向申请人作出了答复，在形式上走完了信息公开的流程，但是其作出的答复无法让申请人信服，无法让申请人通过这个答复来获取到其申请的信息。例如，2015年最高人民法院公布的十大行政不作为的典型案例中，王顺升诉寿光市人民政府行政不作为案就是一起典型的政府信息公开领域"形式上作为但实

---

〔1〕参见罗勇："大数据背景下政府信息公开制度的中日比较——以'知情权'为视角"，载《重庆大学学报（社会科学版）》2017年第1期。

〔2〕参见孟鸿志、张运昊："大数据时代政府信息公开制度的变革与走向"，载《法学论坛》2021年第4期。

质上不作为"的案件，该案中原告王顺升向褚庄村村委会提交了公开村务的申请书，市政府在调查核实后作出《责令公布村务通知书》，但之后村委会仍然没有公开信息，市人民政府认为其已经履行了法定职责，但直到该案庭审时，村委会并未就再审申请人申请的事项向其公开，原告遂以市人民政府为被告向法院提起行政诉讼。法院认为，虽然市人民政府形式上已经责令村委会公布有关村务信息，似乎已经履行了法定职责，但通知书的内容不明确，也没有明确具体的期限或者合理期限，实质上不是全面履行法定职责，这才造成再审申请人迟迟没有获取到相关信息。法院判决责令褚庄村村委会限期公开村务信息，更好地促进村务公开。[1]本案中洛阳市涧西区人民政府以申请的信息已经公开为由，而不给予申请人再度公开，而没有考虑到"转瞬即逝"信息本身的特殊性，也是一种"形式上作为而实质上不作为"的情形，应当施加行政机关再度公开的义务。

三、履行判决中法院对行政裁量的审查标准

行政机关对于行为方式具有裁量权，对于在个案中具体采用何种信息公开方式、如何满足公民知情权，原则上具有选择自由。而在本案中，法院直接作出履行判决，要求行政机关作出特定的行为，是对行政裁量进行了审查。行政裁量作为立法留给行政的一种选择自由，其不可被恣意地行使。司法审查中的诚实信用、理性适度、平等无欺、正当程序等原则也是对行政的约束和限制。[2]但也需明晰的一个问题是，法院在什么情况下可以审查行政裁量，以及可以审查行政裁量的程度。

该案中所涉及的是对于《政府信息公开条例》（2019）相关的主动公开条款的解释，以及合乎立法目的的适用，即法院对行政机关适用法律裁量的审查。行政机关是第一次适用法律的主体，而法院具有法律的最终解释和适用权限，在实践中，法院对最终法律解释权的使用也在不断加强，这也是发挥对行政机关监督的重要手段。行政机关行使裁量权的行为不同于私人行为，必须受到法律目的的限制，即使其处于行政裁量权的范围之内，如果不符合

---

〔1〕　参见山东省潍坊市中级人民法院（2014）潍行初字第 42 号判决书。

〔2〕　参见何海波：《行政诉讼法》，法律出版社 2022 年版，第 104 页。

法律授权的目的，则该行政裁量也是违法的。[1]法律目的可以在法律条文中被明确规定，也可以基于公共利益进行推定，本案中法院以实质性保障公民知情权这一立法目的为由，否定了行政机关不予再行提供的行政决定，就是行使了对裁量权的审查。在履行判决中，如果法院经审理认为被告不履行法定职责，而原告请求被告履行法定职责的理由成立，事实清楚、法律规定明确，被告没有裁量余地的，为了减少当事人的诉累，减少程序空转，法院应该判决被告在一定期限内依法履行原告请求的特定职责。[2]

但也需要注意的是，如果涉及行政机关专业领域内的事项，由于行政机关自身的专业性和技术性，法院需要对行政机关的决定作出充分的尊让，因为司法权不能完全取代行政裁量，立法权、行政权与司法权这样的司法三段论的划分是有历史渊源和逻辑价值的。有学者基于环评案件的审判状况，提取了大量判决书进行分析，结果是在大多数案件中，法院基于尊重行政机关环评审批的专业性，让自身的"法律理性"尊让了行政机关的"专业理性。"[3]对于这类案件，法院可以将审查重点落脚于程序方面，以法定程序和正当程序来规制违法行为。另外很多领域如食品安全、药品监管等，都有自己领域的技术标准，其作为行政机关的裁量基准，法院也需要对其予以相当程度的尊重。

司法对行政裁量的审查需要综合考虑多种因素，当前裁量领域也在不断扩充，法院审查裁量的边界应该尽可能具体化，以保障公民个人权利，避免不必要的侵害。"一般来说，政策性、技术性越强，司法越应谦抑；法律性、侵权性越明显，司法越应扩张。"[4]司法审查中应首先基于法律文本，执行法律的规定和目的，对法律进行准确的解释，在适用法律的过程中需要考虑对权利保障的程度，以及权利救济的必要性；其次需要考虑行政机关的自主性，尊重其技术性、专门性和紧急性事务的决定权。[5]最后也要维护司法权的功

---

〔1〕 参见王贵松："论行政裁量的司法审查强度"，载《法商研究》2012 年第 4 期。

〔2〕 参见《行政诉讼法及司法解释关联理解与适用》编委会编：《行政诉讼法及司法解释关联理解与适用》（下册），中国法制出版社 2018 年版，第 689—690 页。

〔3〕 参见阮丽娟："环评审批的司法审查之困境与克服"，载《政治与法律》2017 年第 10 期。

〔4〕 刘权："行政裁量司法监督的法理变迁——从《自由裁量及其界限》谈起"，载《中国法律评论》2020 年第 4 期。

〔5〕 参见王贵松："论行政裁量的司法审查强度"，载《法商研究》2012 年第 4 期。

能，建立一种适合于法院适用的行政裁量审查标准。本案中，由于涉及对《政府信息公开条例》（2019）中规定的行政机关予以答复的条文的理解，以及对《政府信息公开条例》（2019）立法精神的运用，应以法院对法律条文的解释作为最终的判断标准，肯定该案中法院对行政机关裁量的介入。

【后续影响及借鉴意义】

在国务院推进政务公开，以公开助力经济平稳发展、社会和谐稳定，提高政策公开质量，夯实公开工作基础，强化工作指导监督的背景下，[1]需要进一步推进政府信息公开，实质性保障政府信息公开申请人的知情权。最高人民法院在该案中确立的"转瞬即逝"的信息行政机关具有再度公开义务的裁判规则，也为之后相关案例的裁判提供了判例支撑，根据在中国裁判文书网以及北大法宝上的检索，在最高人民法院作出该案的判决之后，各级法院又出现了二十余例以属于"转瞬即逝"的信息为理由支持申请人的申请请求的判例，其裁判理由部分都充分借鉴了最高人民法院的说理理由。由此可以看出，该案的判决也为法院遇到类似案件的判决提供了规则支持，在适用该案规则的过程中关键是对"转瞬即逝"信息的定义，当前已有案例中，都是公告栏、电子信息栏、通报栏上的信息被法院界定为"转瞬即逝"的信息，还较少出现网络上出现的信息后来由于一些原因不存在了而被法院纳入"转瞬即逝"信息的情形。大数据时代下，对政府公开的信息更加要求质量，注重信息的完整性、真实性和可用性，让信息能够充分发挥社会经济价值，正所谓大数据的意义不在于"大"和"快"，而更多在于"大"的数据和信息能够被识别和利用。由此在政府网络信息发布的法律实践中，可以进一步探索该判例确立规则的适用，以保障信息的公开。另外，"张小平与洛阳市涧西区人民政府信息公开再审案"在为行政机关明确了实质性满足申请人知情权的义务的同时，也对公民的申请权施加了一定程度的限制，如收取一定费用，以实现各方利益的平衡。该案中也涉及法院对行政裁量的介入，法院对行政裁量的介入需要遵循一定的标准，在法律条文的解释、立法目的的运用等方面可以充分发挥司法对法律的最终适用权，而在涉及行政机关专业性、技术

---

〔1〕　参见《国务院办公厅关于印发 2022 年政务公开工作要点的通知》。

性的事项上，应给予行政机关一定的尊让。总之，该案为进一步推进我国的政府信息公开，让人民群众获取需要了解的政府信息，增强政府的公开性和透明度有一定意义。

（指导老师：罗智敏　中国政法大学法学院教授）

案例十六　行政机关依法履行公开职责的司法审查标准
——商民生诉周至县人民政府信息公开职责案

郝安琪[*]

【案例名称】

商民生诉周至县人民政府信息公开职责案［最高人民法院（2017）最高法行申 2169 号行政裁定书］

【关键词】

重复申请政府信息　政府信息公开质量　履行判决审查标准　政府信息公开

【基本案情】

商民生因耕地被征收，于 2015 年 8 月 12 日向周至县人民政府申请公开周至县交通局修建沿渭路、南横线工程项目审批、土地使用征收审批、土地补偿审批及实施方案等相关信息。周至县人民政府收到后，于 2015 年 9 月 2 日作出《周至县人民政府办公室关于商民生等人申请信息公开的答复》（以下简称《2015 年答复》），告知商民生哑柏镇人民政府已向其公开了《周至县二级公路网化工程建设征地拆迁补偿安置实施方案》（以下简称《补偿方案》），申请公开的其他用于行政诉讼的信息不适用政府信息公开的途径获取，如案件审理需要，周至县人民政府将依法答辩举证，商民生可以依法委

＊　作者简介：郝安琪，中国政法大学法学院宪法学与行政法学专业 2021 级硕士研究生。

托律师或者申请人民法院调取。后商民生委托律师前往调取所申请公开的政府信息，没有获取。

商民生因未获得以上政府信息，再次申请公开，2016 年 7 月 5 日通过挂号信邮递，周至县人民政府于 2016 年 7 月 7 日收到，同年 7 月 26 日作出《周至县人民政府办公室关于商民生等五人申请信息公开的答复》（以下简称《2016 年答复》），于次日向商民生邮寄送达，商民生于 2016 年 7 月 29 日收到。该答复载明：商民生所提交的信息公开申请，与其 2015 年 8 月 12 日提交的申请内容相同，因此对于商民生 2016 年 7 月 5 日提出的申请，不再重复答复。

商民生不服，向西安铁路运输中级法院提起诉讼，商民生起诉状列明的诉讼请求是：（1）判令周至县人民政府依法公开周至县 2010 年修建沿渭路、南横线工程土地征收审批手续（包括批准机关，批准文号，征收土地的用途、范围、面积，以及征地补偿标准，农业人员安置办法和办理征地补偿的期限等）的相关信息；（2）判令周至县人民政府依法公开周至县 2010 年修建沿渭路、南横线工程土地补偿及实施方案。（3）撤销周至县人民政府作出的《2016 年答复》。

一审法院认为，根据《政府信息公开条例》[1]第 9 条第 1 款、第 10 条、第 11 条规定，本案中商民生所申请的政府信息公开内容，属于《政府信息公开条例》第 11 条规定的重大建设项目的批准和实施情况，且事关商民生的切身利益，周至县人民政府应当主动公开。但是在本案中商民生两次申请，周至县人民政府一直未予公开。《2015 年答复》中，周至县人民政府以"申请公开的其他用于行政诉讼的信息不适用政府信息公开的途径获取"为由作出答复，违反了《政府信息公开条例》第 21 条的规定，属于未履行告知义务且未按法定答复方式进行答复。商民生再次申请时，周至县人民政府又以同一申请人向同一机关就同一内容反复提出公开申请而不予重复答复，规避其应履行的告知义务，致使商民生多次申请，应当确认周至县人民政府对商民生的信息公开申请答复违法。

---

〔1〕 本案历审裁判文书中援引的《政府信息公开条例》均为 2007 年公布版本，本文简称为《政府信息公开条例》；对 2019 年修订的《政府信息公开条例》，本文简称为《政府信息公开条例》（2019）。

二审法院认为，商民生两次政府信息公开的请求内容一致。周至县人民政府针对商民生的第一次申请，已于2015年9月2日作出答复。商民生于2016年7月5日再次提交与2015年请求内容一致的政府信息公开申请，确系重复申请。

再审法院认为，只有在行政机关按照《政府信息公开条例》第21条的规定进行政府信息公开答复后，才能认定行政机关已经履行了政府信息公开职责，进行了答复。本案中行政机关在《2015年答复》中没有履行公开职责，因此，申请人于2016年再次进行申请时，不能被认定为重复申请。

【裁判要旨】

人民法院在审理政府信息公开案件审查行政机关是否履行法定职责的过程中，应当坚持实质审查标准，审查行政机关是否实际履行了相应信息公开职责，告知了申请人其所申请的政府信息的内容或有效的信息获取渠道。本案中，行政机关对政府信息公开申请的答复并未使申请人获取其所申请公开的信息，亦未使其获得有效的信息获取途径，没有履行自己的职责。在此情况下，申请人即便就同一内容再次申请信息公开，亦不应当被认定为重复申请。

【裁判理由与论证】

本案历经西安铁路运输中级法院一审、陕西省高级人民法院二审和最高人民法院再审，三次审理中，争议焦点均集中于周至县人民政府信息公开职责的实际履行及其审查的问题。

最高人民法院认为，法院在审理政府信息公开案件中，应当进行实质审查，审查政府信息公开的答复是否使得申请人获得了其所申请的政府信息或获得了政府信息的获取渠道。按照这一标准，周至县人民政府没有履行政府信息公开职责，《2016年答复》不具有合法性。

但是，在再审期间，周至县人民政府主动作出《补充答复》，对于商民生申请公开的信息按照《政府信息公开条例》的要求进行了分类答复，因此本案不再具有通过再审程序救济的诉讼利益。

一、关于周至县人民政府是否履行了涉案信息公开职责问题

一审法院认为，周至县人民政府在《2015 年答复》中所作出的答复不符合《政府信息公开条例》第 21 条规定，属于未履行告知义务且未按法定方式进行答复，申请人并没有获取其所申请的政府信息。当申请人再次申请时，周至县人民政府在《2016 年答复》中又以同一申请人向同一机关就同一内容反复提出公开申请而不予重复答复，规避其应履行的告知义务。因此应当确认周至县人民政府对商民生的两次信息公开申请答复违法。

二审法院认为，商民生于 2015 年 8 月 12 日、2016 年 7 月 5 日两次提交政府信息公开申请，两次政府信息公开的请求内容一致。周至县人民政府针对商民生于 2015 年提交的第一次信息公开申请已经作出了答复。因此，商民生于 2016 年所做的申请符合《国务院办公厅关于施行〈中华人民共和国政府信息公开条例〉若干问题的意见》（以下简称《施行意见》）第 5 条第 13 款的规定，确系重复申请，周至县人民政府的《2016 年答复》对商民生重复申请行为不予答复，事实清楚，适用法律正确。

再审机关最高人民法院认为，审查周至县人民政府是否已经履行了政府信息公开职责，应当综合审查《2015 年答复》与《2016 年答复》。首先，根据《政府信息公开条例》第 10 条第 8 项、第 11 条的规定，对于商民生所申请的信息，周至县人民政府依法应当主动、重点公开，周至县人民政府负有政府信息公开的职责。其次，关于《2015 年答复》的合法性问题。从告知形式上看，《2015 年答复》中周至县人民政府进行的告知不符合《政府信息公开条例》第 21 条的规定。从告知内容上看，《2015 年答复》并未使商民生获取所申请公开的信息，亦未使其获得有效的信息获取途径，不符合《施行意见》第 5 条第 13 款中所规定的"重复申请"的适用条件。最后，由于《2015 年答复》存在形式与实质合法性问题，周至县人民政府不能适用《施行意见》第 5 条第 13 款的规定，驳回当事人的申请，因此《2016 年答复》不符合法律规定，两次申请中周至县人民政府均未依法履行涉案信息的公开职责。

二、关于法院在审理履行法定职责案件中的司法审查标准问题

最高人民法院认为，一审与二审法院就《2016 年答复》的合法性问题作

出截然相反的判决，本质上是由于两审法院对履行政府信息公开职责案件的审查方式的差别。

二审法院在审查本案过程中，仅进行了形式审查，仅根据行政机关作出了答复就判定行政机关履行了政府信息公开职责。最高人民法院认为，这种形式审查偏离了履行法定职责类案件的审查重点，存在不当之处。

相较于二审法院，一审法院在审查本案时，从申请人主要诉讼请求出发，重点审查申请人提出的履行职责申请条件是否成立，以及行政机关是否履行了相应职责。通过此种实质审查，认定《2015 年答复》和《2016 年答复》中，周至县人民政府并未履行政府信息公开职责，由此判决撤销《2016 年答复》并责令周至县人民政府积极履行信息公开法定职责。

最高人民法院认为，二审法院所审查的行政机关之前针对申请人的履责申请作出的拒绝答复或怠于答复行为，只是判断行政机关是否履行法定职责的判断依据之一。而履行法定职责案件的真正审查重点是申请人提出的履行职责申请条件是否成立，行政机关是否履行了相应职责。

三、关于本案的诉讼利益问题

再审期间，周至县人民政府于 2017 年 4 月 18 日主动作出《补充答复》并送达商民生。该补充答复符合《政府信息公开条例》的相关规定，且对于商民生申请公开的信息内容进行了分类答复。因此，最高人民法院认为，周至县人民政府在再审审查阶段已经依法履行了信息公开的法定职责，本案已不存在商民生诉请的不履行法定职责的情形，不再具有需要通过启动再审程序救济的诉讼利益。

【涉及的重要理论问题】

本案的核心争议主要是《2015 年答复》与《2016 年答复》的合法性问题的判断。对于这一问题的回答可以分为三步：第一，法院在审查履行政府信息公开法定职责案件中的审查标准是什么；第二，在确定审查标准的前提下，根据该审查标准，周至县人民政府是否履行了法定职责；第三，通过确定周至县人民政府履行法定职责的情况，判断《2016 年答复》中的法律适用是否正确。

同时，在再审过程中，最高人民法院根据周至县人民政府主动做出的《补充答复》，认定本案已不具有需要通过启动再审程序救济的诉讼利益，也涉及行政诉讼中有关"诉的利益"的重要理论问题。"诉的利益"的有无将决定行政相对人能否获得行政诉讼的救济，对于行政相对人的权利救济具有极为重要的意义，因此也应当加以适当讨论。

一、履行判决中法院的司法审查

本案中，商民生最主要的诉讼请求，是请求周至县人民政府依法公开其在 2015 年与 2016 年两次申请的周至县交通局修建沿渭路、南横线工程项目审批、土地使用征收审批、土地补偿审批及实施方案等相关政府信息。从案由上来看，本案属于一个政府信息公开之诉。而政府信息公开诉讼在诉讼类型上属于履行法定职责之诉。履行法定职责之诉的诉讼目的，就是要求人民法院判令行政机关作出特定行政行为。[1]《行政诉讼法》第 72 条规定的限期履行法定职责判决，就是法院针对被告逾期不履行法定职责的情形，责令其在确定的期限内履行法定职责的判决，对应的就是履行法定职责之诉。[2]

履行判决作为法院在综合研判案情的基础之上，以事实为依据、以法律为准绳作出的裁判结果，直接表现为司法权对行政权的监督与制约，[3]是司法权对于行政权的直接介入，因此，在此类案件中，法院对于行政行为如何进行司法审查，具有极为重要的意义。从司法审查标准上来看，履行行政职责类案件中，法院基本已经形成了"作为义务源自何处——有无现实作为可能——究竟是否已经作为"的三重判断基准。[4]

（一）作为义务的来源

从作为义务的来源看，根据《行政诉讼法》第 72 条的规定，只有当被告"不履行法定职责"时，人民法院才能通过履行之诉纠正行政机关违法的不作为行为。行政机关的"法定职责"并不局限于制定法中所规定的职责，行政

---

〔1〕 最高人民法院（2018）最高法行申 543 号行政裁定书。
〔2〕 章剑生：《现代行政法总论》，法律出版社 2019 年版，第 495 页。
〔3〕 温泽彬、曹高鹏："论行政诉讼履行判决的重构"，载《政治与法律》2018 年第 9 期。
〔4〕 章志远："司法判决中的行政不作为"，载《法学研究》2010 年第 5 期。

规范性文件、上级机关的指令、行政行为、先行行为和行政协议的约定，都有可能导致行政机关法定职责的产生。[1]

在本案中，根据《政府信息公开条例》第10条、第11条的规定，商民生申请公开的政府信息属于重大建设项目的批准和实施情况，是周至县人民政府应当主动公开的政府信息。因此，从《政府信息公开条例》中，能够推导出周至县人民政府负有政府信息公开的作为义务。

（二）作为的可能性

从现实作为可能的问题上看，认定行政机关成立不作为，需要将特定的作为义务与一定的条件联系在一起考虑，如果具体条件不成立，现实的行政作为义务就不会产生。但是，具体条件一旦成立，这种现实的行政作为义务就会产生，相关行政主体就应当立即履行，否则即构成行政不作为。[2]在司法审查过程中，司法机关在行政机关作为可能性的判断上，需要立足于具体案例，尽可能全面掌握行政机关履职过程中遇到的主客观状况，实现专业性判断和合理性判断的有机统一。[3]

在行政不作为案件中，应当区分许可满足型行政不作为案件和危险防止型行政不作为案件。相较于以行政机关是否严格履行监管职责以避免损害发生为表现形式的危险防止型行政不作为，本案属于典型的许可满足型行政不作为案件，存在法定期限和实体审查标准，判断行政机关是否履行作为义务相对较为容易。[4]判断行政主体有无履行能力，需要通过排除法以考量其主观意志能力，即只要不存在不可抗力、意外事件等不受主体控制之客观因素，就认定其确有履行义务之主观意志能力。[5]

---

〔1〕 参见郭修江："行政诉讼判决方式的类型化——行政诉讼判决方式内在关系及适用条件分析"，载《法律适用》2018年第11期；汪厚冬："危险防止型行政不作为构成要件分析——以法院相关判决为重点分析"，载《河南财经政法大学学报》2018年第4期。最高人民法院行政协议典型案例七：金华市光跃商贸有限公司诉金华市金东区人民政府拆迁行政合同案。

〔2〕 周佑勇："行政不作为构成要件的展开"，载《中国法学》2001年第5期。

〔3〕 章志远："司法判决中的行政不作为"，载《法学研究》2010年第5期；王清军："环境行政公益诉讼中行政不作为的审查基准"，载《清华法学》2020年第2期。

〔4〕 章志远："司法判决中的行政不作为"，载《法学研究》2010年第5期。

〔5〕 马俊军、刘元："行政不作为国家赔偿制度的完善——以'辱母杀人案'为视角"，载《行政与法》2017年第12期。

在本案中，不存在不可抗力、意外事件等客观履职障碍，行政机关具有履行义务的主观意志能力。根据《政府信息公开条例》第21条的规定，不管政府信息是否实际存在，政府均应对申请人按照法律规定进行答复，因此，在政府信息公开案件中，只要申请人提出申请且行政机关不存在履行职责的客观障碍，行政机关就应当在法定期限内进行合格的答复，如果不作出合格的答复就应当被认定为行政不作为。

（三）是否已经作为

在是否已经作为的问题上，目前的学术研究主要集中于对不作为情形的认定上。有学者认为，不履行法定职责的主要表现是：（1）拒绝履行；（2）不予答复；（3）拖延履行；（4）不完全履行；（5）不适当履行。[1]但是，这一标准只是对于行政机关不履行法定职责情形的列举，且列举的五种情况之间存在着一定程度的重合性。因此，判断何谓不履行法定职责，需要更为明确的标准。

在检察公益诉讼中，检察机关需要对行政机关是否存在"不依法履行职责"的情形作出判断。"不依法履行职责"与"不履行法定职责"二者存在较强的相似性，可以参考适用相同的判断标准。从学理上看，"不依法履行法定职责"目前存在两种主流判断标准：行为标准和结果标准。行为标准重点审查行政行为本身是否存在违法情形，[2]而结果标准则关注行政行为是否达到了法律规范所规定的目的。[3]

在本案中，再审法院对于周至县人民政府具有向申请人公开政府信息的作为义务且具有作为可能性的问题并不存在争议，争议的焦点在于行政机关是否已经作为。一审法院从结果标准出发，认为行政机关在《2015年答复》和《2016年答复》中均未公开应公开的政府信息的实际内容，因此行政机关没有履行作为义务。而二审法院则从行为标准出发，认为行政机关在两次答复中均作出了相应的行政行为，符合履行作为义务的标准。最高人民法院在

---

〔1〕 郭修江："行政诉讼判决方式的类型化——行政诉讼判决方式内在关系及适用条件分析"，载《法律适用》2018年第11期。

〔2〕 王燕、谭乐鹏："行政机关不依法履行职责的认定标准"，载《中国检察官》2021年第21期。

〔3〕 胡婧："行政公益诉讼中违法行政行为审查标准省思"，载《山东警察学院学报》2019年第2期。

再审中，支持了一审法院的观点，只有在行政机关实际提供了政府信息或获取渠道的情况下，才属于已经履行作为义务。

（四）总结

行为标准和结果标准之间的区别，反映的是更深层次的审查模式上的认知差别，相同的差异也反映在履行职责之诉的审查之中。从审查模式上看，对于履行判决所对应的履行法定职责之诉的审查存在秩序性审查和合目的性审查两种审查模式。其中，秩序性审查模式中，法院恪守法律规范的明文规定，在法律条文的射程内进行推演，注重在形式上或程序上对履行法定职责之诉进行司法审查，行为标准正是这一审查模式下的必然产物。而合目的性审查模式则不拘泥于条文的字面意思，追求与法律规范的立法目的和精神相一致，注重对不履行法定职责的内容和结构以及两者之间的关系进行司法审查，与结果标准注重法定职责履行的实际效果是否符合法律目的的审查核心不谋而合。[1]

在本案中，最高人民法院以"作为义务源自何处——有无现实作为可能——究竟是否已经作为"的三重判断基准为基础，旗帜鲜明地支持了合目的性的审查模式。最高人民法院认为，履行法定职责案件应当审查三方面问题：申请人提出的履行职责申请条件是否成立、行政机关是否进行了答复和行政机关是否履行了相应职责。这三个方面问题分别对应行政机关的作为义务是否成立、行政机关是否进行了形式上的作为和行政机关是否进行了实质上的作为三个层次的要求。将行政机关究竟是否已经作为问题拆分为是否形式作为和是否实质作为两大问题，强调了在政府信息公开案件中政府进行实质作为，实际履行相应政府信息公开职责的重要意义。

二、行政机关履行政府信息公开职责的判断标准

在确定法院在审理政府信息公开类履责之诉中应将行政机关是否实际履责作为审查的重点后，接下来的问题应当集中于司法机关应当如何确定行政机关是否履行了相应的行政职责。

---

[1]　姜鹏："不履行法定职责行政案件司法审查强度之检讨"，载《华东政法大学学报》2017年第4期。

确定行政机关是否履行了相应的政府信息公开职责，应当首先从政府信息公开的目的入手。政府信息公开的目的在于满足社会公众的信息需求，为公民监督政府提供便利与可能，而有效满足社会公众的信息需求，必然要求政府公开的信息达到一定的质量标准。因此，政府信息公开的质量对政府信息公开的效果起着决定性的影响。[1]如果政府公开的信息的质量不高，即使政府进行了大量的信息公开，也无法满足公众的信息需求。政府公开的信息只有是有质量的信息，政府信息公开才能起到作用，政府的信息公开义务才是获得了履行。

　　那么，何谓政府信息质量？从信息生产者和管理者的角度来说，政府信息公开中有质量的信息应当在产生和公开过程中符合规范的要求；从信息使用者的角度来说，有质量的信息应当满足用户的期望且满足公众的政府信息需求。结合整个政府信息公开法律体系的目的和架构来看，公众是政府信息公开的主要用户和利益相关者，政府信息公开应当以公众为中心，以公众需求为导向，以提高公众满意度为目的。[2]因此，政府信息公开的质量应当以政府信息公开满足公众需求的实用质量为主，以政府信息公开的合规范程度的规范质量为辅。

　　从行政法的视角来看，缺乏质量的政府信息公开按照质量问题的类型，可能属于行政机关不完全履行或不适当履行。不完全履行是指行政机关虽然有作为行为，但不符合行政作为职责义务要求，作为程度不够，没有实施足够作为行为的情形。[3]依申请行政行为中的"不完全履行"，通常表现为过程性答复或无实质内容的"安抚性"答复。[4]由于此类答复不能实际满足公众对政府信息的需要，因此属于缺乏实用质量的信息。不适当履行则是指主体虽有履行行为，但是履行方式不当。[5]根据《最高人民法院关于审理政府信息公开行政案件若干问题的规定》第9条第2款的规定，"被告提供的政府

〔1〕　张建彬："政府信息公开的信息质量研究"，载《情报理论与实践》2012年第11期。

〔2〕　莫祖英等：" '政府信息公开质量'概念及内涵解析"，载《情报杂志》2015年第10期。

〔3〕　杨小君："行政不作为形式及其违法性"，载《重庆工学院学报（社会科学版）》2009年第1期。

〔4〕　梁君瑜："行政诉讼履行判决的构造与边界"，载《北方法学》2021年第4期。

〔5〕　梁君瑜："行政诉讼履行判决的构造与边界"，载《北方法学》2021年第4期。

信息不符合法律、法规规定的适当形式的，人民法院应当判决被告按照法律、法规规定的适当形式提供"，此处的"适当"就是指行政机关提供的政府信息符合政府信息公开相关的法律法规的要求，因此不符合适当要求的政府信息属于缺乏规范质量的信息。不管缺乏政府信息质量是导致不完全履行还是不适当履行，均属于行政机关"不履行法定职责"，应承担相应的否定性评价后果。

本案中，行政机关在《2015 年答复》中向申请人商民生所提供的政府信息，从规范质量上看不符合《政府信息公开条例》第 21 条的相关规定，从实用质量上看无法满足申请人商民生对于政府信息的需求，属于欠缺信息质量的信息公开行为。因此，对商民生于 2015 年提出的信息公开申请，即使行政机关看似给予了答复，仍应认定行政机关未履行法定职责。

三、重复申请的认定问题

重复申请是指申请人在已知晓并获取信息，且该信息已公开的前提下，仍然申请公开信息。[1]在甄别是否构成重复申请时一个有效的判断方法是，申请人的多次申请是否指向同一政府信息，或申请人在申请时是否已经明知其所申请的政府信息。[2]

由于 2007 年《政府信息公开条例》对于政府信息公开的例外规定不成体系，实践中出现了一系列的问题。部分申请人滥用政府信息公开权，占用了大量行政资源，影响政府信息公开工作的正常开展。面对这一情况，国务院办公厅于 2008 年颁布了《施行意见》，《施行意见》第 5 条第 13 款规定："对于同一申请人向同一行政机关就同一内容反复提出公开申请的，行政机关可以不重复答复。"

在本案中，商民生于 2015 年和 2016 年所提出的两次政府信息公开申请内容虽然完全相同，形式上符合重复申请的部分特征，但是，从学理和社会常识上看，构成重复申请不仅需要形式上申请人进行两次相同申请的行为，还需要实质上申请人已经知晓其所申请的信息的内容或行政机关已经进行了

---

〔1〕　江悦："论我国政府信息公开申请权滥用的司法规制之路"，载《河北法学》2018 年第 10 期。
〔2〕　于文豪、吕富生："何为滥用政府信息公开申请权——以既有裁判文书为对象的分析"，载《行政法学研究》2018 年第 5 期。

一次合格的告知。虽然 2008 年《施行意见》第 5 条第 13 款规定只需要同一相对人向同一行政机关申请同一内容即可构成重复申请，但最高人民法院认为该规定适用的前提是行政机关对申请人的信息公开申请已经给予相应的答复。由于周至县人民政府所做的《2015 年答复》中并未对其应当公开的政府信息进行公开或告知申请人信息获取途径，周至县人民政府在商民生第一次申请时没有履行其应履行的政府信息公开职责，不符合适用《施行意见》第 5 条第 13 款的前提要求。因此周至县人民政府以申请人两次申请政府信息公开的内容完全相同为由，认定申请人于 2016 年所申请的政府信息属于重复申请行为不具有合法性。

四、诉的利益

诉的利益是指权益受到侵害或发生纠纷时，需要运用诉讼予以救济的必要性和实效性。[1]具体到行政诉讼中，诉的利益就是指行政相对人受行政行为侵害的利益存在司法救济的必要性与实效性。[2]

在本案中，最高人民法院认为，在再审期间，周至县人民政府按照《政府信息公开条例》第 21 条的相关规定，作出《补充答复》并送达申请人商民生，对申请人的信息公开申请进行了分类答复。因此，申请人已经获得了其所申请的相关信息，本案已不具有需要通过启动再审程序救济的诉讼利益。

但从信息公开行政诉讼本身的性质和再审监督程序的功效两方面来看，本案中最高人民法院拒绝通过再审监督程序纠正存在实质错误的二审裁判的行为，存在一定的问题。

首先，在政府信息公开行政诉讼中，利害关系针对的是政府的信息公开行政行为，而非政府信息的内容。[3]政府拒绝公开政府信息内容的行政行为，因侵害了申请人的知情权，申请人对此当然具有诉的利益。但是，即便信息已经公开，也不应理所当然地认为相应的诉的利益就宣告消灭。知情权作为一种实体性权利，应当受到正当程序的保障，这种正当程序保障利益具有相

---

〔1〕 张卫平：“诉的利益：内涵、功用与制度设计”，载《法学评论》2017 年第 4 期。

〔2〕 周红：“行政诉讼中的诉之利益理论”，载《行政法学研究》2003 年第 1 期。

〔3〕 王贵松：“信息公开行政诉讼的诉的利益”，载《比较法研究》2017 年第 2 期。

对于知情权的独立性，不应因获得政府信息的内容而消灭。[1]由于利害关系针对的是政府信息公开行为本身，该行政行为中存在的违法情形，对于申请人获得无瑕疵决定的权益存在贬损，因此申请人依然具有诉的利益。此外，如果因为行政机关在诉讼过程中公开政府信息就一律判定申请人不再具有诉的利益而终结审查，则可能会鼓励行政机关违反诚实信用原则，轻易作出不公开决定，因为可以姑且不公开，一旦要败诉，再在诉讼中途公开。[2]

其次，我国的再审制度是审判监督制度，其制度的逻辑起点在于补正个案瑕疵，恢复整体司法公正。[3]在本案中，二审法院在审查的过程中，仅进行了形式审查，并未审查行政机关是否真正履行了政府信息公开职责，错误地使用了《施行意见》第 5 条第 13 款，将《2016 年答复》认定为合法行政行为，存在司法错误，应当通过再审程序予以纠正。

【后续影响及借鉴意义】

在政府信息公开过程中，需要通过重复申请等政府信息公开例外制度，平衡申请人的知情权需求和政府信息公开制度的承载能力，实现政府信息公开制度的良性运作。但政府信息公开制度的根本目的仍是切实满足人民群众获取政府信息的合理需求，需坚持"公开为常态、不公开为例外"的原则，规制申请人不当行使申请权仍必须保证申请人的正常申请权获得保障，避免行政机关利用相关条款规避自己本应履行的政府信息公开职责。

在本案中，周至县人民政府在申请人第一次申请时未实质公开相应政府信息的情况下，在申请人第二次申请时利用《施行意见》第 5 条第 13 款的相关规定，规避其本应履行的政府信息公开义务。其行为违背了《施行意见》的立法目的，也反映了立法中的漏洞。

因此，修订后的《政府信息公开条例》（2019）第 6 款规定："行政机关已就申请人提出的政府信息公开申请作出答复、申请人重复申请公开相同政

---

〔1〕　王贵松："信息公开行政诉讼的诉的利益"，载《比较法研究》2017 年第 2 期。

〔2〕　[日] 吉野夏己：《纷争类型别　行政救济法》，成文堂 2010 年版，第 378—379 页，转引自王贵松："信息公开行政诉讼的诉的利益"，载《比较法研究》2017 年第 2 期。

〔3〕　吴英姿："'再审之诉'的理论悖论与实践困境——申请再审权性质重述"，载《法学家》2018 年第 3 期。

府信息的，告知申请人不予重复处理。"该条文强调行政机关在以重复申请为由拒绝申请人的政府信息公开申请前，必须至少进行一次答复，弥补了《施行意见》第5条第13款规定在规制重复申请问题方面存在的问题，避免行政机关借助重复申请条款规避告知义务。

（指导老师：罗智敏　中国政法大学法学院教授）

四　申请公开

案例十七　政府信息公开申请的内容描述程度
——尚锁柱诉保定市莲池区人民政府案

冯　静 *

【案例名称】

尚锁柱诉保定市莲池区人民政府案 [河北省保定市中级人民法院（2019）冀06行初50号行政判决书、河北省高级人民法院（2019）冀行终522号行政判决书、最高人民法院（2020）最高法行申1453号行政裁定书]

【关键词】

申请公开　内容描述　补正告知

【基本案情】

原告尚锁柱于2019年1月15日以中国邮政特快方式向被告保定市莲池区人民政府提起信息公开申请，内容为"申请公开河北省保定市莲池区人民政府在履职过程中制作或者取得的关于乌马庄村棚户区改造项目的所有信息"。

被告保定市莲池区人民政府于2019年1月16日签收后，于2019年2月1日作出保莲政信补（2019）1号《政府信息公开申请补正告知书》，内容为"你通过邮寄方式提交的信息公开申请已收悉。你提交的政府信息公开申请内

---

* 作者简介：冯静，中国政法大学宪法学与行政法学专业2021级硕士研究生。

容不明确，请就申请内容进行修改、补充，要达到申请内容具体明确等"。原告于 2019 年 2 月 2 日收到并于 2019 年 2 月 15 日向被告邮寄了《补正说明》，内容为"申请人提出的申请简单明确，任何有正常生活经验的人都能理解申请人的意思等"，被告于 2019 年 2 月 16 日签收。之后被告没有答复。因此，原告请求依法确认被告未履行信息公开法定职责违法，并责令其限期向原告履行信息公开职责。

一审法院认为，修订前的《政府信息公开条例》（2007）[1]第 20 条规定："政府信息公开申请应当包括下列内容：……（二）申请公开的政府信息的内容描述；……"第 21 条规定，"（四）申请内容不明确的，应当告知申请人作出更改、补充"。原告的信息公开申请表载明的申请内容为"保定市莲池区人民政府在履职过程中制作和取得的关于乌马庄村棚户区改造项目的所有信息"，这个"所有信息"的表述虽有定语加以限制，仍然过于笼统，仍属内容不明确。被告保定市莲池区人民政府告知原告进行补正，合法依规。之后在原告未有实质性补正的情况下，被告不予答复并无不当。综上，依据《行政诉讼法》第 69 条之规定，判决驳回原告尚锁柱的诉讼请求。

尚锁柱不服一审判决，向河北省高级人民法院提起上诉。河北省高级人民法院以基本相同的判决理由，驳回上诉，维持原判。尚锁柱遂向最高人民法院申请再审，请求撤销一、二审判决并依法改判。

最高人民法院经审理认为，再审申请人的申请并未指向具体、明确的政府信息。在此情况下，莲池区人民政府告知再审申请人对申请内容进行更改、补充，在再审申请人提交《补正说明》表示其"提出的申请简单明确，任何有正常生活经验的人都能理解申请人的意思"的情况下，视为再审申请人放弃申请，不再处理该政府信息公开申请，并无不当。据此，最高人民法院驳回再审申请人尚锁柱的再审申请。

---

〔1〕 本案历审裁判文书中援引的修订前的《政府信息公开条例》为 2007 年公布版本，本文简称为《政府信息公开条例》（2007）；援引的修订后的《政府信息公开条例》为 2019 年公布版本，本文简称《政府信息公开条例》（2019）。

【裁判要旨】

（1）申请人对申请公开的政府信息所作的内容描述，应该是能够据以指向特定政府信息的文件名称、文号或者便于行政机关查询的其他特征性描述，尽量特定化、具体化，以便使行政机关能够寻找、确定并提供给申请人希望获得的政府信息。

（2）在公开申请并未指向具体、明确的政府信息的情况下，行政机关应告知申请人对申请内容进行更改、补充。

【裁判理由与论证】

本案经历一审、二审和再审，但焦点一直在于：尚锁柱申请公开"河北省保定市莲池区人民政府在履职过程中制作或者取得的关于乌马庄村棚户区改造项目的所有信息"是否指向明确、具体的政府信息。这一问题进而决定行政机关是否能够确定、寻找、提供给申请人希望获得的政府信息。围绕该问题，最高人民法院依次论证"原告对于政府信息公开申请的内容描述是否明确""被告是否启动补正程序""被告是否尽到指导和释明义务"等问题，最终得出莲池区人民政府作出的行为并无不当的结论。

一、原告对于政府信息公开申请的内容描述是否明确

行政机关在收到原告申请后应及时审查、判断申请内容是否清晰、明确。《政府信息公开条例》（2007）第 20 条第 2 款第 2 项规定："政府信息公开申请应当包括下列内容：……（二）申请公开的政府信息的内容描述；……"第 21 条第 4 项规定："对申请公开的政府信息，行政机关根据下列情况分别作出答复：……（四）申请内容不明确的，应当告知申请人作出更改、补充。"《政府信息公开条例》（2019）第 29 条第 2 款第 2 项规定："政府信息公开申请应当包括下列内容：……（二）申请公开的政府信息的名称、文号或者便于行政机关查询的其他特征性描述；……"本案中，原告将申请公开的政府信息描述为"申请公开河北省保定市莲池区人民政府在履职过程中制作或者取得的关于乌马庄村棚户区改造项目的所有信息"。一审法院认为："这个'所有信息'的表述虽有定语加以限制，仍然过于笼统，仍属内容不明

确。被告保定市莲池区人民政府告知原告进行补正，之后原告未有实质性补正。"二审法院同意一审法院的认定意见，亦认为上诉人申请公开政府信息的内容描述不确定、不具体。对此，再审法院认为，申请人对申请公开的政府信息所作的内容描述，应是能够据以指向特定政府信息的文件名称、文号或者便于行政机关查询的其他特征性描述，尽量特定化、具体化，以便使行政机关能够寻找、确定并提供给申请人希望获得的政府信息。如果申请人提供的描述过于笼统，必然会增加政府机关检索的工作量，影响政府机关的正常运作。

一审法院、二审法院与再审法院的关注点都在于判定申请人申请公开政府信息的内容描述是否明确，并且都给予了否定性的裁断。申请人申请公开河北省保定市莲池区人民政府在履职过程中制作或者取得的关于乌马庄村棚户区改造项目的"所有信息"，"所有"本身是一个泛指的概念，无法指向特定的内容，这就说明申请人的申请是笼统的、模糊的。虽然"所有信息"带有限定性的定语前缀，"保定市莲池区人民政府在履职过程中制作或者取得的""关于乌马庄村棚户区改造项目"，但是仍旧"包罗万象"，几乎和"所有信息"具有相同的含义。其并不指向某一特定文件。可以是任何有关项目的文件、资料，可能涉及与此项目有关的不同方面的政府信息，如项目审批、实施方案、资金筹备与管理、改造项目招标、拆迁补偿安置、优惠政策等不同工作事项，也可能涉及从项目开始到尚锁柱申请公开时止各个时间段产生的不同政府信息。故其内容描述并不明确，存在多种可能性。最后，申请人在被通知需要进行补正后，其申请内容描述并无实质性改变，所申请公开的内容仍旧不明确、不具体，不能指向特定时间、地点、事项名称的文件、资料。

从申请人角度考察，尽管其并不知晓特定政府信息的文件名称、文号，但是也并未就其所知对需要的信息内容做较为充分的特征描述；从政府信息公开的义务机关角度考察，申请人申请公开的信息内容不明确、不具体，不能依据原告的申请内容进行搜索、查找，也无法基于申请人的内容描述发挥主观能动性在海量的政府信息中提取。因此原告尚锁柱申请政府信息公开的内容描述不具有明确性。

二、被告是否启动补正程序

根据《政府信息公开条例》（2007）第 21 条第 4 项的规定，行政机关对申请内容不明确的，应当告知申请人作出更改、补充。《政府信息公开条例》（2019）第 30 条规定："政府信息公开申请内容不明确的，行政机关应当给予指导和释明，并自收到申请之日起 7 个工作日内一次性告知申请人作出补正，说明需要补正的事项和合理的补正期限……"行政机关应当告知申请人作出更改、补充，但前提是确属内容不明确的情况，才能作出此种答复。如果缺失"申请内容不明确"这一理由而要求申请人补正，则不能认定行政机关履行了公开义务和职责。本案中，法院通过审查，得出原告尚锁柱申请政府信息公开的内容描述不明确的结论，自然进入第二步审查被告是否启动了补正程序。被告作出保莲政信补（2019）1 号《政府信息公开申请补正告知书》，告知原告提交政府信息公开申请内容不明确，应就申请内容进行修改、补充，要达到申请内容具体明确。被告在事实清楚、理论充分的情况下审慎要求申请人明确意思表达，而非径直替代其做出判断程序合法，并无不妥。

对于被告是否存在未履行信息公开法定职责行为，法院经审理认为："原告提交《补正说明》表示其'提出的申请简单明确，任何有正常生活经验的人都能理解申请人的意思'的情况下，视为再审申请人放弃申请，被告不再处理该政府信息公开申请，并无不当"。《政府信息公开条例》（2019）第 30 条规定："……申请人无正当理由逾期不补正的，视为放弃申请，行政机关不再处理该政府信息公开申请。"本案中原告虽然提交了《补正说明》，但是其内容并无实质性改变。申请人没有主观"希望"，并且没有积极推动申请政府信息公开程序向前进行的实际行动，因此视为放弃申请，行政机关不再处理该政府信息公开申请的做法并无不当。

三、被告对于原告申请内容描述的指导和释明义务

当申请人申请公开内容不明确的政府信息时，法律为行政机关设定了义务。一方面是上述补正程序的启动，另一方面是行政机关有为申请人提供帮助的义务。申请人在申请政府信息公开时并不必然掌握和了解特定的文件名称、编号，故当其不能提供具有一定特征的内容描述时，行政机关在补正告

知程序中应尽到指导释明的勤勉义务。

《政府信息公开条例》（2019）第 30 条规定："政府信息公开申请内容不明确的，行政机关应当给予指导和释明，并自收到申请之日起 7 个工作日内一次性告知申请人作出补正，说明需要补正的事项和合理的补正期限……"行政机关作为海量信息资源的拥有者，具有专业化的信息整理和检索手段，应当向处于弱势地位的申请人提供帮助，查清申请人的内容指向。首先，根据行政法的程序正当原则，避免行政机关以补正程序为手段规避公开义务，行政机关在告知申请人补正申请内容时应具备充分的理由证明其申请内容描述不明确并告知如何补正。其次，《政府信息公开条例》（2019）确立的服务宗旨和便民原则要求行政机关在补正告知中指出申请人的错漏和歧义，方便当事人根据希望获知的信息的对应内容进行修改。为当事人提供可供查询的信息目录或者相关渠道帮助当事人了解申请的政府信息内容，适当地调整自己的表述。最后，根据行政法"一次性告知"原则，行政机关应就需要补正的内容一次性告知申请人避免拖延答复，更不宜重复启动程序。

本案中，再审法院还提及，《国务院办公厅关于做好政府信息依申请公开工作的意见》第 3 条规定，为提高工作效率，方便申请人尽快获取所申请公开的信息，对一些要求公开项目较多的申请，受理机关可要求申请人按照'一事一申请'原则对申请方式加以调整，即一个政府信息公开申请只对应一个政府信息项目"。原告尚锁柱所申请的内容过于简洁，要素十分不明确，因此受理机关可以建议申请人缩小信息描述范围，并根据"一事一申请"原则对其进行指引。

【涉及的重要理论问题】

《政府信息公开条例》（2019）修订中删除了关于公民、法人或者其他组织申请获取相关政府信息需"根据自身生产、生活、科研等特殊需要"的限制条件。这进一步保障了公民依法获取政府信息的权利，消除对申请人资格的不当限制。第 29 条修改为政府信息公开申请应当包括申请人的姓名或者名称、身份证明、联系方式以及申请公开的政府信息的名称、文号或者便于行政机关查询的其他特征性描述和申请公开的政府信息形式要求。

具言之，赋予申请人合理的内容描述义务，其首要目的在于及时、便捷地为申请人提供信息，保障公民的知情权、监督权。只有描述内容程度达到明确、具体，行政机关才能基于申请人提供的内容描述迅速准确地识别、寻找和确定该申请是否属于政府信息公开法律调整的范围，进而排除那些不属于政府信息的内容，如党务信息、咨询信息、司法信息、信访信息、刑事司法信息、内部事务信息、过程性信息、民事事务信息等。申请的内容明确才能接续判断该信息是不是政府信息、存在与否、是否可以公开、如何公开等问题。

如果政府信息公开申请的内容描述不明确、不具体会增加行政机关检索的工作量，妨碍信息这项公共资源的有效利用，降低行政效率。

考虑到申请人的自身情况和差异，并不能期待所有申请者都熟知准确的文件名称、编号，因此行政机关不能苛求公民提出准确无误的内容描述。为便利申请人，在申请人没有掌握确切的文件信息时，具有便于行政机关查询的其他特征性描述同样符合《政府信息公开条例》的规定。

《政府信息公开条例》（2019）第 29 条以"特征性描述"对申请人的申请内容作出兜底性规定，但相关法律、法规并未详细阐明政府信息公开申请的内容描述程度需达到何种地步才可以称之为明确、具体。尤其根据《政府信息公开条例》（2019）第 30 条的规定，行政机关认为申请内容不明确的可以启动补正告知程序，那么申请内容是否明确将归于行政裁量。尚锁柱诉保定市莲池区人民政府案是较为典型的案例，但是法院的说理也仅限于本案事实，并没有对内容描述的审查程序作出精细化、规范化的约束和思路指引，因此有必要在理论上进行探讨。

一、申请内容描述中的行政裁量权

政府信息公开申请内容的明确与否由行政机关在法定范围内进行裁量，这意味着行政机关处于权威的强势地位。内容描述到何种程度才符合明确标准的阙如以及行政裁量空间的宽泛导致实践中行政机关审查的难度增加。乱象丛生的审查结果和不充分、不完备的理由不但不能满足民众获取政府信息的需要，也不利于申请人心悦诚服地接受审查结果，引发了大量行政诉讼。

（一）实践中行政裁量权过大产生的问题

行政裁量作为公共行政的典型特征已经渗透到行政法的每个领域，在政府信息公开中，申请内容的描述与否确实需要行政机关在法律规定的范围内进行。"行政固然需法律的约束，但是行政本身的机动性，亦须加以维护"[1]，因此行政机关在判断内容描述是否明确时拥有一定裁量空间，不是单纯的"执法机器"。此外，实践中申请政府信息公开的案例千差万别，行政机关需要透过抽象的法律、一般的规范而具体情况具体分析，发挥主观能动性进行判定。裁量是一种行政机关在客观规则约束下对事务考虑审查的内心活动过程，具有很强的主观色彩。"所有的自由裁量权都有可能被滥用，这仍是个至理名言"[2]，我们不能不警惕现实中裁量空间过大而产生的问题。实践中行政机关有可能"恣意"或者"懈怠"，以不同标准认定申请内容描述程度，并以此为由而兀自启动补正告知程序，或者因为"嫌麻烦"并没有履行告知理由、引导释明的义务。

（二）法院能否对"申请内容是否明确"进行裁断

一种观点认为法院不能越俎代庖，应当尊重行政机关的专业判断。法院对行政机关应当遵循谦抑性原则，将专业性判断的权力留给具备相应职能的行政机关。法院仅凭对原告申请内容的书面理解和日常的逻辑推理，势必要脱离实际。[3]况且行政机关对于申请内容的审查是中间行为，排斥司法审查。

另一种观点则认为应当对申请内容是否明确进行裁断，因为这是对行政机关行使裁量权的一种审查监督，防止其权力滥用。笔者认同该种观点，一般认为行政裁量问题只有妥当与否的问题而不存在合法与否的问题，但实质上不应作出如此严格的区分。若法院固执于形式化区分的成见对此不予审查，即便是对具有违法之嫌的裁量决定也不予审查，则过于放纵了对行政机关的要求，不利于对申请人合法权益的充分保护。[4]当行政机关因不想履职而以申请内容的描述不明确为由启动补正程序时，虽然表面上并无程序瑕疵，但是此为变相侵害申请人的法益，对其权利义务产生了实际影响。申请人可以依据行政机关最终的处理结果提起诉讼，那么此时法院作为中立的机关必须

〔1〕 翁岳生主编：《行政法（上册）》，中国法制出版社 2002 年版，第 19 页。
〔2〕 ［英］威廉·韦德：《行政法》，徐炳等译，中国大百科全书出版社 1997 年版，第 70 页。
〔3〕 周勇："政府信息公开'申请内容不明确'时'补正'的法律思考"，载《行政法学研究》2011 年第 3 期。
〔4〕 王贵松："论无瑕疵裁量请求权"，载《学习与探索》2010 年第 5 期。

对此进行司法裁断，对申请人的权益予以救济。

二、申请的内容描述是否明确的认定

改变行政机关按照不同标准进行裁量的混乱局面应当从细化行政裁量权的行使程序出发，对规范性条文进行解释，回归立法赋予行政裁量权的初衷，保障裁量权不脱离法律预设的轨道，进而针对实践中的问题总结出一系列审查要素，在总结经验的基础上增加行政机关的可操作性。

（一）《政府信息公开条例》对申请内容描述明确性的规定

《政府信息公开条例》（2007）第 20 条第 2 款第 2 项规定："政府信息公开申请应当包括下列内容：……（二）申请公开的政府信息的内容描述；……"《政府信息公开条例》（2019）第 29 条第 2 款第 2 项规定："政府信息公开申请应当包括下列内容：……（二）申请公开的政府信息的名称、文号或者便于行政机关查询的其他特征性描述；……"从"内容描述"到"特征性描述"这一变化使得判断标准逐步清晰，也更加科学合理。修订后的条文表述采用了明确列举加抽象兜底概括的方式。"名称、文号"是对于明确性内容描述的列举，无甚争议。"特征"一般指可以作为事物特点的象征、标志，申请人可以通过语言文字来表述希望获得的政府信息的特点、标志，指向某特定信息，以便行政机关确认、查找。而现实中政府信息内容庞杂，涉及的内容覆盖面广阔，正是因为这一抽象的兜底性条款的存在，申请人在描述时可选择的范围更大，同时也增加了内容描述的模糊性的可能。

（二）审查"特征性描述"是否明确的标准

1. "特征性描述"的语言逻辑分析

本案中，申请人申请公开河北省保定市莲池区人民政府在履职过程中制作或者取得的关于乌马庄村棚户区改造项目的"所有信息"，"所有"本身是一个泛指的概念，无法指向特定的内容，这就说明申请人的申请是笼统的、模糊的。与此相同的典型案例还有"杨某诉某规划和土地管理局政府信息公开纠纷案"[1]，原告要求获取"原某房屋土地管理局为其所属的上海崇明土

---

[1] 上海市崇明县人民法院（2010）崇行初字第 26 号行政判决书。

地发展有限公司实施建设项目用地储备要求划拨国有农用地使用权而向某人民政府请示时提交的所有材料"。行政机关也因"所有"这个笼统的概念不符合《上海市政府信息公开规定》第21条之规定，认定"所有材料"的指向性不明确。又如"郭晶磊诉上海市浦东新区人民政府土地案"[1]，原告经补正后明确其要求获取的信息为，"记载'上海市浦东新区三林楔形绿地前期开发指挥部'组织构成情况（含成立单位、成员、职责等全部情况）和决定（或批准）成立'上海市浦东新区三林楔形绿地前期开发指挥部'的会议纪要（或记录）、批文、通知等相关书面载体，但不局限于上述几种形式"。浦东新区人民政府经审查后认为郭晶磊经补正的政府信息公开申请中仍包含了"或""等全部情况""等相关""不局限于"等较为笼统的描述，难以指向特定的政府信息，故告知其提交的申请材料内容不明确。但值得注意的是，在"丁某与乳山市国土资源局资源行政管理案"[2]中，原告丁某向被告提出申请公开"被告乳山市国土资源局公开包括但不仅限于乳山市某某房地产开发有限公司建道观和旅游观光征用土地用地预审文件、批准文件、征收土地方案、征地补偿安置方案及公示内容及其合法性证明文件等相关信息"。其中，"包括但不仅限于""相关信息"与前述案例"等相关""不局限于"的笼统描述相同，法院却认为，"本案原告的信息公开申请包含了较为明确的信息指向，原告已就其所知对需要公开的信息内容进行了较为充分的表述，原告申请公开政府信息的内容描述并未达到无法查找的程度，行政机关不应以申请内容不明确拒绝公开，从而提高申请门槛"。

实际上，使用诸如"相关信息""所有材料"等笼统性、概括性的主语并不必然导致内容描述就判定为模糊、抽象，行政机关在判定时需要依据内容描述进行语言逻辑分析。"所有信息、资料""相关信息""包括但不限于"的用语过于含混，但是行政机关理应分析此类主语是否具有限定性的前缀，即是否指向某一特定时间、地点、事项的范围内的全部资料。具有前置定语的约束，看似具有无限可能的措辞也将会变得明确、具体。

---

〔1〕　上海市高级人民法院（2019）沪行终108号行政判决书。
〔2〕　山东省乳山市人民法院（2017）鲁1083行初13号行政判决书。

2. "特征性描述"的审查要素

除上述案例外，在众多法院判定"内容描述具备明确性"的案例中，一部分因申请人提供了明确的文件名称、文号，另一部分则对于"特征"一般都有明确的时间、地点和事项名称的描述。据此，行政机关才能根据提供的信息结合自身的专业性职能而进入信息查询步骤。

第一，特定的时间要素。在"无锡市新吴区人民政府江溪街道办事处、无锡市新吴区人民政府与刘金德行政监督、行政复议案"[1]中，申请人申请公开"按国家信息公开规定，申请街道信息公开原坊前片区的春暖村19个村民小组的房屋征收补偿款、历次补助费、安置房分配情况等"。后因为原坊前镇春暖村的拆迁工作分多次进行，历时数年，时间跨度较长，情况复杂，而申请中并未明确申请公开信息的具体年限，导致行政机关无法确认要求公开的政府信息的具体内容。特定的时间要素能够在一定程度上缩小申请信息的范围，尤其对于时间跨度长、种类繁杂的政府信息来说尤为重要。

第二，特定的地点要素。涉及特定地点要素的政府信息公开申请主要集中于农村集体土地、房屋征收、拆迁等领域，因而明确的地点描述将帮助限缩政府信息的范围。

第三，特定的事项要素。在"王书丽与北京市海淀区人民政府信息公开案"[2]中，原告要求获取"关于北京市海淀区温泉镇太舟坞定向安置房项目小学、幼儿园的建设情况及相关材料"，法院经审理认为，原告对申请公开政府信息的内容描述已有明确指向。原告就是要求获取建设项目配套小学、幼儿园建设情况的有关信息。作为住宅建设项目的配套设施，大体反映在规划、用地等项目审批文件中，至于是否建设、在何处建设、建设到何种程度、何时完工等信息，均应有相应的文件载体，且不会产生歧义。从普通回迁村民的角度考察，其不可能知晓相关的文件准确名称或文号，已经尽其所知对希望获取的信息事项进行了较为充分的特征描述，再要求其补正相关内容则过于严苛。[3]明确的事项有助于行政机关迅速锁定申请人希冀获取的政府信息，而

---

〔1〕　江苏省无锡市中级人民法院（2021）苏02行终13号行政判决书。

〔2〕　北京市第四中级人民法院（2015）四中行初字第935号行政判决书。

〔3〕　霍振宇："政府信息公开申请明确性的审查——以王书丽诉北京市海淀区人民政府信息公开案为例"，载《法律适用·司法案例》2017年第14期。

且只要达到不是行政机关无法查找的程度即可。

以上三点审查因素可能单独出现，也有可能通过排列组合共同出现在同一内容描述中。特定事项是核心审查要素，时间、地点起到辅助作用。

3. 行政机关发挥主观能动性进行客观推理

行政机关应合理把握内容描述的限度，不应对"具体明确"作过多要求，不能超出申请人的认识能力和知晓范围，更不能以"内容表述不清不完整"为由，随意拒绝信息公开。

在"张良诉上海市规划和国土资源管理局政府信息公开纠纷案"[1]中，申请人的申请内容为"本市116号地块项目土地出让金缴款凭证"，行政机关认为缴款凭证指向较多政府信息，如不将其作为原告申请获取的政府信息文件名称理解，原告的申请就存在不明确之嫌疑，故以缴费凭证为关键词进行了答复。法院经审理认为，申请人系以地块的区域、项目名称、属性等描述其申请获取的政府信息内容，该表述应能够清晰指向其申请获取的政府信息，系被告收取本市116号地块土地使用权受让人缴纳的土地使用权出让金后，开具给土地使用权受让人的凭证。因此，原告申请公开的相关缴款凭证，应泛指被告收取土地使用权受让人缴纳本市116号地块国有土地使用权出让金后形成的书面凭证。在日常生活中，这种证明缴纳款项凭证的名称或许为缴款凭证，或许为收据、发票等，并不局限于缴款凭证的表述。原告作为普通公民，认为其无法知晓相关缴费凭证的规范名称，仅以此缴款凭证描述其申请获取的政府信息内容的主张具有合理性。而与之相对应，被告系本市土地行政管理部门，应知晓其收取土地使用权出让金后开具给土地使用权受让人的凭证的规范名称，但在未与原告确认的前提下，擅自认为原告仅要求获取名称为缴款凭证的相关政府信息，并仅以缴款凭证为关键词至其档案中心进行检索，显然检索方式失当，未能尽到检索义务，据此所认定的相关政府信息不存在的结论，也属认定事实不清、证据不足。

因此，在适当的情形下，行政机关应当根据当事人提供的内容描述的关键词结合自身专业知识发挥主观能动性，并主动与申请人交流、沟通、核实，以确定内容是否为申请人希望获取的信息再进行后续检索。

---

[1] 上海市黄浦区人民法院（2013）黄浦行初字第132号行政判决书。

三、申请内容描述不明确时的补正程序

《政府信息公开条例》（2019）第 30 条前半段规定，"政府信息公开申请内容不明确的，行政机关应当给予指导和释明，并自收到申请之日起 7 个工作日内一次性告知申请人作出补正，说明需要补正的事项和合理的补正期限"。行政机关通过审查，得出内容描述不明确的结论时应当启动补正告知程序。

（一）说明理由

在实践中，行政机关一旦认定内容描述不明确时便会启动补正告知程序，告知申请人对内容描述作出补充和修改。但是行政机关仅以"不明确"这一笼统概括的理由而告知申请人补正并不能解决问题和让申请人信服。申请人在申请政府信息公开时并不必然掌握和了解特定的文件名称、编号，基于行政法中的程序正当原则和便民原则，"说明理由"在于解释行政行为的原因，既保障当事人的权利也能防止行政主体不作为、乱作为。故当其不能提供具有一定特征的内容描述时，行政机关在补正告知程序中应详细说明。并且，行政机关应当自收到申请之日起 7 个工作日内一次性告知申请人作出补正。

（二）释明与指导

受理机关不仅要将判定的过程、原因、结果体现在告知书里，同时也应将后续如何正确、明确地补正告知申请人，说明需要补正的事项和合理的补正期限。对于一些要求公开项目较多的申请，受理机关可要求申请人按照"一事一申请"原则对申请方式加以调整，即一个政府信息公开申请只对应一个政府信息项目；对于将申请公开的政府信息拆分过细的情况，即申请人就一个具体事项向同一行政机关提出多个内容相近的信息公开申请，行政机关需要对现有的信息进行拆分处理才能答复，受理机关可要求申请人对所提申请作适当归并处理。这可以提高工作效率，方便申请人尽快获取所申请公开的信息。

（三）补正后的处理

《政府信息公开条例》（2019）第 30 条后半段规定，"答复期限自行政机

关收到补正的申请之日起计算。申请人无正当理由逾期不补正的，视为放弃申请，行政机关不再处理该政府信息公开申请"。

本案中，行政机关将申请人尚锁柱的补正视为没有补正，没有再作出任何答复，当补正的合理期限超过后，根据上述规定逾期未补正的，视为放弃申请。该做法虽然合理，但是对申请人未进行一定的告知有欠妥当。行政机关第二次作出判断，在恰当适用法律的同时，也应当告知申请人。

在"张志伟诉上海市杨浦区住房保障和房屋管理局政府信息公开案"[1]中，行政机关五次要求申请人补正申请内容。法院经审理认为，被告既然认为原告申请的内容经第一次补正后仍不明确，应及时作出相应答复，但其却在原告补正内容基本相同的情况下，仍连续五次要求补正，并在原告起诉到法院后才最终作出答复，显然有违法律精神。为了充分体现便民原则，法律设置了申请人补充、更改申请内容的程序，以确保申请人依法获取政府信息的权利。然而，如果在申请人不能进行有效补正的情况下仍继续要求补正，则既不利于节省行政资源，也容易助长行政机关借无休止地告知补正拖延答复甚至刁难申请人。因此，行政机关原则上只能一次性告知更改、补充。只有在申请内容经初步判断已基本明确的情况下，为保证答复的准确性，才可要求进一步补正。[2]在申请内容不明确、不清晰、不具体的情况下，应特别鼓励、支持乃至督促行政机关与申请人进行沟通和确认，这既是责任政府与理性公民的内在要求，也是现代协作、合作行政的必然趋势，也是法律规范的已有要求。通过行政机关与申请人的互动合作，明确申请人所请所需，行政机关再针对性予以作答，实现双方互动共赢。[3]

四、法院的监督与救济

《最高人民法院关于审理政府信息公开行政案件若干问题的规定》第2条第1项规定，因申请内容不明确，行政机关要求申请人作出更改、补充且对

---

[1] 上海市杨浦区人民法院（2015）杨行初字第7号行政判决书。

[2] 韩磊、蒋惠岭："看似负责的行为也会构成滥用职权——张志伟诉杨浦区房管局政府信息公开案"，载《中国法律评论》2016年第3期。

[3] 李凤："浅析有效的政府信息公开申请——以司法审查为视角"，载《山西省政法管理干部学院学报》2018年第3期。

申请人权利义务不产生实际影响的告知行为，人民法院不予受理。行政机关受理政府信息公开申请之后作出的补正告知行为是中间阶段性行为，不属于最终的行政决定，对信息公开申请人的权利义务不产生实际影响，不具有可诉性。但在以下几种情形，行政机关作出的补正告知已经对申请人的权利义务产生实际影响，那么就具备可诉性。第一，申请内容十分明确，极易识别，无须补正，而行政机关仍要求补正的，属于行政机关明显以补正告知形式不履行答复或公开义务；第二，行政机关拖延履行职责情形较为明显，没有在法定的期限内回答申请人是否需要对申请的内容进行补充、修改；第三，反复多次要求申请人补正，故意使申请人的申请内容停滞在补正程序；第四，明确拒绝申请人的申请或者让申请人补正后另行申请的。〔1〕总之，对申请人的权利义务产生了实质性影响，申请人不服，可以最终行政机关的答复或者不作为起诉，并没有丧失救济的权利。本案中，申请人给保定市莲池区人民政府邮寄了《补正说明》之后再未收到答复，影响了申请人获得政府信息的知情权。因此，原告依法确认被告未履行信息公开法定职责违法，并责令其限期向原告履行信息公开职责。

经法院审理，可能出现以下几种情形：第一，行政机关审慎地履行了审查义务，确认申请人的申请内容描述确实不具有明确性，及时启动补正告知程序。说明原因后将后续如何正确、明确地补正告知了申请人，说明了需要补正的事项和合理的补正期限。后续申请人没有实质性补正或者逾期没有补正则视为放弃申请。此时，法院不能支持申请人的诉讼请求，因而驳回其诉讼请求。第二，虽然申请人的申请内容描述确实不具有明确性但是行政机关没有启动补正告知程序，而是直接作出拒绝当事人申请的答复，或者故意拖延期限没有在合理时间内作出答复，此时法院应当撤销行政机关答复或者确认行政机关行为违法，并可以判决行政机关作出答复或者重新对申请作出答复。第三，申请人的申请内容描述确实不具有明确性，行政机关启动了补正告知程序，但是行政机关在补正告知通知书中并没有说明理由，也没有对申请人进行指导与释明如何进行补正。行政机关可能因为本身的说明理由不充

---

〔1〕 参见霍振宇："政府信息公开申请明确性的审查——以王书丽诉北京市海淀区人民政府信息公开案为例"，载《法律适用·司法案例》2017 年第 14 期。

分、不完整而没有形成完整、严密的逻辑链条，不能让申请人信服；也有可能因为恣意行使公权力而没有理性决策。[1]对于前者，因欠缺说明理由或者对申请人的帮助不能对申请人的实体权利义务产生影响的，属于程序瑕疵，法院可以判令行政机关补正；而对于后者正是因为行政机关懈于履行义务，属于程序违法或者滥用职权行为，没有对申请人的问题提供帮助导致申请人的权利不能实现的，除法律明确规定其无效外，法院应当作出确认违法判决并可以判令行政机关履行相关职责。第四，申请人的申请内容描述具有明确性，行政机关判断错误，法院应当撤销行政机关的答复或者确认行政机关的行为违法，并可以判决行政机关根据申请人的申请履行信息公开职责。

【后续影响及借鉴意义】

本案经最高人民法院审定，作为最高人民法院的判例对嗣后同类型的政府信息公开案例具有指导作用。申请人对申请公开的政府信息所作的内容描述，应该是能够据以指向特定政府信息的文件名称、文号或者便于行政机关查询的其他特征性描述，尽量特定化、具体化，以便使行政机关能够寻找、确定并提供给申请人希望获得的政府信息。如果申请人提供的描述过于笼统，必然会增加政府机关检索的工作量，影响政府机关的正常运作。赋予申请人合理的内容描述义务的同时，考虑到申请人的自身情况和差异，并非所有申请者都熟知准确的文件名称、编号，因此在申请人没有掌握确切的文件信息时，申请人还可以作出便于行政机关查询的其他特征性描述。

由于实践中行政机关按照不同标准进行裁量的混乱局面，法院在审查时对于"申请内容的描述"是否明确的审查、裁断可以按照以下标准和步骤进行：首先根据法律条文规定的明确性判断标准采取列举和概括的组合标准，当申请人完整地提出文件的名称和文号时一般可指向明确、具体的政府信息；对于"特征性描述"仍需要进一步判断是否有特定时间、地点、事项的描述；行政机关是否结合自身的专业知识做出了审慎的判断、推测。如果可以判定申请人的申请内容是明确、具体的，则应当作出相应的撤销判决或者确认违法判决，可以同时责令被告采取补救措施。当判定申请人的申请内容不具有

---

[1] 王立永："论正当程序中的说明理由制度"，载《行政法学研究》2008年第2期。

明确性时还要继续审查行政机关是否启动以及如何履行法律规定的补正告知程序。

行政裁量权是立法给予行政机关实现行政目的的重要工具，行政裁量也几乎无孔不入地渗透在行政法的各个领域。为了在最大程度内避免宽泛的制定法所引起的危险，就要细化行政机关在具体运用中的规则，限缩裁量空间，增加行政裁量的可操作性。这不仅为行政机关履行职责提供线索，也可以明确、细化司法机关对行政机关裁量权作出结果的认定的审查标准，在法律的框架内审查行政裁量结果是否合法、合理。司法审查作为制约行政机关行使行政裁量权的最后一道防线，可以有效避免行政恣意，监督行政机关更为谨慎地作出行政行为。

（指导老师：赵宏　中国政法大学法学院教授）

案例十八　"政府信息不存在"案件的司法审查

——戈薇诉天津市河西区人民政府信息公开案

石文臻 *

【案例名称】

戈薇诉天津市河西区人民政府信息公开案［天津市第二中级人民法院（2019）津02行初10号行政判决书；天津市高级人民法院（2019）津行终237号行政判决书；最高人民法院（2020）最高法行申8312号行政裁定书］

【关键词】

政府信息　检索义务　告知程序　举证责任分配

【基本案情】

2018年6月25日，天津市河西区人民政府收到戈薇提交的《政府信息公开申请表》，申请公开的内容为："本区制定执行的《河西区国有土地上房屋征收范围内未经登记建筑调查、认定和处理意见》文件内容的信息。"经河西区人民政府办公室档案室查询，2011年1月至2015年12月，河西区人民政府未制作、获取、保存《河西区国有土地上房屋征收范围内未经登记建筑调查、认定和处理意见》。河西区人民政府于2018年7月10日作出编号为2018-125的《信息不存在告知书》，内容为："依据《中华人民共和国政府信息公开条例》第二十一条第（三）项的规定，经审查，您申请的政府信息不存在。"

---

　* 作者简介：石文臻，中国政法大学法学院宪法学与行政法学专业2021级硕士研究生。

并邮寄送达戈薇。戈薇不服，遂提起行政诉讼，请求法院判决撤销河西区人民政府作出的编号为 2018-125 的《信息不存在告知书》，判令其公开相关内容。

天津市第二中级人民法院一审认为，河西区人民政府经查询后证实未制作、获取、保存相关信息并已依法告知，原告戈薇提交的证据亦不能证明河西区人民政府制作或获取了其申请公开的信息，判决驳回戈薇的诉讼请求。戈薇不服，提起上诉，理由是"《天津市 2014 年市级预算执行和其他财政收支审计处理决定落实情况的报告》（以下简称天津市审计局报告）明确写明河西区有关部门制定了《河西区国有土地上房屋征收范围内未经登记建筑调查、认定和处理意见》"的事实，可以证明信息存在。天津市高级人民法院以"不能证明'有关部门'系被上诉人天津市河西区人民政府"为由，驳回上诉，维持原判。

随后，戈薇不服二审判决，向最高人民法院申请再审，再审申请仍然强调天津市审计局报告能够证明涉案信息存在，最高人民法院则认同二审法院的主张，认为"该报告不能证明《河西区国有土地上房屋征收范围内未经登记建筑调查、认定和处理意见》的制定主体就是河西区人民政府，请求河西区人民政府公开该处理意见仍然缺乏事实根据"；另外，行政机关"经合理检索后仍不能发现申请人申请的相关政府信息，行政机关书面告知申请人，申请的政府信息不存在的"，人民法院应当依法予以支持。因此，最高人民法院作出（2020）最高法行申 8312 号裁定，驳回了戈薇的再审申请。[1]

【裁判要旨】

人民法院审理因政府信息不存在引发的行政案件，应重点审查以下三个

---

[1] 本案发生时，"政府信息不存在"的法律依据为 2008 年 5 月 1 日施行的《政府信息公开条例》第 21 条第 3 项："对申请公开的政府信息，行政机关根据下列情况分别作出答复：……（三）依法不属于本行政机关公开或者该政府信息不存在的，应当告知申请人，对能够确定该政府信息的公开机关的，应当告知申请人该行政机关的名称、联系方式；……"《最高人民法院关于审理政府信息公开行政案件若干问题的规定》第 12 条第 1 项："有下列情形之一，被告已经履行法定告知或者说明理由义务的，人民法院应当判决驳回原告的诉讼请求：（一）不属于政府信息、政府信息不存在、依法属于不予公开范围或者依法不属于被告公开的；……"一审判决作出时，修订后的《政府信息公开条例》已施行，其中第 36 条第 4 项规定："对政府信息公开申请，行政机关根据下列情况分别作出答复：……（四）经检索没有所申请公开信息的，告知申请人该政府信息不存在；……"

要件：（1）行政机关是否确已尽到相应的检索义务；（2）行政机关是否依法履行了政府信息公开告知义务；（3）相对人能否证明行政机关确实制作或者保存了案涉信息。其中，相对人提出的证据是否能够构成信息存在的事实根据，关键在于其是否能够证明该政府机关具有制作、保存相关信息的义务。

【裁判理由与论证】

本案的争议焦点为河西区人民政府以"申请的政府信息不存在"为由拒绝提供的行为是否合法，对此，一、二审法院及再审法院均持肯定意见，且裁判逻辑即考量的事实问题和法律问题是相同的：其一，河西区人民政府是否进行了相应的检索工作；其二，河西区人民政府是否依法履行了告知程序；其三，原告戈薇提交的证据能否构成案涉信息存在的事实根据。不过，不同层级的法院对同一问题的说理和侧重点有所不同，具体论证如下。

一、河西区人民政府是否进行了相应的检索工作

本案中，关于河西区人民政府是否进行了相应的检索，被告提供了天津市河西区人民政府办公室出具的《证明》，证明经政府办公室档案室查询，2011年1月至2015年12月，未制作、获取、保存《河西区国有土地上房屋征收范围内未经登记建筑调查、认定和处理意见》，不存在事实不清的问题，因此一、二审法院及再审法院的审查重点不在检索义务的履行上，针对这一问题均未进行大篇幅的分析和说理。

但考虑到2019年《政府信息公开条例》修订后〔以下简称《政府信息公开条例》（2019）〕明确规定了政府信息不存在情形下行政机关的检索义务，一审、二审、再审文书中都将河西区人民政府的检索工作作为必备要件进行了审查和说明，即"河西区人民政府（被告/被上诉人）收到戈薇（原告/上诉人）的政府信息公开申请后，经档案室查询，未检索到河西区人民政府曾制作或获取《河西区国有土地上房屋征收范围内未经登记建筑调查、认定和处理意见》"。

二、河西区人民政府是否依法履行了告知程序

根据相关法律规范，行政机关主张"政府信息不存在"时应履行法定告知或说明理由义务。本案中，行政机关明显已经作出相应的告知行为（出具《信息不存在告知书》），事实清楚且符合法律规范要求，因此一审法院认为，"根据 2008 年 5 月 1 日起施行的《中华人民共和国政府信息公开条例》第二十一条第（三）项的规定，被告在法定期限内作出被诉《信息不存在告知书》并送达原告，其作出答复认定事实清楚、程序合法，适用法律正确"，二审、再审法院对此也无异议，均维持了这一认定。

三、原告提交的证据是否足以证明案涉信息存在

原则上，行政诉讼中应当由被告承担举证责任，但考虑到消极性事实的证明特性，在审查政府信息是否存在时，历审法院的法官都参考了原告提出的正面证明信息存在的证据材料：

①依据《国有土地上房屋征收与补偿条例》第 4 条规定，被告负责本行政区域的房屋征收与补偿工作，具有制定《河西区国有土地上房屋征收范围内未经登记建筑调查、认定和处理意见》的行政职责，应当制作和保存原告所申请的信息；

②天津市政府信息公开专栏《天津市 2014 年市级预算执行和其他财政收支审计处理决定落实情况的报告》中的信息，"（四）重点基础设施建设项目问题的落实情况"中列明"河西区有关部门制定了《河西区国有土地上房屋征收范围内未经登记建筑调查、认定和处理意见》"。

不过，一审、二审法院及再审法院均认为这些依据不足以证明所申请公开的政府信息存在，但说理的侧重点有所不同。

一审法院以被告的行政职责为突破口，认为"《国有土地上房屋征收与补偿条例》第二十四条规定，市、县级人民政府作出房屋征收决定前，应当组织有关部门依法对征收范围内未经登记的建筑进行调查、认定和处理……上述条款并未规定区县人民政府在征收范围内对未经登记的建筑开展调查、认定和处理应当制定意见、办法或规程。原告提交的证据亦不能证明被告制作或获取了其申请公开的信息"。二审法院则着重回应了天津市审计局报告的相关内容，认为"上诉人主张《天津市 2014 年市级预算执行和其他财政收支审

计处理决定落实情况的报告》中写明了'河西区有关部门制定了《河西区国有土地上房屋征收范围内未经登记建筑调查、认定和处理意见》'的事实，不能证明'有关部门'系被上诉人天津市河西区人民政府。"再审法院支持这一判断，强调"戈薇主张，天津市审计局报告写明河西区有关部门制定了《河西区国有土地上房屋征收范围内未经登记建筑调查、认定和处理意见》。但是，该报告不能证明《河西区国有土地上房屋征收范围内未经登记建筑调查、认定和处理意见》的制定主体就是河西区人民政府，请求河西区人民政府公开该处理意见仍然缺乏事实根据"。

【涉及的重要理论问题】

"政府信息不存在"作为政府拒绝进行信息公开的事由之一，因其定义含混、证明难度较大、证明标准模糊、证明责任不清等特征，一直是信息公开诉讼中争议较大的问题，囿于法律文本中没有规定明确的审查标准，实践中法院在遇到此类问题时缺乏判断的准绳，因此"政府信息不存在"的司法审查一度相当混乱，甚至对应由何方承担举证责任都没有达成共识。

《政府信息公开条例》（2019）针对关于"政府信息不存在"的条文进行了进一步的区分和规定。修订后的新规在内容上有两点变化：其一，将原来规定在同一项内的依法不属于"本行政机关负责公开"和"政府信息不存在"分列为两项，明确了"不属于本行政机关负责公开"和"信息不存在"是两种相互独立的、不同的政府信息存在状态；其二，明确了政府机关的信息检索义务、告知义务和相应的举证责任。然而这一规定是否足以解决司法实践中"信息不存在"的疑云呢？

本案是《政府信息公开条例》（2019）修订后作出的判决。从法院的说理中不难看出，针对前一变化，单纯进行文本拆分并不能很好地指引司法机关区分"不属于本行政机关负责公开"和"信息不存在"的情形，如在认定原告提出的证据时，历审法院的主张仅强调"河西区人民政府不是制定主体"，但实际上某一行政机关没有相关职责或者不是法定的制定主体，只能说明它没有制定相关信息，并不能说明其他机关也没有制定相关信息，因此有学者主张"法定职责"事由应当适用于"不属于本行政机关负责公开"情形下的抗辩，而非"信息不存在"时的抗辩。[1]《政府信息公开条例》（2019）没有提供区分二者的具体标准，没有明确"信息不存在"的含义和适用范围，是此类问题的根源所在。

而针对后一变化，修法的确让法院意识到了检索义务是此类行政行为合法性审查不可忽视的重要标准，以本案为例，历审文书中都将河西区人民政府的检索工作作为必备要件进行了审查和说明。然而，一方面，新法并未就如何判断行政机关是否尽到检索义务给出具体标准，本案中法院显然也回避了具体的审查过程，只是进行了形式性的说明；另一方面，本案中法院对原告所提证据的谨慎态度暴露出了新规未提及或可能是刻意回避的问题——尽管明确规定了检索义务和告知义务应由行政机关举证，但是否仅凭此就足以证明"信息不存在"？原告提出的证据应如何对待？原告又应在何种程度上承担所谓依申请行为的"初步证明"责任？换言之，新法规定并未能够为"政府信息不存在"的司法审查建立完善的审查标准和审查思路。这些"缺憾"也正是本案中值得进一步关注和分析的理论问题。

一、"信息不存在"的概念和范畴

（一）概念演进：从"自始不存在"到"检索未果"

早在《政府信息公开条例》筹备时期，"信息不存在"就已经受到学界和立法者的关注，2003 年周汉华教授主编的《政府信息公开条例专家建议稿——草案·说明·理由·立法例》中就已经明确提到这一概念，并将"信息不存在"与"检索未果的信息"区分界定，这意味着"信息不存在"所代表的是客观上从未出现过的信息，未经查找即可确定其不存在；[2]或许是这一观念的延续，尽管 2008 年正式立法时并未采取此种定义方式，但在 2009 年国务院法制办编写的《政府信息公开条例读本》中明确提及"政府信息不

---

〔1〕 参见王由海："'政府信息不存在'案件中的举证困境与规则重塑"，载《证据科学》2021 年第 2 期；王嘉贤："'政府信息不存在'的认定与审查"，载《行政法学研究》2021 年第 3 期。

〔2〕 建议规定的原文为："第 13 条　有下列情形的，政府机关应自登记之日起 10 日内书面告知申请人：……（三）申请的信息不存在；（四）政府机关已采取所有必要的措施，但仍无法查找到申请的政府信息；……"参见周汉华主编：《政府信息公开条例专家建议稿——草案·说明·理由·立法例》，中国法制出版社 2003 年版，第 87 页。

存在"是指信息自始至终不曾产生，即自始不存在、客观不存在，[1]未保存或已经灭失的信息不属于"信息不存在"的范畴。从中不难看出，追本溯源，当"信息不存在"最早出现在立法文本中时，该条款的立法本意其实仅限于"信息自始不存在"的情形。

然而，2008年施行的《政府信息公开条例》实施后，"信息不存在"在实践中的运用可以说大大超出了立法者预料的范围，几乎成为行政机关拒绝公开政府信息的"万金油"，"信息不存在"的内涵被迫不断扩张，发展到2017年，最高人民法院的裁判文书已经明确认可行政机关答复"未制作""未获取""未保存""未找到"相应的政府信息，均可视为属于"政府信息不存在"的范畴。[2]又考虑到行政机关难以从实质意义上证明信息确实不存在，实践中法院对"信息不存在"理由的审查内容逐渐被限缩为"合理检索行为"，即要求公开义务机关举证已履行检索义务，将"合理检索未得"作为信息不存在的推定要件。[3]

随着《政府信息公开条例》的修订，《政府信息公开条例》（2019）正式将"信息不存在"定义为"经检索没有所申请公开信息"的情形。依笔者之拙见，这一转变一方面是如学者所言，囿于目前政府机关有限的信息技术能力（包括信息储存能力和检索能力等），实践中的信息"不存在"更多的是行政机关因客观原因无法找到相关信息；[4]另一方面则是立法者考虑到"信息不存在"的举证困境，试图将之转化为程序性义务，进而使得"信息不存在"的判断由实质转向形式的现实选择。

（二）概念界分："信息不存在"与"不属于本行政机关负责公开"的区分

前文提及，实践中"信息不存在"与"不属于本行政机关负责公开"极

---

[1] 参见曹康泰主编：《中华人民共和国政府信息公开条例读本》，人民出版社2009年版，第110页。

[2] 参见"王蓉华诉上海市虹口区人民政府信息公开案"，最高人民法院（2017）最高法行申9246号行政裁定书。

[3] 参见2014年全国法院政府信息公开十大案例"张良诉上海市规划和国土资源管理局案"；《浙江省高级人民法院行政审判第一庭关于印发〈关于审理政府信息公开行政案件若干具体问题〉的通知》（2014年10月14日）；《北京市高级人民法院关于审理政府信息公开行政案件若干问题的解答》（2014年4月28日）。

[4] 参见王嘉贤："'政府信息不存在'的认定与审查"，载《行政法学研究》2021年第3期。

易被混淆，或许是因为二者在外观上均可能表现为"检索未果"，且"不属于行政机关的法定职责"的确是相关信息不存在于此行政机关数据库中的有力说明，本案中一审法院就试图以此证明原告提出的证据证明力不足。

然而，2019年的修订专门将"信息不存在"与"不属于本行政机关负责公开"分列两项，意味着在立法者看来，二者是相互独立、不可混淆的。尽管《政府信息公开条例》中没有明确二者的区分标准，但根据体系解释方法，既然"信息不存在"与"不属于本行政机关负责公开"是两种相互独立的存在状态，则完全可以从反面推知，认定信息"不存在"的前提是相关信息属于该政府机关公开范围内，而对于"公开范围"的判定显然又与行政机关的职责范围密切相关。因此正如前文所言，多位学者主张告知申请人信息不存在的前提是申请公开的政府信息属于该机关职责权限范围，但本机关未制作、获取或保存。[1]

纵观地方信息公开立法，事实上，多地曾明确以"职责权限范围"为二者的区分标准，如《大连市关于政府信息依申请公开的规定》（2018年修正，已失效）中规定，"（五）申请公开的政府信息不属于本机关职权范围的，出具非本机关政府信息告知书，并告知申请人向有关行政机关申请；（六）申请公开的政府信息属于本机关职权范围，但本机关未制作或者保存的，告知申请人该政府信息不存在，出具政府信息不存在告知书"；《上海市政府信息公开规定》（2010）、《山东省政府信息公开办法》（2010年制定，已失效）中均有规定，申请公开的政府信息属于本机关职责权限范围，但本机关未制作或者获取的，应当告知申请人该政府信息不存在；申请公开的政府信息不属于本机关职责权限范围的，应当告知申请人不属于本机关公开。

因此，政府信息"不存在"应与"不属于本行政机关负责公开"明确区分，政府信息"不存在"的认定应以行政机关具备公开职责为前提。

二、"政府信息不存在"的举证责任分配

（一）归本溯源："政府信息不存在"的举证困境成因

"信息不存在"的举证困境，与其待证对象的特征密切相关。考虑到此

---

[1] 参见王嘉贤："'政府信息不存在'的认定与审查"，载《行政法学研究》2021年第3期；王由海："'政府信息不存在'案件中的举证困境与规则重塑"，载《证据科学》2021年第2期。

类案件中需要证明的核心问题"信息不存在"是消极性事实，而当事人对消极事实不负举证责任的原则最早可以追溯到罗马法时期，"主张积极事实之人，就该事实负有举证责任；否定事实（即主张消极事实）之人，就该事实不负举证责任"〔1〕；回到我国现有立法，《最高人民法院关于适用〈中华人民共和国民事诉讼法〉的解释》第 91 条第 1 款第 1 项也明确规定，"主张法律关系存在的当事人，应当对产生该法律关系的基本事实承担举证证明责任"。因此，理论上，作为主张"信息不存在"的一方，严格按照行政诉讼的举证规则要求行政机关对不存在的事实举证，恐怕是过于严苛、不合法理的。

然而，《最高人民法院关于审理政府信息公开行政案件若干问题的规定》第 5 条第 1 款明确规定，"被告拒绝向原告提供政府信息的，应当对拒绝的根据以及履行法定告知和说明理由义务的情况举证"。若因待证对象的消极属性而免除行政机关的举证责任，完全由原告承担证明相关信息存在的责任，显然又与行政诉讼中原告所处的弱势地位相冲突，考虑到政府和相对人在信息公开问题上严重的信息不对称，〔2〕这样一种举证责任的分配不仅对原告极不公平，客观上也基本不可能真正实现纠纷的实质性解决。

"政府信息不存在"案件的举证责任分配就此陷入了左右为难的境地。纵观司法实践，法官们对此也没有形成统一的应对策略，证明责任分配事实上缺乏统一标准，有学者通过实证研究指出，尽管多数案例中法院选择遵循行政诉讼案件的一般举证规则，认定被告应对信息不存在的主张负证明责任，但在具体举证责任分配中，被告的证明责任负担时常被转嫁给原告。〔3〕

（二）观点争锋：学界主张的不同举证责任分配规则

1. 证明对象转换说

持此种观点的学者认为，行政机关在答复"信息不存在"时，实际上是告

---

〔1〕 参见骆永家：《民事举证责任论》，商务印书馆 1976 年版，第 72 页。

〔2〕 在"政府信息不存在"案件中，政府明显处于信息优势地位，毕竟只有政府才知道被申请公开的信息是否存在以及相关信息的内容和保存场所。参见任志中、蒋涛："'政府信息不存在'案件司法审查若干问题的探讨——以信息不对称为视角"，载《法律适用》2013 年第 4 期。

〔3〕 参见郑涛："政府信息不存在诉讼之证明责任分配探析"，载《清华法学》2016 年第 6 期。

知申请人其无相关信息的制作、获取和保存义务，因此，可以将证明对象由"信息不存在"转换为"行政机关没有制作、获取和保存相关信息的义务"[1]实践中的确有不少法院采取此种做法，如前文提及的白美云案中法官就采取了这一裁判思路。

然而"该机关没有制作、获取和保存相关信息的义务"实际上并不能与"信息不存在"完全等同。即使此点得证，也可能存在其他行政机关负有制作、获取和保存相关信息的义务，换言之，这种证明对象的转换不仅完全不能充分证明政府信息客观不存在，还会极大地加重"信息不存在"和"不属于本行政机关公开"的混淆。

2. 举证责任延伸说

持此种观点的学者认为，在政府信息公开诉讼中应当延伸和细化被告的举证责任，被告应证明其已履行告知义务、合理搜寻义务和说明理由义务。[2]结合本案中各级法院关注的争议焦点，不难发现这一主张较为贴近司法实务现状，但从某种程度上来说，告知义务、合理搜寻义务都是程序性义务，仅"说明理由"时可能会涉及信息不存在的实质判断原因，如果仅以此三个标准判断信息公开行为的合法性，事实上未必能够解答"信息是否存在"这一实体问题，恐对行政机关过于宽容，因此这套审查标准有一定合理性，但却未必是充分的。

3. 原告补充责任说/证明责任规范说

前两种观点主要立足于传统行政诉讼的举证规则，在坚持由行政机关承担举证责任的立场上提出可能的调和方案；相应地，也会有学者从举证责任转移的思路出发，如殷勇法官提出，当被告已证明其履行了合理的检索义务依旧无法证实原告所申请公开的信息存在，而原告又坚持认为该信息存在时，应由原告承担举证责任，由原告提供证据证明其申请公开的政府信息在被告

---

〔1〕 即只要被诉行政机关能够证明自己没有制作、获取和保存相关信息的义务，那么信息不存在的事实也就当然被确证，"信息不存在"的答复就具有合法性；反之，被诉行政机关应承担举证不能的败诉风险。参见许莲丽：《保障知情权——政府信息公开诉讼的理论与实践》，中国法制出版社2011年版，第176页。

〔2〕 参见周勇："'政府信息不存在'案件中证明困境的解决路径探析"，载《行政法学研究》2010年第3期。

处实际存在；[1]郑涛的"双阶层"模式也主张由行政机关证明"信息搜寻答复程序是否合法"、相对人证明"信息是否存在"。[2]

然而，尽管这一观点关注到了政府信息存在的实质判断问题，但却将实质判断的证明责任分配给了原告，被告所承担的程序义务甚至少于"举证责任延伸说"所主张的情形标准，实际上原告承担的败诉风险和被告完全不对等，有待进一步斟酌和完善。

4. 原告初步证明责任说

此种主张实际上是原告补充责任的发展和精细化，正如前文提及，"原告补充责任"对原告方过于严苛，因此主张"初步证明责任"的学者对此进行了改进，将被告证明"经检索未果"后原告应承担的责任进一步限定为"初步证明责任"，仅要求原告提供政府信息存在的相关线索，对初步证据的证明标准只要达到低度盖然性标准即可。

此种主张主要以最高人民法院发布的第 101 号指导案例"罗元昌诉重庆市彭水苗族土家族自治县地方海事处政府信息公开案"为依据，最高人民法院在该案裁判要点中明确提出："在政府信息公开案件中，被告以政府信息不存在为由答复原告的，人民法院应审查被告是否已经尽到充分合理的查找、检索义务。原告提交了该政府信息系由被告制作或者保存的相关线索等初步证据后，若被告不能提供相反证据，并举证证明已尽到充分合理的查找、检索义务的，人民法院不予支持被告有关政府信息不存在的主张。"

然而，对此段裁判要点的不同理解引发了举证责任中的另一个问题——原、被告的证据审查顺序应如何安排？

三、"政府信息不存在"的证据审查顺序

考虑到举证责任在诉讼中的分配主要体现为举证责任在当事人之间的往返与转移，当出现两方都无法充分举证的情况时，败诉风险归于哪一方承担，将完全取决于证据审查顺序所决定的相应阶段的客观证明责任归于何方；此

---

[1] 参见殷勇："'政府信息不存在'情形下的司法审查"，载《法学》2012 年第 1 期。

[2] 参见郑涛："政府信息不存在诉讼之证明责任分配探析"，载《清华法学》2016 年第 6 期。

外，证据审查顺序可能会影响法官形成的临时心证，[1]因此，证据审查顺序并非单纯的程序性安排，其能够对原、被告双方实际承担的举证义务产生实质影响。

前文提及，目前较为科学的举证责任分配规则为脱胎于指导案例 101 号的"原告初步证明责任"规则，但这一裁判要点的表述却引发了学界对证据审查顺序的困惑和争议：如果将这段裁判要点理解为整体性的规则陈述，则很容易得出，法官的主要审查顺序为"被告举证已履行合理的信息检索义务，推定信息不存在→原告提供相关线索，推翻信息不存在推定→被告进行新一轮举证"，有学者认为此套证明责任分配规则属于"间接反证规则"[2]；但如果将这段裁判要点的第一句理解为关键审查要点的强调，第二句才是具体审查规则的解释和展开，那么就会得出一个完全相反的审查顺序，即"要求法院先审查原告提交的证据，再审查被告是否能提供相反证据"[3]。

既然这一争议缘起于对最高人民法院裁判要旨的不同理解，所谓"解铃还须系铃人"，我们有必要尽可能地获知最高人民法院的"真意"，了解最高人民法院对证据审查顺序究竟持何种态度。

（一）基于最高人民法院 204 个裁判案例的实证分析

笔者查阅了 101 号指导案例出台后最高人民法院裁判的"政府信息不存在"案件，以"信息不存在"为关键词并给定审结年份（2019—2021 年）、审结法院（最高人民法院），在北大法宝上检索，经筛选后得到涉及信息不存在司法审查的案例（包括本案在内）共 204 个（见表 1）。

---

[1]　如让被告先举证，法官先就被告已经尽到检索义务形成的内心确信，则将较难仅因原告提供的"政府信息系由被告制作或者保存的相关线索"等初步证据而动摇，从而更易作出政府信息不存在的事实认定。参见徐庭祥："'政府信息不存在'证明困境的解决路径——指导案例 101 号评释"，载《法律适用》2020 年第 22 期。

[2]　参见张亮："论政府信息推定不存在的限制与修正"，载《环球法律评论》2020 年第 4 期；王由海："'政府信息不存在'案件中的举证困境与规则重塑"，载《证据科学》2021 年第 2 期。

[3]　徐庭祥："'政府信息不存在'证明困境的解决路径——指导案例 101 号评释"，载《法律适用》2020 年第 22 期。

表1　2019—2021 年最高人民法院"信息不存在"案件审理概况

裁判思路（案件类型）		案件数量（个）	说明/备注
先判断被告检索义务，后判断原告是否提供线索	认定原告"未提供"或否定原告提供的证据效力	66	其中有 2 个案件，原告方提供的线索受到政府机关重视，并进行了针对性的理由说明
	承认原告提供的证据构成"初步线索"	5	这 5 个案件中，被告均进一步针对原告提出的线索说明了信息不存在的实质性理由，并为最高人民法院所认可
先判断原告是否提供线索，后判断被告检索义务		4	/
仅判断被告检索义务	认定被告已履行检索义务	125	/
	认定被告未履行检索义务	2	/
仅判断原告是否提供线索		2	/

　　由表1可见，其一，在 204 个案例中，127 个案例均仅审查了被告的检索义务，仅有 77 个案例涉及对原告提出的线索的审查（见表1），已然足以见得检索义务方为此类案件的审查要点；其二，涉及对原告提出线索的审查的案件中，绝大部分先审查了被告是否已履行检索义务，[1]且在为数不多的认可原告提供的"初步线索"的案件中，被告均进行了针对性的回应，可以看出最高人民法院事实上更倾向于"被告举证履行检索义务→原告提供初步线索→被告进行新一轮举证"；其三，当原告提供的初步证据足以动摇"信息不存在"的推定时，被告通常会举证信息不存在的实质理由，在法律层面表现为履行"说明理由"义务。由此，似乎可以将司法实践所倾向的"信息不存在"案件的举证责任分配规则及证据审查顺序总结如下（图1）。

---

　　〔1〕　在 77 个案例中，有 71 个坚持了这一审查顺序，占比高达 93.4%。其典型表述为"××政府对相关档案进行了检索、查找，……×××（当事人）亦未提供所申请信息由××政府制作或保存的线索……"

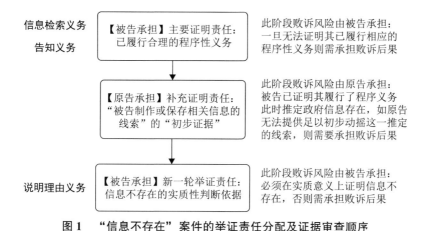

信息检索义务
告知义务

【被告承担】主要证明责任：已履行合理的程序性义务

此阶段败诉风险由被告承担：一旦无法证明其已履行相应的程序性义务则需承担败诉后果

【原告承担】补充证明责任："被告制作或保存相关信息的线索"的"初步证据"

此阶段败诉风险由原告承担：被告已证明其履行了程序义务此时推定政府信息存在，如原告无法提供足以初步动摇这一推定的线索，则需要承担败诉后果

说明理由义务

【被告承担】新一轮举证责任：信息不存在的实质性判断依据

此阶段败诉风险由被告承担：必须在实质意义上证明信息不存在，否则需承担败诉后果

图1　"信息不存在"案件的举证责任分配及证据审查顺序

（二）学理论证：先行审查原告证据的合理性

前文提及，主张先行审查原告提出的"初步证据"，后审查被告的检索义务及其他证据的学者，主要依据在于此种审查顺序能够形成更有利于原告的法官心证，从而更不易作出政府信息不存在的事实认定。然而事实果真如此吗？

在前述204个案件中，即使是在坚持了所谓"正确"的审查顺序的5个案例中，法院也没有认可原告提出的初步线索，因此我们有必要进一步思考，这种所谓不利于原告的"法官心证"，究竟是如学者所言受累于错误的审查顺序，导致法官先入为主地推定"信息不存在"，还是大部分"初步线索"本身的证明强度太低，或许本就难以得到法官的重视？

如果是出于后者，那么审查顺序的前后对原告所提证据影响法官自由心证的能力的提升恐怕是收效甚微的，不仅如此，先审查原告方线索，反而会模糊真正的审查重点——行政机关的检索义务。考虑到原告方现实的举证能力，大量案件可能会在尚未进入被告检索义务的举证阶段时即以原告方未能举证初步线索而败诉告终，这反而不利于督促行政机关尽心尽力地进行相关检索工作、履行信息公开职责，助长"信息不存在"拒绝事由的滥用。

此外，较为常见的困惑或许还在于"初步证明"责任这一概念名称带来的混淆，即所谓"初步证明"，顾名思义应当发生在举证环节的前端，加之

有学者认为"信息不存在"应当作为信息公开申请这一权利请求的实体要件，[1]与"申请行为"相提并论，更让读者产生了此种证明责任理当置于举证环节的最前端的判断。

然而，由原告先行承担"申请行为"的证明责任，是考虑到在此类案件中作为义务的产生需要基于相对人的申请，申请行为是此类纠纷在法律意义上是否真实存在的根本性、前提性要件，需要在诉讼的最前端得到解决；且由原告证明自己曾经做过某事，属于证明肯定性事实，比证明否定性事实更为容易。但在"信息不存在"案件中，"信息的存在状态"只是作为政府拒绝公开的事由存在，即使信息真的不存在，只要相对人提出了申请，政府的作为义务就已经产生了，信息的存在状态只是作为判断被诉行政行为合法性的要件，因此不具备提前至证明环节最前端的必要性。因此，此时的"初步证明责任"实际上并非时间意义上的"初步"，而是程度意义上的"初步"。这就进一步涉及了证明标准的判断问题。

四、"政府信息不存在"的证明标准

（一）原告的初步证明责任

考虑到原告事实上的信息劣势地位，在信息公开案件中，原告极难掌握政府所拥有的信息的真实情况，[2]因此原告的"初步证明责任"强调的是证明强度上的"初步"，只需达到较低程度的盖然性标准，能够证明信息存在的"可能性"即可。[3]换言之，原告提出的证据不需要足以推翻政府信息不存在的推定，只需要使得政府信息的存在与否陷入"真伪不明"状态。

结合前文提及的204个实证案例，得到政府和法院重视（或某种意义上的"认可"）的初步线索，基本涉及以下两种情形：其一为证明与特定信息的制作保存密切相关的基础行政行为的存在，如申请公开调解会笔录则提供调解会召开的时间和地点、申请公开某一项目的环评报告书则提供该项目客

---

[1] 持此观点的学者主张，信息的客观存在性是依申请信息公开中公民信息获知权实现的前提要件之一，除此之外还要有申请行为，并且该行为符合申请程序的规定。参见郑涛："政府信息不存在诉讼之证明责任分配探析"，载《清华法学》2016年第6期。

[2] 参见李广宇：《政府信息公开司法解释读本》，法律出版社2015年版，第184页。

[3] 参见张亮："论政府信息推定不存在的限制与修正"，载《环球法律评论》2020年第4期。

观存在的证据等，[1]有学者将此种初步证据总结为"与特定信息相关联的具体行政决定"，认为其理论基础在于行政行为的构成要件效力[2]；其二为从法定职权层面证明行政机关负有制作保存特定信息的职责，如申请公开某一征收项目/旧城改造项目的相关信息时，证明该行政机关为相关的房屋征收主管部门/项目实施主体等。[3]

因此，原告提出的初步线索应当涉及两方面的证明内容：信息的客观存在及信息的制定和保存指向该特定行政机关。就最高人民法院的文字表述来看，原告承担的初步证明责任为提交"该政府信息系由被告制作或者保存的相关线索等初步证据"，或可推知在最高人民法院看来，原告提供的线索价值主要在于信息的指向性。

因此或可理解为何本案中最高人民法院最终没有认可原告戈薇提交的证据，因为戈薇提交的证据的确无法将该信息与河西区人民政府建立起可能性较大的关联，换言之，戈薇仅证明了信息存在的可能性，但没有证明信息存在于河西区人民政府的可能性——但新的问题出现了，此种情况下河西区人民政府是否会相应地产生要求其隶属部门协助查找的义务？这涉及"不属于本行政机关负责公开"范围和"信息不存在"在具体案件中的进一步区分，即当原告提出足以证明信息客观存在的可能性的初步线索时，被告是否应当以"不属于本行政机关负责公开范围"而非"信息不存在"为由拒绝公开？遗憾的是，正如前文所言，本案并没有很好地厘清二者的关系。

（二）被告的合理检索义务

在最高人民法院所裁判的 204 个案例中，提及检索义务细节的并不多，且主要表现为检索范围和检索方法，前者典型体现为向可能保存相关信息的

---

[1]　参见"吴霞萍诉上海市静安区人民政府信息公开案"，最高人民法院（2019）最高法行申3582 号行政裁定书；"申休明等与四川省生态环境厅（原四川省环境保护厅）环境保护信息公开纠纷再审案"，最高人民法院（2019）最高法行申 8906 号行政裁定书。

[2]　即具有构成要件效力的相关行政决定中所明确的事实要件或法定形式，可以证成信息存在的因果关系。参见张亮："论政府信息推定不存在的限制与修正"，载《环球法律评论》2020 年第 4 期。

[3]　参见"项俊与浙江省杭州市富阳区人民政府信息公开案"，最高人民法院（2019）最高法行申 11553 号行政裁定书；"朱宗明与成都市武侯区人民政府信息公开案"，最高人民法院（2020）最高法行申 13745 号行政裁定书。

机关发函请求协助检索[1]、具体说明检索时使用的数据库[2]等，后者则体现为提及人工询问、翻阅等具体方法[3]、明确检索关键词[4]等。结合学者主张，针对检索义务的审查应当重点关注以下四个问题：（1）检索范围的全面性；（2）检索时间的准确性；（3）检索方法的妥当性；（4）检索人员的工作态度是否认真。[5]

当然，针对"信息不存在"的各个举证环节，仍有其他话题在此处尚未讨论，如被告的告知义务和说明理由义务，但考虑到告知义务在实践中争议较少，可能出现的问题主要为超期未答复；而说明理由义务作为对原告所提出的初步线索的回应，其证明内容往往取决于原告主张的线索类型，一时难以抽象出固定的举证模式和标准，且本文篇幅有限，故不再展开讨论。

【后续影响及借鉴意义】

本案审结于 2021 年，系《政府信息公开条例》修订后最高人民法院审结的典型案件之一。通过该案，可以看出司法实践对立法有所回应，如强调行政机关的检索义务、告知义务的审查环节等。这较好地体现出《政府信息公开条例》的修订对"政府信息不存在"案件的审查起到了良好的指引效果。

此外，就信息不存在案件中一直广受争议的举证规则问题，本案的处理可以说基本延续了最高人民法院 101 号指导性案例提出的"被告举证检索义务→原告提供初步线索→被告进行新一轮举证"的审查思路，进一步在实务层面明确、强调了原、被告双方的举证责任分配和证据审查顺序，整体的裁判风格比较稳扎稳打，没有特别突出的创新之处，因此在实务界和理论界并没有引起较大的关注和争议。

---

[1] 参见"昝桂敏等诉北京市东城区人民政府信息公开案"，最高人民法院（2020）最高法行申 9949 号行政裁定书。

[2] 参见"杨再云与中华人民共和国自然资源部资源行政管理案"，最高人民法院（2020）最高法行申 14356 号行政裁定书。

[3] 参见"朱宗明与成都市武侯区人民政府信息公开案"，最高人民法院（2020）最高法行申 13748 号行政裁定书。

[4] 参见"贯景元与中华人民共和国自然资源部土地信息公开复议纠纷再审案"，最高人民法院（2020）最高法行申 2648 号行政裁定书。

[5] 参见王嘉贤："'政府信息不存在'的认定与审查"，载《行政法学研究》2021 年第 3 期。

　　但与此同时，通过此案，我们也能够看到立法本身的不足之处给审判实务带来的困扰，包括"信息不存在"的概念边界模糊、举证规则及证明标准不明等。例如，为了与"不属于本机关公开范围"案件相区分，"信息不存在"的认定应当以该行政机关具备公开职责为前提。本案中"河西区人民政府不属于制定主体"应当用于证明"信息不存在"吗？当法院要求原告方提供"初步线索"时，该"初步线索"的证明对象究竟应当是信息的客观存在，还是该特定机关制作保存相关信息的义务？本案的细节处理暴露出信息不存在案件的审查仍存在诸多未尽问题，一定意义上为后续此类案件的学理研究和裁判规则的完善指明了方向。

　　　　　　　　　　（指导老师：马允　中国政法大学法学院副教授）

案例十九　滥用政府信息公开申请权的审查

——金文博诉辽宁省大连市西岗区人民政府其他政府信息公开纠纷再审案

陈锦熠 *

【案例名称】

金文博诉辽宁省大连市西岗区人民政府其他政府信息公开纠纷再审案［最高人民法院（2020）最高法行再 321 号行政判决书］

【关键词】

政府信息公开　申请权　申请权滥用　诉权滥用　知情权

【基本案情】

辽宁省大连市中级人民法院一审查明的事实如下：金文博于 2016 年 11 月 25 日向大连市西岗区人民政府提出政府信息公开申请，申请公开"2013 年 8 月 9 日，西岗区人民政府向市国土局上报《大连市南部滨海大道东端桥隧建设工程房屋征收补偿方案研究意见的报告》依法申请市国土局组织相关专家论证的批复"。西岗区人民政府于 2017 年 1 月 4 日作出《大连市西岗区人民政府信息公开告知书》，答复称："根据《大连市关于政府信息依申请公开的规定》，同一申请人无正当理由重复申请公开同一政府信息的，行政机关可以不予受理。金文博申请的信息属于政府内部信息及公文，不属于依申请公开的政府信息。"金文博不服，提起本案诉讼。

* 作者简介：陈锦熠，中国政法大学中欧法学院宪法学与行政法学专业 2021 级硕士研究生。

一审法院认为，本案中，金文博所提出的众多政府信息公开申请具有以下两个明显特征：（1）申请次数众多；（2）所有申请中要求公开的内容都是围绕西岗区人民政府于2016年3月2日对其作出的西政补〔2016〕2号房屋征收补偿决定的证据、依据及作出的过程。而金文博已针对该补偿决定提起诉讼，金文博此次申请的大部分政府信息，西岗区人民政府已在该补偿决定案件中作为证据提供，该案正在辽宁省高级人民法院二审审理中。上述两个特征表明，金文博对已在审理过程中的行政争议，通过申请政府信息公开的方式，要求获取西岗区人民政府支持补偿决定的证据、事实依据等信息，实际上是对已在二审程序中的补偿决定提出质疑，已明显偏离政府信息公开的制度功能，不符合《政府信息公开条例》[1]保障社会公众获取政府信息的知情权的立法宗旨。"依法获取政府信息"的规定表明，申请获取政府信息必须按照法律规定的条件、程序和方式进行，必须符合立法宗旨，能够实现立法目的。金文博提起的包括本案在内的多起行政诉讼案件并不具有依法应予保护的诉讼利益，与行政诉讼法旨在保护公民、法人和其他组织合法权益的立法目的相悖，构成政府信息公开申请权及诉权的滥用。因此，金文博的起诉不符合诉讼法规定的条件，依法应予驳回。金文博不服，提起上诉。

　　二审法院认为，金文博申请政府信息公开实质上还是对征收补偿决定的合法性存在质疑，鉴于其已针对征收补偿决定提起行政诉讼，其本次诉讼已明显偏离政府信息公开的制度功能，不符合《政府信息公开条例》的立法宗旨。在西岗区人民政府作出被诉告知书后，金文博提起包括本案在内的多起政府信息公开行政诉讼案件，以期达到扩大影响、反映诉求的目的，这些诉讼并不具有依法应予保护的诉讼利益，原审法院裁定驳回金文博的起诉并无不当。二审法院裁定驳回上诉，维持原裁定。金文博不服，申请再审。

　　最高人民法院认为，金文博为了解其房屋被征收的相关情况向西岗区人民政府申请信息公开，具有保护其自身合法权益的目的，被诉告知书与其具有利害关系。根据《行政诉讼法》第2条第1款与第25条第1款之规定，金文博有权提起诉讼。根据一审法院已查明的事实，无法得出金文博长期恶意

---

〔1〕　本案一审、二审裁判文书中援引的《政府信息公开条例》均为2007年公布版本，本文简称为《政府信息公开条例》；对2019年修订的《政府信息公开条例》，本文简称《政府信息公开条例》（2019）。

反复提起大量诉讼的结论，一审法院裁定驳回金文博起诉所基于的事实不清、理由不充分。故一审裁定驳回起诉，二审裁定驳回上诉，维持原裁定，确有不当。

【裁判要旨】

审查当事人是否具有滥用政府信息公开申请权、是否具有滥用诉权的主观故意，应从当事人提起诉讼的数量、周期、目的以及是否具有正当利益等角度综合分析。根据案件事实，如果无法得出当事人长期恶意反复提起大量诉讼的结论，则不能认定系滥用政府信息公开申请权及诉权。

【裁判理由与论证】

本案经历一审、二审、再审，争议焦点主要集中在金文博是否具有"诉的利益"，以及金文博是否构成滥用政府信息公开申请权及诉权。对于这两个问题，最高人民法院和一审、二审法院持截然不同的态度。为解决争议问题，最高人民法院从金文博是否具有依法应予保护的诉讼利益，是否具有滥用政府信息公开申请权、滥用诉权的主观故意两个方面展开论述。

一、关于金文博是否具有依法应予保护的诉讼利益问题

在本案一审程序中，原告金文博诉称，被告大连市西岗区人民政府于2017年1月4日作出的《大连市西岗区人民政府信息公开告知书》侵犯、剥夺了原告的知情权，现诉至法院，请求判决撤销被告作出的《大连市西岗区人民政府信息公开告知书》，责令被告重新作出政府信息公开告知书。一审法院认为，金文博此次申请的大部分政府信息西岗区人民政府已在其提起的补偿决定案件中作为证据提供，金文博对已在审理过程中的行政争议，通过申请政府信息公开的方式，要求获取西岗区人民政府支持补偿决定的证据、事实依据等信息，实际上是对已在二审程序中的补偿决定提出质疑。金文博提起的包括本案在内的多起行政诉讼案件并不具有依法应予保护的诉讼利益。因此，根据《最高人民法院关于适用〈中华人民共和国行政诉讼法〉若干问题的解释》（2015）第3条第1款第10项的规定："有下列情形之一，已经立案的，应当裁定驳回起诉：……（十）不符合其他法定起诉条件的。"金文博

的起诉不符合诉讼法规定的条件，依法应予驳回。二审法院认为，在西岗区人民政府作出被诉告知书后，金文博提起包括本案在内的多起政府信息公开行政诉讼案件，以期达到扩大影响、反映诉求的目的，这些诉讼并不具有依法应予保护的诉讼利益，原审法院裁定驳回金文博的起诉并无不当。

再审法院认为："本案中，金文博为了解其房屋被征收的相关情况，向西岗区人民政府申请信息公开，故其提出本案信息公开具有保护其自身合法权益的目的。故被诉告知书与其具有利害关系。金文博针对被诉告知书提起本案诉讼，符合《行政诉讼法》第 2 条第 1 款与第 25 条第 1 款之规定，有权提起诉讼。"换言之，最高人民法院肯定了金文博为了解其房屋被征收的情况而提起政府信息公开行政诉讼案件，具有依法应予保护的诉讼利益。

二、关于滥用政府信息公开申请权、滥用诉权的主观故意认定问题

一、二审法院认为，金文博所提出的政府信息公开申请次数众多，并且所有申请中要求公开的内容都是围绕西岗区人民政府对其作出的西政补〔2016〕2 号房屋征收补偿决定的证据、依据及作出的过程，实际上是对已在二审程序中的补偿决定提出质疑，试图以政府信息公开之名扩大影响，向政府和法院施加压力，以期达到不正当目的，明显偏离政府信息公开的制度功能，构成政府信息公开申请权及诉权的滥用。

金文博申请再审称：其与申请公开的政府信息存在"三需要"关系。西岗区人民政府在房屋征收过程中，始终未公开涉诉信息。其申请信息公开的目的是搞清事实真相，监督政府依法行政，维护个人权益不受侵害。即使作为证据使用，亦符合法律规定。

再审法院认为："审查当事人是否具有滥用政府信息公开申请权、是否具有滥用诉权的主观故意，应从当事人提起诉讼的数量、周期、目的以及是否具有正当利益等角度综合分析。根据一审法院已查明的事实，无法得出金文博长期恶意反复提起大量诉讼的结论，一审法院裁定驳回金文博起诉所基于的事实不清、理由不充分。故一审裁定驳回起诉，二审裁定驳回上诉，维持原裁定，确有不当。"

综上，再审法院判决：（1）撤销辽宁省高级人民法院（2018）辽行终705 号行政裁定；（2）撤销辽宁省大连市中级人民法院（2017）辽 02 行初

119 号行政裁定；（3）指令辽宁省大连市中级人民法院审理本案。

【涉及的重要理论问题】

一、滥用政府信息公开申请权的认定标准

对于政府信息公开申请人的申请行为，行政机关及司法机关必须仔细研判其行为是属于合法行使《政府信息公开条例》（2019）规定的知情权，还是属于对申请权的滥用。对滥用政府信息公开申请权的认定标准，法律法规中未有明确规定，学界也未有统一观点。结合现有裁判案例和理论研究成果，对政府信息公开申请权滥用的认定主要可以从以下几个方面考察。

（一）主观目的是否合法以及是否具有正当利益

由《政府信息公开条例》（2019）第 1 条立法宗旨可见，受保护的申请动机应当是为了保障依法获取政府信息，提高政府工作的透明度，助力建设法治政府，或帮助发挥政府信息对人民群众生产、生活和经济社会活动的服务作用。《政府信息公开条例》（2019）虽去除了"三需要"这一法规范认可的正当用途，但并不禁止行政机关和法院对申请人的申请目的进行探究。如果申请人"以合法形式掩盖非法目的"，其申请则不在《政府信息公开条例》（2019）保护的范围之内。

如申请人的真实目的并不是获取其申请的政府信息，而是以政府信息公开为手段，试图解决其他纠纷，给行政机关施压以满足其与信息公开无关的诉求，或是借信息公开宣泄个人对政府机关的不满情绪，以制度为手段，带有恶意地反复多次向行政机关申请信息公开，甚至不断提起行政复议与行政诉讼，则其申请就会丧失保护基础；再如申请人基于"好奇""猜测""恶作剧"等主观心理，提起一系列缺乏正常理智人能理解的目的的申请，[1]则其申请是不正常的、缺乏合理性的，可能构成主观恶意。主观恶意的判断还可以结合政府信息公开申请的记载内容，如是否有侮辱、诽谤、中伤，以及其他挑衅性内容，以此窥见其主观目的是否合法。

---

[1] 参见王锡锌："滥用知情权的逻辑及展开"，载《法学研究》2017 年第 6 期。

不过需要注意的是，主观目的强调的是申请人主观上是否具有恶意，而不是其申请信息后的用途。例如，金文博与辽宁省大连市西岗区人民政府其他政府信息公开纠纷再审案（以下简称"金文博案"）中，金文博的申请目的是弄清西岗区人民政府在房屋征收过程中的房屋信息，为了"搞清事实真相，监督政府依法行政，维护个人权益不受侵害"，那么其主观目的则不带有恶意，其行为也具有正当利益。其在获得申请信息后即使作为证据使用，亦符合法律规定。

"金文博案"的判决书把"是否具有正当利益"列为审查当事人是否具有滥用政府信息公开申请权与诉权的主观故意的一项要素，在《政府信息公开条例》（2019）去除"三需要"要求的情况下，这一要素显得尤为重要。"正当利益"排除了希望谋求非法利益的申请要求，是对申请权的限缩，也是对具有合法利益申请人的保护。具有正当利益的同时也是对目的合法的佐证。

行政机关和法院在判断申请人主观目的是否合法时，应当结合其行为方式以及其是否有正当利益，综合判断其申请动机，探究其本意。对其主观目的的判断也应持谨慎的态度，如果以动机非法拒绝申请人的申请，应当说明判断理由并给予申请人陈述申辩的机会，避免裁量权滥用，防止以偏概全。

（二）申请次数是否多或频繁

《政府信息公开条例》（2019）第 35 条规定，申请人申请公开政府信息的数量、频次明显超过合理范围，行政机关可以要求申请人说明理由。然而"合理范围"的边界究竟为何，纵观条例也未有明确规定。陆红霞诉南通市发改委政府信息公开案（以下简称"陆红霞案"）、"金文博案"裁判要旨中也未对"数量""周期""反复多次"作出清晰界定。在中国裁判文书网上搜索"滥用政府信息公开申请权"，检索到的案例中申请次数少则 11 次、15 次，多则 4634 次、239 次，也有"多次"此种含糊表述。[1]

由于对申请次数"多"或"频繁"并没有统一的标准，行政机关和法院在判断时就需要结合实际情况就具体案例作具体分析，如同一申请人是否在一段时间内向一个或多个行政机关反复就相同或类似事项申请公开，或一次

---

〔1〕　截至 2022 年 5 月 5 日，在中国裁判文书网搜索"滥用政府信息公开申请权"，共检索到文书 549 篇，通过对案例的整理得出上述数据。

性大批量地申请政府信息公开，或长时间申请与特定目的无关的政府信息，或其他有违常理的申请行为。[1]值得留意的是，对于两个及以上申请人基于共同故意，在事前约定向同一或不同行政机关大量、重复提交信息公开申请的行为，也应当考虑认定为申请次数多或频繁。不过对此种情况必须持更加谨慎的态度，法官也应当就关联性尽说明义务。[2]

此外需要注意，多次申请或频繁申请并不必然被判定为滥用信息公开申请权，行政机关和法院应当区分申请人心态是积极理性抑或带有恶意，不能仅凭其申请次数就判定其滥用申请权。

（三）申请内容是否合理

对申请行为滥用的认定需要结合申请内容，几种常见的不合理申请内容有：

1. 申请不可能存在的信息

申请人申请公开的应该是客观存在的，而那些不具有存在可能性的，基于幻觉的或迷信的、古怪的信息则不可能也不应该收到回复。例如，Marino诉美国中央情报局案中，申请人Marino要求政府公开信息，声称"政府在他的大脑和身体里安装了电子芯片，以控制他的思维"。美国中央情报局认为这种申请是纠缠性申请。[3]还有申请公开外星人攻击地球的信息、申请公开灵异事件信息等，都是带有消遣意味、浪费公共资源的申请行为。

2. 申请明知不属于政府信息范畴的信息

"明知"包括按客观常理可知不属于政府信息范畴，也包括经行政机关释明后知晓不属于政府信息。对"明知"的判断应当以普通人一般智识与经验水平为基准，同时需要结合事实推测其是否明知。在已经告知其申请信息不属于政府信息的情况下，行政机关可以不再回复，但保留申请人提起行政复议、行政诉讼的权利。

---

〔1〕 参见程啸："《政府信息公开条例》的修改"，载《国家检察官学院学报》2016年第3期。

〔2〕《英国信息自由法》第12条第4款规定，多人共同造成的答复总成本均算作其中每一人所造成的行政负担，参见于文豪、吕富生："何为滥用政府信息公开申请权——以既有裁判文书为对象的分析"，载《行政法学研究》2018年第5期。

〔3〕 Marino v. CIA, No. 11 - 813, 2012 WL 4482986（D. D. C. Sept. 28, 2012）.

3. 坚持申请已主动公开的政府信息

申请人申请已主动公开的信息时，行政机关应当告知申请人获取该政府信息的方式、途径。当申请人获悉获取该信息的方式、途径后仍坚持提出信息公开申请，可构成对政府信息公开申请权的滥用。而若申请人向行政机关申请的是应当公开却未公开的政府信息，行政机关拒绝答复或逾期不答复，申请人则可以提起行政复议或行政诉讼，不属于滥用政府信息公开申请权。

4. 申请公开的信息不明确且拒绝补正

当申请内容不明确时，行政机关有权要求申请人对申请内容具体化、明确化，有权要求其更改、补充。但若申请人对这些要求置之不理，甚至故意刁难，则可以推断其目的并不在于获取政府信息，而是额外增加政府负担，消耗公共资源，此时则可以认定其为滥用政府信息公开权。值得注意的是，《政府信息公开条例》（2019）规定政府信息公开申请内容不明确的，行政机关应当给予指导和释明，而不应该以申请不明确为由直接拒绝申请人的申请，更不可不经释明就将申请人数次不明确的申请行为认定为滥用。

（四）申请人是否"恣意"穷尽救济程序

在政府信息公开案例中，部分申请人在提交申请后，不论其申请内容是否合理，也不论被申请机关回复是否合法，甚至在明知复议机关和法院不会支持其请求的情况下，仍提起行政复议和诉讼。也有部分申请人申请政府信息公开意不在行使知情权，在申请政府信息公开后即刻提起行政诉讼，一套"组合拳"意在给行政机关与法院加压。毫无意义地空转司法救济程序，是对公共资源的滥用与损耗。申请人的"恣意"穷尽救济程序行为可以辅证判断其滥用政府信息公开申请权。在进入司法程序后，法院应当结合其是否具有"诉的利益"，决定是否驳回起诉。

（五）申请行为是否产生严重损害后果

申请政府信息公开不可避免地会消耗政府公共资源，如果申请人的申请行为停留在行政机关可以忍受的合理范围内，则不应当认定其构成权利滥用；而当政府信息公开申请行为超过正当行使知情权的必要界限之时，就会导致公共资源的过度消耗，甚至对行政机关的正常工作造成严重阻碍，此时则应当认定成立滥用行为。

对损害后果的认定，有学者认为应当从政府公共资源的配置上来看，不管申请者在主观上是否有恶意，只要其对政府资源的索取与效用不成比例，即可认定为滥用行为。[1]"结果论"导向从经济利益强调权利行使成本与收益的合比例性，却也在一定程度上忽视了申请人的主观与行为方式因素，容易演变为行政机关的"挡箭牌"，在申请人仅加重行政负担时便用来"拦截"申请人的申请。《日本信息公开法审查基准》规定，滥用行为是否成立的认定，需结合申请的方式、对公务机构正常开展工作所造成的妨碍和在公众中产生的不良影响这三方面，判断是否超出了社会所能容忍的范围。[2]对申请行为是否产生严重损害后果的判定不应片面看其是否加重社会负担，而应该结合其主观与行为方式，并以其造成损害是否超出行政机关与公众所不能容忍的范围为标准，综合判断其是否构成申请权滥用。

二、滥用政府信息公开申请权的裁量及证明责任的分配

行政机关对认定申请人滥用信息公开申请权有裁量的权利与义务。一方面，行政机关需要保护公共资源，防止正常行政公务被扰乱，而另一方面，行政机关应当保障公民的知情权。在二者冲突之时，行政机关应当作出裁量，关键就在于判断申请人是正常的申请行为还是滥用信息公开申请权。

由于我国并没有建立政府信息公开申请权滥用的统一认定标准，行政机关没有精准的、有限制性的分析框架加以约束，认定申请权滥用的权利就很容易被滥用。如果行政机关或行政人员裁量权力过大，就会对申请人的权利造成难以弥补的损害。例如，根据 2010 年《澳大利亚信息公开法》的规定，信息专员有权基于自身判断或者其他行政机关工作人员的申请，认定某申请人为"纠缠申请人"。但是由于政府裁量权的扩张，政府权利被滥用，很多正当行使知情权的申请人申请被无故驳回。权衡之下，澳大利亚于 2014 年取消

---

〔1〕 参见于文豪、吕富生："何为滥用政府信息公开申请权——以既有裁判文书为对象的分析"，载《行政法学研究》2018 年第 5 期。

〔2〕 参见吕艳滨："日本对滥用政府信息公开申请权的规制与启示"，载《人人文库》，http://www.doczj.com/doc/d616317992.html，最后访问日期：2022 年 5 月 7 日。

了信息专员认定纠缠申请人的权力。[1]而日本虽然在国家层面的制定审查标准十分抽象模糊，仅规定行政机关可以从申请的形态、目的以及对政府机关正常工作的影响程度判断，但日本地方公共团体却制定了具体的标准，如《箕面市信息公开条例的解释与运用》（2013年修订版）规定了滥用政府信息公开申请权的情形：第一，从申请目的及理由判断申请人是否存在恶意；第二，申请公开的政府信息数量巨大，且申请目的不明确，背离立法目的；第三，申请人未适当行使申请权，如不配合行政机关的告知工作、在被告知后接连不断提出新申请；第四，不当使用所申请到的信息。[2]我国应当尽快建立限制性信息公开申请认定标准，一方面对滥用行为构成要件精准规定，提供分析标准；另一方面对滥用行为进行类型化，如引入欧洲一些国家的"纠缠性申请"概念，由此帮助行政机关更精确地衡量，也防止行政机关以滥用申请认定为"护身符"。

当行政机关作出对申请人不利的滥用认定时，行政机关应当负有证明责任，即承担举证责任及说明理由的义务。如果申请人对滥用认定结果不服，可以申请行政复议或行政诉讼。这有利于行政机关在说理过程中审视其裁定合理性，防止其毫无顾虑地滥用裁量权，也有利于申请人反思、纠正其申请行为，或者在不服决定时有针对性地辩护。要求行政机关承担证明责任，是对行政机关自由裁量权的约束，有助于平衡申请权与行政机构裁量权。对于此种符合行政法治权责统一原则的举证责任制度安排，国外一些国家也有一定实践。例如，英国行政机构在享有认定"无理纠缠"申请的权利同时，还需要遵守说明理由、提供证据加以证明的法定程序义务。行政机关对滥用政府信息公开申请权认定应当负有举证责任，以此对行政机关裁量权加上一层限制的"防护栏"。

三、政府信息公开诉讼中"诉的利益"之阐明

"金文博案"中，一、二审法院与最高人民法院对金文博是否具有"诉的

---

〔1〕　参见王学栋、赵小静："滥用政府信息公开申请权行为的法律规制——兼论国外实践对中国的启示"，载《中国石油大学学报（社会科学版）》2018年第1期。

〔2〕　参见《箕面市信息公开条例的解释与运用》（2013年修订版），https://www.doc88.com/p-073840150412.html，最后访问日期：2022年5月3日。

利益"提出了不同看法。"诉的利益"源于民事诉讼理论，通常从以下三个方面加以判断：（1）请求的内容是否适合作为审判的对象（诉讼对象的问题）；（2）当事人对于请求是否具有正当的利益（当事人适格的问题）；（3）从周围情况看，是否存在足以使法院对请求作出判断的具体实际利益（具体利益或者必要性的问题）。[1]在政府信息公开案件中，"诉的利益"应当指公民、法人或其他组织所拥有的，在申请获取政府信息过程中，其具有正当保护基础的知情权受到现实损害，且确有必要、能够实效运用政府信息公开诉讼实现其诉权体现出的正当利益。[2]

政府信息公开诉讼中"诉的利益"之成立需要满足必要性、实效性与正义性要素。"必要性"要求行政机关的行为对申请人的利益造成了损害。如在一些案件中，有证据反证申请人对所申请的信息"明知故问"，或者已获取行政机关给予的信息却依旧反复提出申请，则其不存在利益损害，不具有"诉的利益"。"实效性"是指政府信息公开诉讼是为了保障公民知情权，启动政府信息公开之诉必须旨在解决本诉之争；又或者因存在其他直接救济途径，而不成立诉的利益。例如，在拆迁类案件中，部分申请人提起政府信息公开之诉旨在为其拆迁诉讼"造势"，而不是单纯为了获得政府信息，其诉讼目的的本质并不是保障知情权，因此不具有诉的利益；又如，"对政府信息的合法性质疑"与"政府信息知情权"是迥乎不同的法律关系，若对政府信息本身的合法性存在质疑，可以直接对该行为提起诉讼，而不应该借政府信息公开诉讼之壳解决纷争。"正当性"要素指法院必须衡量原告利益和行政资源、原告利益和司法资源。申请人以极低成本启动政府信息公开之诉，其造成的行政资源与司法资源损耗成本却由全体纳税人承担，不具有正当目的的诉讼请求为正当性要素所排斥。[3]

在司法实践中，许多法院通过认定不存在"诉的利益"即认定滥诉，阻

---

〔1〕 参见［日］原田尚彦：《诉的利益》，石龙潭译，中国政法大学出版社2014年版，第2页。

〔2〕 参见刘平："谨慎地拒绝：政府信息公开之诉权滥用及立法规制——以'诉的利益'为内核破局"，载《尊重司法规律与刑事法律适用研究（上）——全国法院第27届学术讨论会获奖论文集》，人民法院出版社2016年版。

〔3〕 参见刘平："谨慎地拒绝：政府信息公开之诉权滥用及立法规制——以'诉的利益'为内核破局"，载《尊重司法规律与刑事法律适用研究（上）——全国法院第27届学术讨论会获奖论文集》，人民法院出版社2016年版。

断政府信息公开申请滥用行为向司法领域蔓延，过分抬高"诉的利益"可能导致错误认识司法权与行政权定位。司法权的定位包括审查是否有必要开启司法救济，审查诉权行使正当性是其应有之义，但在此过程中也需要提防混淆"诉的利益及滥诉认定"与"滥用申请权之认定"。行政机关对于公民是否正当行使政府信息公开申请权的判断及相应答复，属于行政行为，需要司法进行实体审查，公民滥用申请权的行为并不一定导致滥用诉权的结果，二者是不同层面的问题。[1]法院在审理时不应过分依赖"诉的利益"审查，简单粗暴地认定滥用申请权，将申请人拒之门外。

四、对申请权滥用认定的司法审查

在政府信息公开申请权滥用问题上，司法机关应当实现的最大救济功能是对申请权滥用认定的司法审查。就这一问题而言，应当明确司法审查是对行政机关首次判断权的二次检查，明晰司法审查的标准要素，并且在合法性判断之上考虑合理性评价。

基于对行政机关的首次判断权及自由裁量权的尊重，也基于对行政机关专业性的信赖，由行政机关搜集证据，证明申请人具有滥用倾向是合理的。[2]法院应当在行政机关的首次判断基础之上展开中立审查，对行政机关的认定行为进行监督。也正是由于司法机关的审查与行政机关的认定在根源理论上存在差别，司法机关的审查不应该"重复"行政机关的认定，而应当进一步细化合法性与合理性判断规则。

就审查标准而言，我国目前并没有对审查申请权作出明确的标准规定，即使通过"陆红霞案""金文博案"等典型案例，确立起"从当事人提起诉讼的数量、周期、目的以及是否具有正当利益等"判断的要素，依旧不足以明晰如何审查申请权滥用案件。对这一问题，应当建立更为明确的判断标准，对具体的滥用情形予以列举，使司法审查更具实操性。

在建立判断标准基础之上，应当明确利益衡量原则，调和公益上的必要和私人权利的需要，防止"对禁止权利滥用权利的滥用"。可以引入比例原则

---

〔1〕　参见江悦："论政府信息公开申请权滥用的法律规制"，中国社会科学院研究生院 2019 年博士学位论文。

〔2〕　参见王锡锌："滥用知情权的逻辑及展开"，载《法学研究》2017 年第 6 期。

的"适当性、必要性和均衡性"三步骤予以审查，以此判断行政机关的行为是否恰当。

【后续影响及借鉴意义】

本案历经一审、二审，由最高人民法院提审并作出判决，判决中指出"审查当事人是否具有滥用政府信息公开申请权、是否具有滥用诉权的主观故意，应从当事人提起诉讼的数量、周期、目的以及是否具有正当利益等角度综合分析"，为判定政府信息公开申请人是否滥用申请权提供了指导意见，一定程度上弥补了《政府信息公开条例》对滥用申请权认定标准的缺位。

最高人民法院对"金文博案"作出判决后，西安高新区法制办[1]、海城市人民政府[2]等多个单位纷纷制作推送学习最高人民法院判例，对本案裁判要旨、法院判决、法律参考组织学习。"金文博案"在多篇学术论文中被引用，引发了大量讨论，为政府信息申请权的乱用问题提供了研究素材。行政法实务[3]、法治政府研究院[4]等公众号也纷纷转发最高人民法院裁判文书，进一步扩大了该案的影响。

相较于"陆红霞案"所确立的"申请次数众多、申请内容多有重复、申请公开的内容包罗万象、部分申请目的明显不符合《政府信息公开条例》规定"这四项认定申请人主观存在滥用信息公开申请权恶意的原则，"金文博案"增加了"是否具有正当利益"这一项考量因素，排除了不具有诉讼利益申请人行为的同时，也肯定了以"存在正当利益"作为提起申请的辩护理由，尤其是在《政府信息公开条例》（2019）去除了"三需要"门槛的情况下，

---

〔1〕 参见"最高法判例：如何审查当事人是否具有滥用政府信息公开申请权及诉权的主观故意"，https://www.meipian.cn/3bf24t94，最后访问日期：2022 年 3 月 25 日。

〔2〕 参见"最高人民法院判决：对是否滥用政府信息公开申请权及诉权的审查认定——金文博诉西岗区人民政府政府信息公开告知案"，https://www.sohu.com/a/448312308_120206204，最后访问日期：2022 年 3 月 25 日。

〔3〕 "最高人民法院判例：当事人是否滥用政府信息公开申请权的审查认定——金文博诉西岗区人民政府政府信息公开告知案"，https://mp.weixin.qq.com/s/Cdo2e_PZccRNNzl7HAe-AA，最后访问日期：2022 年 3 月 26 日。

〔4〕 "案例：当事人是否滥用政府信息公开申请权的审查认定——金文博诉西岗区人民政府政府信息公开告知案"，https://mp.weixin.qq.com/s/vhQ1_p46E5PqhyqLRRpWtw，最后访问日期：2022 年 3 月 26 日。

是否具有正当利益也许能成为否认政府信息公开申请权滥用的重要支持。最高人民法院同时指出要多角度综合分析，是对司法实践中政府信息公开申请权滥用认定标准的进一步思考，提醒司法机关在面对纷繁复杂的个案时具体问题具体分析。

　　规制政府信息公开申请权滥用行为需要平衡好规制申请权滥用与规制行政自由裁量权滥用的关系，既不能设置严苛条件制约公民知情权，为行政机关滥用行政自由裁量权大开其门，也不能作鲜少限制，任由申请人恣意滥用权利，干扰行政机关正常工作。对政府信息公开申请权滥用标准仍然需要更明确的规定，不仅是通过法律法规抑或案例指导防止行政机关滥用裁量权的规尺，也是提醒申请人不要滥用申请权的红线。

（指导老师：罗智敏　中国政法大学法学院教授）

案例二十　信息公开申请与信访行为的认定
——袁吉明诉江苏省人民政府信息公开案

周玉莲 *

【案例名称】

袁吉明诉江苏省人民政府信息公开案［江苏省扬州市中级人民法院（2015）扬行初字第00022号行政判决书、江苏省高级人民法院（2016）苏行终229号行政判决书、最高人民法院（2017）最高法行申17号行政裁定书］

【关键词】

政府信息公开　信访行为　信访可诉性

【基本案情】

江苏省扬州市中级人民法院一审查明的事实如下：2014年5月7日，袁吉明向省政府原法定代表人李学勇省长邮寄了一份《再给江苏省人民政府的征地、用地、绿化补偿等信息公开申请函》（以下简称《申请函》），要求公开国家在其生产组连征带用200余亩土地各项补偿信息及征地补偿费发放、使用情况。省政府于2014年5月8日收到该信件后，将该信件作为信访信件最终转至江都区宜陵镇信访部门处理。2014年5月20日，袁吉明向江苏省高级人民法院提起诉讼，江苏省高级人民法院于同日作出（2014）苏行立督字第0056号《督办函》，将该起诉移送扬州市中级人民法院审查处理。2014年

---

　* 作者简介：周玉莲，中国政法大学法学院宪法学与行政法学专业2022级硕士研究生。

6 月 19 日，袁吉明向扬州市中级人民法院提交了补正的《行政起诉书》，要求确认江苏省人民政府行政不作为，责令其依法行政，公开国家建设扬泰机场路征地、用地、绿化补偿等信息，并对苏政法（2005）125 号文转发文件第 285 页、第 286 页相关条款进行审查。2014 年 8 月 27 日，扬州市中级人民法院作出（2014）扬行初字第 00018 号行政判决，驳回袁吉明的诉讼请求。袁吉明不服，向江苏省高级人民法院提起上诉。江苏省高级人民法院于 2015 年 1 月 13 日作出（2014）苏行终字第 000183 号行政裁定，以扬州市中级人民法院遗漏袁吉明起诉省政府不履行信息公开法定职责的诉讼请求为由，裁定撤销（2014）扬行初字第 00018 号行政判决，发回重审。扬州市中级人民法院重审后，认为袁吉明的《申请函》具有明显的向省政府原法定代表人李学勇省长反映相关问题并寻求解决的信访性质，最终判决驳回其诉讼请求。袁吉明不服，向江苏省高级人民法院上诉。

江苏省高级人民法院二审判决认为，根据袁吉明在起诉状中列举的诉讼请求，并结合生效的（2014）苏行终字第 000183 号行政裁定，应确定袁吉明在本案中的诉讼请求为要求江苏省人民政府履行政府信息公开法定职责。在袁吉明邮寄给李学勇省长的《申请函》中，袁吉明虽然要求"真诚、主动、准确公开国家在其生产组连征带用 200 余亩土地各项补偿信息及征地补偿费发放、使用情况"，但根源则是袁吉明陆续写信给镇政府、区政府、市政府以征地、用地、绿化补偿款信息的公开和补偿费发放、使用情况且未收到答复为由。而根据生效的（2014）苏行终字第 000183 号行政裁定认定的事实，有关机关已经向袁吉明公开了其所申请的信息。因此，袁吉明再次通过书信，向江苏省人民政府反映情况、请求江苏省人民政府督促下级机关对其诉请作出处理的行为应当认定为信访事项。在此情况下，江苏省人民政府将袁吉明写给李学勇的《申请函》转交有关机关处理，并不存在不履行政府信息公开法定职责的情形。江苏省高级人民法院判决驳回上诉，维持一审判决。

袁吉明对二审判决不服，向最高人民法院申请再审。

【裁判要旨】

一、政府信息公开申请须符合法定形式

《政府信息公开条例》[1]第4条规定："各级人民政府及县级以上人民政府部门应当建立健全本行政机关的政府信息公开工作制度，并指定机构（统称政府信息公开工作机构）负责本行政机关政府信息公开的日常工作。"第19条还规定："行政机关应当编制、公布政府信息公开指南和政府信息公开目录，并及时更新。政府信息公开指南，应当包括政府信息的分类、编排体系、获取方式，政府信息公开工作机构的名称、办公地址、办公时间、联系电话、传真号码、电子邮箱等内容。"

《江苏省政府办公厅信息公开指南》（2019年公布版，以下简称《信息公开指南》）明确规定，省政府办公厅负责向社会主动公开省政府以及省政府办公厅的政府信息，具体受理机构是江苏省人民政府办公厅政府信息公开办公室。《信息公开指南》还对依申请公开的事项作了进一步规定，公民、法人和其他组织需要江苏省人民政府主动公开内容以外的政府信息，可以通过互联网（网上申请平台、电子邮箱）、信函、传真等途径申请获取相关政府信息，并详细描述了通过互联网提出申请的申请人，可以在"中国江苏"政府门户网站网上申请平台直接填写并提交，也可以填写电子版《申请表》后，通过电子邮件方式发送至受理机构电子邮箱。对于申请人书面申请的，《信息公开指南》对申请形式也提出了明确的要求和指引，申请人通过信函方式提出申请的，要在信封左下角注明"政府信息公开申请"的字样，邮寄至江苏省人民政府办公厅政府信息公开办公室。申请人通过传真方式提出申请的，要相应注明"政府信息公开申请"的字样，传真至江苏省人民政府办公厅政府信息公开办公室所指定的电话号码。由此可见，公民、法人或者其他组织向有关机构申请政府信息公开，应按照《信息公开指南》的要求和指引，按照统一的样式向指定机构提出。

---

[1] 本案历审裁判文书中援引的《政府信息公开条例》均为2007年公布版本，本文简称为《政府信息公开条例》；对2019年修订的《政府信息公开条例》，本文简称为《政府信息公开条例》（2019）。

二、政府信息由制作或保存该信息的行政机关负责公开

《政府信息公开条例》第17条指出："行政机关制作的政府信息，由制作该政府信息的行政机关负责公开；行政机关从公民、法人或者其他组织获取的政府信息，由保存该政府信息的行政机关负责公开。法律、法规对政府信息公开的权限另有规定的，从其规定。"由此可见，制作或保存政府信息的行政机关负有公开政府信息的法定职责。

三、信访行为不属于行政诉讼受案范围

《行政诉讼法》[1]第2条规定："公民、法人或者其他组织认为行政机关和行政机关工作人员侵犯其合法权益，有权依照本法向人民法院提起诉讼。"对于具有信访性质的政府信息公开申请，其诉讼请求不具有权利保护的必要性，不属于行政诉讼的受案范围。

【裁判理由与论证】

最高人民法院在再审裁定中指出，本案争议焦点为江苏省人民政府将袁吉明邮寄给李学勇省长的《申请函》作为信访件处理的行为是否合法。围绕上述问题，最高人民法院依次论证了"邮寄信件不符合信息公开申请的法定形式""省政府不存在公开政府信息的法定职责""袁吉明邮寄信件行为属于信访行为且不属于行政诉讼受案范围"三个问题，最终得出省政府行为合法的结论。

一、向行政机关法定代表人邮寄信件不符合政府信息公开法定申请形式

最高人民法院指出："江苏省人民政府已经建立健全了政府信息公开工作制度，在此情况下，公民、法人或其他组织向江苏省人民政府申请政府信息公开，应按照《信息公开指南》的要求和指引，按照统一的样式向江苏省人民政府办公厅政府信息公开办公室提出。"案件再审申请人袁吉明向时任江苏省人民政府法定代表人的李学勇写信反映下级行政机关未依法公开其申请的

---

[1]　本案历审裁判文书中援引的《行政诉讼法》均为2014年公布版本；对2017年修订的《行政诉讼法》，本文称为《行政诉讼法》（2017）。

信息的行为并不符合政府信息公开申请的形式要件，且其信件未向《政府信息公开条例》和《信息公开指南》规定的受理机构提出，因此"江苏省人民政府未将其视为政府信息公开申请，而是作为信访进行处理的行为，不违反法律法规的规定"。

二、省政府不负有公开该政府信息的职责

依据《政府信息公开条例》的规定，最高人民法院指出应当由制作或保存政府信息的行政机关负责公开政府信息，而江苏省人民政府并非"机场高速路征地、用地及道路两边绿化补偿等信息"制作或保存的行政主体，因此江苏省人民政府不具有公开上述信息的职责和义务。

三、当事人行为属于信访行为

在本案二审中，双方当事人围绕袁吉明寄送《申请函》属于信访行为还是要求公开政府信息进行了辩论，江苏省高级人民法院认为："根据生效的（2014）苏行终字第000183号行政裁定认定的事实，有关机关已经对上诉人袁吉明申请公开的信息作出了处理，袁吉明实际上已获取了上述信息。因此，在上诉人袁吉明的请求得到处理后，其再次通过书信，向被上诉人省政府反映情况，请求省政府督促下级机关对其诉请作出处理，应当认定为信访事项。"由此，江苏省高级人民法维持一审判决。

最高人民法院对此问题，主要从以下两点来区分信息公开申请与信访行为：其一，袁吉明写信的方式不符合政府信息公开申请形式要件；其二，袁吉明未依法向政府信息公开工作机构提出申请。因此，最高人民法院认定再审申请人袁吉明的行为属于信访行为而非信息公开申请，并且在此基础上指出信访行为不属于行政诉讼的受案范围，"人民法院应直接裁定不予立案或径行裁定驳回起诉，而不宜作为政府信息公开案件立案并审理，以节约行政和司法资源。鉴于本案一、二审法院已经立案并已经实体审理后作出驳回诉讼请求判决，为避免诉累，对原一、二审判决，本院不予改判"。

【涉及的重要理论问题】

本案中，袁吉明信件中虽然提到"真诚、主动、准确公开国家在其生产

组连征带用 200 亩土地各项补偿信息及征地补偿费发放、使用情况"，表面诉求似乎为申请公开相关政府信息，但由于不具备法定申请形式、实际已获取相关信息而重复申请等因素，最高人民法院最终将其行为认定为信访行为，且最高人民法院认为该类信访行为不属于行政诉讼受案范围，不应当受理。表面为政府信息公开申请，在实质上如何区分信息公开申请与信访行为以及以信息公开形式进行的信访相关行为是否具有可诉性是本案中值得讨论的两大理论问题。

一、政府信息公开申请与信访行为的区分认定

在实践中，存在相对人以申请政府信息公开来实现信访目的的情况，《信访条例》[1]第 2 条第 1 款规定："本条例所称信访，是指公民、法人或者其他组织采用书信、电子邮件、传真、电话、走访等形式，向各级人民政府、县级以上人民政府工作部门反映情况，提出建议、意见或者投诉请求，依法由有关行政机关处理的活动。"而政府信息公开申请是指相对人以书面或口头方式向相关行政机关申请公开某项政府信息的活动。政府信息公开申请与信访行为的区分认定可以大致从申请形式与申请实质内容两个方面来展开讨论。

（一）申请形式

《信访条例》第 2 条规定，信访人可以采取书信、电子邮件、传真、电话、走访等形式，提交信访诉求的对象可以是各级人民政府、县级以上人民政府工作部门；第 9 条第 1 款规定："各级人民政府、县级以上人民政府工作部门应当向社会公布信访工作机构的通信地址、电子信箱、投诉电话、信访接待的时间和地点、查询信访事项处理进展及结果的方式等相关事宜。"《信访工作条例》第 17 条规定，公民、法人或者其他组织可以采用信息网络、书信、电话、传真、走访等形式，向各级机关、单位反映情况，提出建议、意见或者投诉请求。

《政府信息公开条例》第 20 条第 1 款规定，政府信息公开申请以书面形式提出，特殊情况下可口头提出，但未列举出书面的具体方式；《政府信息公

---

〔1〕《信访条例》2005 年公布，现已失效。

开条例》（2019）第 29 条第 1 款表明，公民、法人或其他组织申请获取政府信息的，原则上以书面形式提交申请，确有困难的可以采用口头形式，且明确书面形式包括信件、数据电文。但以上两个公布版本中第 4 条均规定，各级人民政府及县级以上人民政府部门应当建立健全本行政机关的政府信息公开制度，其中明确了组织编制政府信息公开指南等为信息公开机构的职责，各地方行政机关应当以该种方式对信息公开申请形式加以明确。以江苏省人民政府为例，《信息公开指南》明确规定了申请人可以通过当面申请、邮政寄送申请、政府网站申请、传真申请四种方式向政府部门提出申请，申请对象应当为负责公开该政府信息的行政机关，"申请的政府信息并不属于本机关负责公开的，告知申请人并说明理由。如能确定负责公开该政府信息的行政机关的，告知申请人该行政机关的名称、联系方式"。因此，政府信息公开申请应当依据地方信息公开指南的规定，以法定形式提出，但在申请政府信息公开时，若申请对象发生错误，在能确定申请对象时，行政机关有义务告知申请人正确的申请对象。

比较两者可以看出，信访行为在申请形式及提出对象上并无严格规定，申请形式并无法定要求；而政府信息公开申请则应当以法定形式提出，并且应当向相应的政府机构提出。从申请形式上来看，非以法定形式提出的申请不符合政府信息公开的要求，但政府信息公开申请方式与信访行为的提出方式存在高度的重合性，因此单以申请形式不足以区分政府信息公开申请与信访行为，仍需进一步判断申请的实质内容。

（二）申请内容

《政府信息公开条例》（2019）第 29 条第 2 款规定："政府信息公开申请应当包括下列内容：（一）申请人的姓名或者名称、身份证明、联系方式；（二）申请公开的政府信息的名称、文号或者便于行政机关查询的其他特殊性描述；（三）申请公开的政府信息的形式要求，包括获取信息的方式、途径。"简言之，信息公开申请的内容应当包括申请人身份信息、申请内容及形式要求。《信访工作条例》第 19 条规定，信访人一般应当采用书面形式提出信访事项，并载明其姓名（名称）、住址和请求、事实、理由，即信访申请应包含信访人的身份信息及信访诉求。对比以上可以发现，信息公开申请与信访申请的最主要区别在于，前者为申请人要求行政机关公开某项已存在的政府信息，申请人无须为此说明理由，而后者为信访人要求行政机关满足其某项诉求，信访人在申请中需要陈述事实及理由。

在制度功能定位上，相较于政府信息公开制度保障公民知情权、监督公权力行使等功能，信访制度还具有纠纷解决的功能，该点一定程度上也决定了政府信息公开申请与信访申请内容的差异。目前，虽然学界对于信访制度发挥的功能虽然存在不同的表述，但是普遍认同信访制度发挥了政治参与、信息传达、权力监督、纠纷解决等实然功能。有学者不赞成信访应具有解决纠纷的功能，但在实然层面，人民也将信访视为解决其纠纷、救济其权力的一种途径。[1]

在判断某申请属于政府信息公开申请或信访申请时，除参考申请形式外，申请人是否要求行政机关解决纠纷、满足其诉求，可以作为重要的判断因素。申请人向行政机关申请政府信息公开，有关行政机关应当依法履行公开职责，但不负有解决相关纠纷的义务，且根据《政府信息公开条例》（2019）第36条的规定："行政机关已就申请人提出的政府信息公开申请作出答复、申请人重复申请公开相同政府信息的，告知申请人不予重复处理。"在具体案件中，负有信息公开职责的行政机构已经履行信息公开义务或者相对人已经实际获得相关政府信息的，相对人仍重复申请信息公开，如"袁吉明诉江苏省人民政府信息公开案"中的相对人已实际获得申请公开的政府信息而重复申请，并在信件中表明其投诉意向，在此情况下应当认定为信访行为而非政府信息公开申请。

（三）信息公开申请的补正程序

信访行为与信息公开申请在申请内容和形式上存在一定的差异，信息公开申请需要满足法定的内容和形式要求。值得一提的是，对于不满足法定内容或形式要求的信息公开申请，申请人可以通过补正程序使其成为有效的申请。国务院办公厅出台了《国务院办公厅政府信息与政务公开办公室关于政府信息公开期限有关问题的解释》[2]，对政府信息申请补正的程序及补正期

---

〔1〕　苏琳："重构信访作为纠纷解决机制的功能"，载《牡丹江大学学报》2022年第6期。

〔2〕　国办公开办函〔2015〕207号。

限等问题进行了规定；《政府信息公开条例》（2019）规定了信息公开申请的补正程序，在信息公开申请不满足法定要求时，申请人可以在合理期限内作出补正。

信息公开申请的补正程序是行政机关基于申请书内容的审查而作出的一种程序处置，是一种中间阶段的行为，不属于最终的行政决定，不会对相对人的权利、义务产生实质的影响。然而，不满足信息公开申请法定形式或内容要求的行为，通过补正程序能否被认定为有效的信息公开申请，亦是区分政府信息公开申请与信访行为需要考虑的因素。

在政府信息公开申请的内容上，《政府信息公开条例》（2019）第 30 条规定："政府信息公开申请内容不明确的，行政机关应当给予指导和释明，并自收到申请之日起 7 个工作日内一次性告知申请人作出补正，说明需要补正的事项和合理的补正期限。答复期限自行政机关收到补正的申请之日起计算。申请人无正当理由逾期不补正的，视为放弃申请，行政机关不再处理该政府信息公开申请。"信息公开申请要求"内容明确"，内容补正则是指行政机关针对申请人申请公开内容不明确而启动的补正程序，相对人在申请政府信息公开时通常需要列明其所申请公开的特定政府信息的文件名称、文号等信息。然而，在实践中，相对人由于各种原因，未掌握且无法获知准确的政府信息的名称或文号等特征性信息；在此类补正运用的过程中，行政机关通常认为根据申请内容的表述难以判断对应的特定信息，而申请人则认为自己处于获取政府信息的弱势地位，已无法再行提供具体的线索，或要求行政机关提供所掌握的所有相关信息。[1]虽然地方行政机关对判断信息公开申请是否满足"内容明确"作出了更为具体的要求，如《上海市政府信息公开规定》[2]第 29 条指出，政府信息公开申请应当包括"申请公开的政府信息的名称、文号或者便于行政机关查询的其他特征性描述"，但"其他特征性描述"的表述仍具有模糊性。根据《政府信息公开条例》（2019）第 5 条的规定："行政机关公开政府信息，应当坚持以公开为常态、不公开为例外，遵循公正、公平、合法、便民的原则。"在信息公开申请的补正程序中，便民原则即要求行政机

---

〔1〕 于广益："政府信息公开申请补正程序的困境及其应对路径——基于司法审查下的行政实务视角"，载《治理研究》2018 年第 5 期。

〔2〕 上海市人民政府令（2020 年）第 32 号。

关应当一次性告知申请人所应补正的材料、禁止要求其提供不必要的材料和重复提供材料等。由于"内容明确"的判断存在模糊性，行政机关在以申请不满足"内容明确"而要求申请人对此进行补正时，应明确告知申请人需要补正的具体材料，对于申请人已经提交的材料不得重复要求提交；在申请人确无法获知政府信息的的名称或文号时，行政机关应当遵循便民原则，在综合语言逻辑分析和客观推理的基础上，进行合理的判断。[1]

在政府信息公开申请形式方面，如前文讨论，对于申请的具体方式，《政府信息公开条例》未作详细阐述，但规定各级人民政府及县级以上人民政府部门应当建立健全本行政机关的政府信息公开制度，仍以江苏省人民政府为例，《信息公开指南》明确规定了申请人可以通过当面申请、邮政寄送申请、政府网站申请、传真申请四种方式向政府部门提出申请，申请对象应当为负责公开该政府信息的行政机关。就信息公开申请的对象补正程序而言，"申请的政府信息并不属于本机关负责公开的，告知申请人并说明理由。如能确定负责公开该政府信息的行政机关的，告知申请人该行政机关的名称、联系方式"，即在申请对象发生错误时，申请人可以对此进行补正，并且行政机关在确定情况下负有告知正确申请对象的义务。此外，若相对人未向相应的行政机关提出申请，而是向行政机关法定代表人、其他内设机构提出，根据最高人民法院在袁吉明诉江苏省人民政府信息公开案中的裁判原则，"行政机关仍应以及时保障知情权和减轻申请人负担为原则，转本机关政府信息公开工作机构处理"。因此，在申请对象发生错误时，在能确定正确的申请对象的情况下，行政机关有义务告知申请人，申请人可以对之进行相应的补正。

二、信访行为的可诉性

信访与诉讼属于两种不同的救济制度，均具备争议解决的功能，但二者在制度功能、规范关系等方面存在较大的差异。此外，在司法实践中，一般认为信访是对原行政行为的重复处理，不是行政机关行使"首次判断权"，[2]因

〔1〕 于广益："政府信息公开申请补正程序的困境及其应对路径——基于司法审查下的行政实务视角"，载《治理研究》2018年第5期。

〔2〕 江必新："论行政诉讼法司法解释对行政诉讼制度的发展和创新"，载《法律适用》2018年第7期。

此认为信访行为不具有可诉性；但对于信访相关行为，如行政机关以信访答复的形式行使了行政管理职权等，该类行为的可诉性问题，则存在着诸多争议。

（一）信访与行政诉讼

信访和行政诉讼都是行政争议的解决制度，是我国行政纠纷解决系统的子系统，二者都具有行政纠纷解决功能；同时，信访和行政诉讼对于促进和监督行政机关依法行政均发挥着监督作用。[1]但在行政争议的解决上，《行政诉讼法》明确规定了行政诉讼的受案范围，行政诉讼的被告通常为作出被诉行政行为的行政主体，客体为行政行为；而信访的客体则可以是行政行为、刑事行为、民事行为等[2]，其所涉及的主体也较为宽泛，不局限于行政主体。在我国，虽然信访制度与行政诉讼制度均为争议解决的方式，但信访制度与行政诉讼制度是否为两项完全独立存在和适用的制度存在一定的争议，信访相关行为产生的纠纷是否能进入行政诉讼程序在学界也存在不同的看法。

（二）信访相关行为可诉性的判断

《信访工作条例》第35条规定："信访人对信访处理意见不服的，可以自收到书面答复之日起30日内请求原办理机关、单位的上一级机关、单位复查。收到复查请求的机关、单位应当自收到复查请求之日起30日内提出复查意见，并予以书面答复。"第36条第1款、第2款规定："信访人对复查意见不服的，可以自收到书面答复之日起30日内向复查机关、单位的上一级机关、单位请求复核。收到复核请求的机关、单位应当自收到复核请求之日起30日内提出复核意见。复核机关、单位可以按照本条例第三十一条第六项的规定举行听证，经过听证的复核意见可以依法向社会公示。听证所需时间不计算在前款规定的期限内。"在信访答复的救济上，《信访工作条例》规定了复查及复核程序，但未规定司法救济手段。《信访条例》及《信访工作条例》中均未明确规定，信访行为是否可以纳入行政诉讼的范围，但在司法实践中一般认为，单纯的信访行为不具有可诉性。2005年，最高人民法院立案庭对

---

[1] 张恩玺：《信访法治建设的理论探索》，中国法制出版社2017年版，第88页。
[2] 张武扬："信访与行政复议制度的衔接"，载《上海政法学院学报》2005年第7期。

《湖北省高级人民法院关于不服县级以上人民政府行政管理部门、负责受理信访事项的行政管理机关以及镇（乡）人民政府作出的处理意见或者不再受理决定而提起的行政诉讼人民法院是否受理的请示》作出答复[1]，意见如下："一、信访工作机构是各级政府或政府工作部门授权负责信访工作的专门机构，其依据《信访条例》作出的登记、受理、交办、转送、承办、协调处理、督促检查、指导信访事项等行为，对信访人不具有强制力，对信访人的实体权利义务不产生实质影响。信访人对信访工作机构依据《信访条例》处理信访事项的行为或者不履行《信访条例》规定的职责不服提起行政诉讼的，人民法院不予受理。二、对信访事项有权处理的行政机关依据《信访条例》作出的处理意见、复查意见、复核意见和不再受理决定，信访人不服提起行政诉讼的，人民法院不予受理。"由此可见，信访行为及信访答复等不具有强制力，不会直接对当事人的权利义务产生实质性的影响，因此不属于行政诉讼的受案范围，且最高人民法院在日后的裁判中也一直遵循"信访行为不可诉"的规则。

然而，最高人民法院确立了"信访行为不可诉"的裁判规则，而在政府信息公开制度中，行政机关未履行信息公开职责的，相对人可以提起行政诉讼，因此在实践中，出现了以信息公开申请的方式进行信访的行为；行政机关在信访答复中，也可能出现信访答复内容实际影响相对人权利义务等情况。上述信访相关行为是否属于行政诉讼的范围则存在讨论的空间，在此主要讨论以政府信息公开形式进行信访的行为及以信访答复的形式行使行政管理职权行为的可诉性问题。

1. 以政府信息公开形式进行信访

信访人以政府信息公开申请的形式进行信访、投诉、举报等活动，虽然形式上是政府信息公开申请，但是所申请的内容属于信访、举报事项，如袁吉明诉江苏省人民政府信息公开案中，相对人袁吉明对行政机关拆迁赔偿等安排不满，而写书信多次重复申请政府信息公开，实则为以政府信息公开申请形式进行信访。笔者认为，在认定相对人行为属于信访行为的基础上，对于该类行为应当以信访行为处理，不应属于行政诉讼的受案范围。

---

[1]　即［2015］行立他字第4号。

2. 以信访形式行使行政管理职权

一般认为，信访行为不属于行政诉讼的受案范围，但是若行政机关以信访答复的形式实际上行使了行政管理职权，且该行为对当事人的权利义务产生了实质影响，则该类行为应当属于行政诉讼的受案范围。

关于如何判断行政机关的信访答复行为是否在实质上行使了行政职权而属于行政诉讼的受案范围，中国行政审判案例第 123 号[1]中，法院在裁判规则上，提出了主体、内容、结果、法律依据和相对人的申请事项五项要件，作为信访处理行为可诉性的审查要件：（1）在主体方面，作出可诉信访事项办理意见的主体应当是行政主体，唯有特定的主体侵犯相对人的合法权益，才具有行政法意义上的可诉性；[2]（2）在内容方面，要符合行政诉讼受案范围，则该信访答复行为应当在内容本质上属于行政行为，故而可以突破其表面的信访形式而进入行政诉讼的救济途径；（3）在行为结果方面，满足行政诉讼受案范围的信访答复应对相对人的权利义务产生实际的影响，即可诉信访事项办理意见直接涉及当事人的具体权利义务；（4）在法律依据方面，可诉信访事项办理意见所引用的法律依据应当是特定行政管理领域的法律、法规或规章，而非信访相关规定；[3]（5）最后，相对人向法院提起诉讼的事项应当为行政机关以信访答复为形式实际履行的行政行为，而相对人的信访事项不属于行政诉讼的受案范围。

综上，可以看出，将以信访答复形式实际履行行政管理职能，影响到当事人的实际权利义务的行为列入行政诉讼受案范围，实际上并未突破"信访行为不可诉"的规则，该类行为属于行政诉讼的受案范围，是突破形式、尊重行为实质的表现。

【后续影响及借鉴意义】

袁吉明诉江苏省人民政府信息公开案，前后经历了一审、二审、再审程

---

[1] 即"张真常诉江西省定南县岿美山镇人民政府信访事项办理意见案"。

[2] 高戬："可诉信访行为的判断标准——以中国行政审判案例第 123 号解释论的体系整合为中心"，载《兵团党校学报》2020 年第 5 期。

[3] 最高人民法院行政审判庭编：《中国行政审判案例》（第四卷），中国法制出版社 2012 年版，第 15 页。

序，在二审中，江苏省高级人民法院即认定袁吉明写信的行为属于信访行为，最高人民法院在再审裁定中也确认了其行为为信访行为，并表明"人民法院应直接裁定不予立案或径行裁定驳回起诉，而不宜作为政府信息公开案件立案并审理，以节约行政和司法资源。鉴于本案一、二审法院已经立案并已经实体审理后作出驳回诉讼请求判决，为避免诉累，对原一、二审判决，本院不予改判"，对于该类以信息公开申请形式进行信访的行为，法院应当不予立案，以节约司法资源。

因此，政府信息公开制度与信访制度本质上为相互独立的两项制度，申请人以信息公开申请的形式向有关部门进行信访行为的，应当依法以信访信件处理，申请人对此不服，以此向法院提起行政诉讼的，法院应当审查其申请的实质是否为信息公开申请，若为信访行为的，则应当作出不予受理决定。值得注意的是，信访制度是多元化纠纷解决机制的组成之一，虽然单纯的信访行为不具有诉的利益，不属于行政诉讼的受案范围，但对于信访相关行为是否具有可诉性应当从实质角度来判断，对于以信访答复形式实际行使行政职权并对当事人权利义务产生实质影响的行为，相对人则可以行政诉讼形式进行权利的救济。

（指导老师：张力　中国政法大学法学院副教授）